En *Matar la Kriptonita*, John........ ....~ ~~~ p.op..~ luchas y se su-
merge en la Escritura para escribir uno de sus libros más poderosos. Con
visión compasiva de la debilidad humana y las tentaciones personales,
John nos desafía a acercarnos más a Dios y ser fortalecidos por su Espíritu. A pesar de la incomodidad de enfrentar nuestros defectos, usted será
animado, inspirado y elevado por este súper libro.

CHRIS HODGES
Pastor Principal de *Church of the Highlands*
Autor de *Fresh Air* y *The Daniel Dilemma*

En *Matar la Kriptonita*, John brillantemente combina el amor y la fe a
medida que nos lleva en un viaje fascinante por un camino rara vez anda-
do. Hay una manera de descubrir la vida que todos anhelamos, pero las
respuestas pueden sorprenderlo. Lea este libro y encuentre respuestas a
preguntas que no hay sido capaz de articular.

MARK BATTERSON
Autor del éxito de ventas del *New York Times* El Hacedor de Círculos
Pastor Principal de *National Community Church*

John Bevere es un profeta moderno y relevante que nos muestra cómo
vencer el pecado mediante la gracia que empodera. En su nuevo libro,
Matar la Kriptonita, él revela cómo todos tenemos kriptonita en nuestras
vidas, que solo puede vencerse por el amor de Dios.¡Gracias sean a Dios
por dar a John esta revelación!

ROBERT MORRIS
Pastor Principal y Fundador, *Gateway Church*, Dallas/Fort Worth, Texas
Autor de éxitos de ventas de *The Blessed Life*, *The God I Never Knew*, *Truly
Free*, y *Frequency*

Este mensaje es una súplica urgente para que el cuerpo de Cristo rehúse conformarse con menos que todo lo que Dios tiene para ellos. Yo creo que la perspectiva y el motivo bíblicos de John para ayudar a los creyentes a vivir verdaderamente para Dios cambiarán las vidas de aquellos que lo lleven al corazón.

JOYCE MEYER
Maestra de Biblia y autora de éxitos de ventas

Si alguna vez ha sentido que no está viviendo la vida que quiere, quizás es porque no la está viviendo. Si usted sabe que hay algo que lo está reteniendo, le encantará el nuevo libro de John Bevere, *Matar la Kriptonita*. John lo ayudará a ser honesto sobre cualquiera cosa que esté anteponiendo a Dios y a su plan para su vida. Agarre este libro, abra su corazón, y permita que el espíritu de Dios mate lo que sea que le esté reteniendo.

CRAIG GROESCHEL
Pastor de *Life Church*
Autor de éxitos de ventas del *New York Times*

"Examínense para ver si están en la fe; pruébense a sí mismos." (2 Corintios 13:5 NVI) Mi gran amigo John Bevere está alentando sabiamente a las personas a hacer esto. Demasiado a menudo aquellos que son parte de la vida de iglesia han sustituido la membresía por la transformación que viene de una relación verdaderamente personal con Dios. Nada es una mayor indicación de un nacimiento espiritual que reconocer que el Espíritu de Jesús está en nosotros, y no podemos escapar a esa realidad o relación.

JAMES ROBISON
Fundador y Presidente, *Life Outreach International*
Fort Worth, Texas

John es honestamente uno de mis escritores principales. Si le fuera a dar a mis cuatro hijos una pila de libros para leer, estudiar y vivir a base de ellos, los libros de John estarían en el tope de esa lista. *Matar la Kriptonita* no está suave, diluido, ni poco claro. Yo creo que este libro tiene el potencial de cambiar el curso de la iglesia en este día and época. Es uno que considero un ancla y una cuerda de salvamento para esta generación específica que enfrenta tanta incertidumbre. La manera en que John trae claridad sobre lo que son el amor y la verdad es un salvavidas.

BRIAN JOHNSON
Presidente de *Bethel Music* y *Worship University (Worship U)*
Pastor de Adoración para *Bethel Church*

Matar la Kriptonita expone la táctica más grande del enemigo para romper su fortaleza y mantenerlo alejado de su destino. En este libro, John lo desafiará para que sea consciente del enemigo, lo equipará para luchar contra él con el mismo Espíritu que levantó a Jesús de entre los muertos. Usted no se quiere perder esto.

CHRISTINE CAINE
Fundadora, *A21* y *Propel Women*

En *Matar la Kriptonita*, John Bevere demuestra claramente las fortalezas que pueden impedirnos realizar nuestro pleno potencial en Cristo. Este libro es poderoso, directo, y pondrá a los lectores cara a cara con la kriptonita en sus propias vidas.

JENTEZEN FRANKLIN
Pastor Principal, *Free Chapel*
Autor de áxitos de ventas del *New York Times*

Matar la Kriptonita de John Bevere revela áreas que pueden estar reteniéndonos de vivir el llamado de Dios para nosotros. Este libro nos desafía y nos alienta a experimentar la naturaleza divina y el poder de Dios en nuestras vidas.

ANDY DALTON
Quarterback de los *Cincinnati Bengals, National Football League (NFL)*

Las revelaciones de John Bevere sobre principios bíblicos, enseñanzas y amor por las personas han estado edificando a los individuos y al reino durante décadas. Sus libros alcanzan las cuatro esquinas de la tierra, y su impacto en las vidas es inmensurable. Estoy agradecido por su amistad y ministerio, y su continuada obediencia de ponerle pluma al papel.

Brian Houston
Fundador y Pastor Principal Global, *Hillsong Church*

Convincente. Lleno del Espíritu. Poderoso. *Matar la Kriptonita* estremece el collar de fuerza del pecado familiar que estrangula lentamente. Y lo hace con un fervor alimentado por la gracia y la verdad. Yo creo que este libro ayudará a dirigir a una generación cuya verdad es relativa y ni escuchan de obediencia, para deleitarse en el Dios que no se conforma con nada menos que nuestro mejor absoluto: libertad en Él y entrega a Él.

Louie Giglio
Pastor de *Passion City Church*, Fundador de *Passion Conferences*
Autor de *Goliath Must Fail*

Tan estupendos como han sido los libros de John Bevere, este tomará a muchos por sorpresa. No es que él se desvía de su habilidad única de abordar asuntos vitales. Es precisamente lo opuesto. La gracia sobre su vida de ser profundamente relevante se refina aún más en este escrito. Lo que sorprenderá a muchos es cómo deja al descubierto algo que está en nuestras narices, pero pasa completamente desapercibido. Decir que este libro es necesario es decir poco. *Matar la Kriptonita* es lectura esencial para creyentes en este día y en este tiempo.

Bill Johnson
Bethel Church, Redding, CA
Autor de *God is Good*

MATAR LA KRIPTONITA

DESTRUYE LO QUE ROBA TU FUERZA

WHITAKER
HOUSE
Español

JOHN BEVERE

Traducción al español por:
Belmonte Traductores
Manuel de Falla, 2
28300 Aranjuez
Madrid, ESPAÑA
www.belmontetraductores.com

Editado por: Ofelia Pérez

MATAR LA KRIPTONITA
Destruye lo que roba tu fuerza
Publicado originalmente en inglés en el 2017 bajo el título
Killing Kryptonite, Destroy What Steals Your Strength
por Messenger International, Inc., Palmer Lake, CO

ISBN: 978-1-64123-035-3
eBook ISBN: 978-1-64123-036-0
Impreso en los Estados Unidos de América
© 2018 por John Bevere
MessengerInternational.org.

Whitaker House
1030 Hunt Valley Circle
New Kensington, PA 15068
www.whitakerhouse.com

Por favor, envíe sugerencias sobre este libro a: comentarios@whitakerhouse.com.

1 2 3 4 5 6 7 8 9 10 11 12   ᵾᴊ   25 24 23 22 21 20 19 18

Dedico este libro a los miembros del equipo de
Messenger International.

Juntos hemos alcanzado a múltiples millones con el
evangelio de Jesucristo, por la gracia de Dios.
Esto no hubiera podido hacerse sin la fe de ustedes,
sus talentos, su entrega desinteresada, y su trabajo duro.

Lisa y yo los honramos, disfrutamos trabajar con ustedes,
y esperamos al Día cuando Jesús les recompensará
eternamente su fiel servicio.

*Después de todo, ¿qué es lo que nos da esperanza y alegría?,
¿y cuál será nuestra orgullosa recompensa y corona al estar
delante del Señor Jesús cuando él regrese? ¡Son ustedes!
Sí, ustedes son nuestro orgullo y nuestra alegría.*

1 Tesalonicenses 2: 19-20 ntv

¡Gracias, Equipo de Messenger 2017!

CONTENIDO

SECCIÓN 4: Eliminar la Kriptonita

ACERCA DE ESTE LIBRO

Matar la Kriptonita se puede leer de cubierta a cubierta como cualquier otro libro. También he diseñado los capítulos para que sean cortos, y no se tarda más de diez o quince minutos en leerlos. En cada capítulo encontrarás un apartado llamado PONTE EN ACCIÓN que te ayudará a aplicar a tu vida las verdades de ese capítulo. Por favor, no te saltes estos pasos de acción, ya que son una parte vital de la experiencia de este libro. Por esta razón, recomiendo leer solo un capítulo al día. Así podrás tomar la acción necesaria antes de avanzar al siguiente capítulo.

En la parte trasera del libro también encontrarás contenido de discusión para los que deseen usar *Matar la Kriptonita* en un entorno de grupo. También he creado un curso en línea y un estudio físico paralelo al contenido de este libro. Ambas cosas son muy buenas opciones si quieres profundizar un poco más en el tema. (Hay más información sobre el curso y el estudio al final del libro).

Si estás leyendo este libro como parte del estudio o del curso *Matar la Kriptonita*, te recomiendo que veas o escuches las enseñanzas de cada semana, y respondan como grupo a las preguntas de discusión del final del libro. Después, que cada miembro del grupo lea los capítulos correspondientes antes de la siguiente reunión.

No dudes en contactarme y a mi equipo de Messenger International si tienes alguna pregunta.

¡Disfruta el viaje!

John

INTRODUCCIÓN

Quizá esto te sorprenda, pero nunca he querido dejar de escribir un libro tantas veces en mi vida, lo cual explicaré en breve. Pero primero, ¿cómo pueden poner en práctica un libro titulado *Matar la Kriptonita* los seguidores de Cristo? Permíteme dar una breve explicación.

La mayoría conocemos la palabra "kriptonita" por la historia de ficción de Superman. Lo que prácticamente se ha convertido en una leyenda americana fue escrito originalmente por los compañeros de escuela secundaria Jerry Siegel y Joe Shuster, y se publicó por primera vez en un libro de tirillas cómicas en junio de 1938. El argumento de un héroe benévolo que poseía súper poderes fue un antídoto perfecto en la época de la tiranía nazi. La popularidad de Superman creció exponencialmente, y al final se comunicó no solo en formato impreso, sino también en radio y televisión, y en películas de éxito de taquilla.

Después de un tiempo, la historia se volvió un tanto aburrida para la audiencia debido a la invulnerabilidad de Superman. Esto motivó a los escritores en la década de 1940 a introducir lo que se conocería como la famosa sustancia llamada kriptonita, un compuesto del planeta natal de Superman que podía neutralizar sus poderes sobrehumanos. Bajo la influencia de la kriptonita, Superman ya no era más poderoso que un ser humano.

Como cristianos, hay una "kriptonita" que neutraliza el poder y el carácter que Dios nos ha dado. ¿Cuál es? ¿Cómo la reconocemos? ¿Cómo nos afecta individualmente y colectivamente? ¿Cómo obstruye nuestra eficacia y capacidad para alcanzar a los perdidos? ¿Qué perdemos bajo su influencia? ¿Por qué se camufla con tanta facilidad? Estas son algunas de las preguntas que se tratan en este libro.

Este es el vigésimo libro que escribo con la ayuda y guía del Espíritu Santo. Como mencioné antes, en el proceso de escritura de este libro quise rendirme cinco o seis veces. Una razón: me estaba llevando a estar cara a cara ante asuntos que no podía ignorar en mi propia vida. Tuve que preguntarme: *¿Me estoy conformando con vivir por debajo de aquello para lo que fui creado? ¿Estamos nosotros, la iglesia como colectivo, experimentando verdaderamente la presencia y el poder de Dios para cambiar nuestras comunidades?* De hecho, me desperté en varias ocasiones y pronuncié estas palabras: "Padre, creo que no me está gustando este libro. Quiero dejar de escribirlo".

Cada vez sentí un firme "No" del Espíritu Santo. Finalmente, en la última ocasión, Él me aseguró que este mensaje dará perspectivas vitales para impulsar la edificación de individuos, familias e iglesias sanas globalmente. Sus principios podrían cambiar ciudades enteras.

Tras esta promesa, continué escribiendo en fe. Cuando llegué a la sección final del libro, los últimos siete capítulos, pude ver claramente el beneficio. No solo vi la sabiduría de este mensaje, sino que también vi la urgencia. Ahora creo que es uno de los mensajes más importantes lanzados bajo mi nombre.

Ahora que he mencionado el beneficio al final del libro, quizá tengas la tentación de acudir inmediatamente a la sección final. Permíteme avisarte: por favor, no lo hagas. Si te saltas las tres primeras secciones, el impacto de la cuarta sección se reducirá ostensiblemente. Se podría comparar a entrar en una película durante los últimos veinte minutos para ver solo las escenas culminantes. El impacto no sería ni muchísimo menos tan fuerte como si hubieras visto la película desde el principio. Los que la ven desde el principio, lloran, gritan o aplauden. Tú, por el contrario, te preguntarías si la película tiene algo de bueno.

Este libro contiene veintiocho capítulos en cuatro secciones que contienen siete capítulos cada una. Se ha hecho así intencionalmente para ayudar a los lectores que tengan vidas ocupadas. Puedes pasar diez o quince minutos leyendo un capítulo cada día durante cuatro semanas. O puedes tomar un capítulo a la semana durante más o menos seis meses de lectura. O puedes leerlo de la forma en que lees normalmente los libros.

Nuestro objetivo es que el mensaje encaje en cualquier plan de lectura que sea más conveniente para ti.

Por último, este mensaje hay que verlo como un viaje, un viaje que da protección de la kriptonita y te da perspectiva para influenciar tu mundo. Antes de comenzar, oremos y pidámosle al Espíritu Santo que abra nuestros ojos para ver la sabiduría del cielo, la cual nos fortalece para cumplir con nuestro destino aquí en la tierra.

Padre, en el nombre de Jesús, abre mis ojos, oídos y corazón para ver, oír y percibir tu voluntad para mi vida. Espíritu Santo, enséñame de manera profunda los caminos de Jesucristo, mientras leo este mensaje. Te miro a ti como mi Maestro. Que puedas hablarme con cada frase de este libro, y que mi vida sea transformada para siempre. Amén.

EL PODER DE UNO

1

LA PREGUNTA EVITADA

Una nota especial del autor:

Querido lector, si aún no lo has hecho, te recomiendo encarecidamente que leas la Introducción. Te ayudará a entender el mensaje. ¡Disfruta de tu viaje!

¿*Matar la Kriptonita*? ¿Es este un libro sobre Superman? No, pero hay unos destacados paralelismos entre su historia y nuestra vida de fe. Consideremos las similitudes.

Superman no es de este mundo; un hijo de Dios no es de este mundo.

Él posee poderes sobrenaturales que los seres humanos normales no poseen; nosotros somos empoderados sobrenaturalmente de formas que las personas de este mundo no lo son.

Él lucha contra el mal; nosotros luchamos contra el mal.

Él protege y libera a los oprimidos por los villanos; nosotros protegemos a los débiles y liberamos a los cautivos.

Él recibe su fuerza del sol; nosotros obtenemos nuestra fuerza del Hijo.

Hay solo una cosa que puede detener a Superman: la kriptonita, una sustancia radioactiva ficticia original de su planeta de procedencia. Del mismo modo, hay una "kriptonita" que se originó en nuestro planeta de origen que puede neutralizar a un hijo de Dios. Ah, sí, no se originó en la tierra, sino que se formó en el lugar de donde venimos. La kriptonita no solo neutralizaba las capacidades sobrehumanas de Superman, sino que también le hacía ser más débil que un mero ser humano. Nuestra kriptonita hace lo mismo.

¿Cuál es nuestra kriptonita? Antes de descubrir su identidad, tengo que plantear la historia. La enorme ventaja de la kriptonita sobre Superman es que no se reconoce fácilmente, así que él podría estar bajo sus efectos antes de identificarla. Aún así, la kriptonita del creyente debilita tanto a los individuos como al cuerpo de Cristo, y para muchos sigue siendo irreconocible. El propósito de este libro es identificarla, al igual que descubrir cómo eliminarla, y sus efectos sobre nosotros como individuos y como comunidad. Por lo tanto, comencemos con una pregunta.

El mayor deseo

¿Cuál es nuestro mayor deseo? Digo "nuestro" porque, si somos veraces, es el mismo para todos nosotros. ¿Es tener éxito, ser el mejor en nuestro terreno, ser popular, estar felizmente casado, disfrutar de buenas amistades, ser parte de una comunidad vibrante, tener buena salud, o tener recursos necesarios para hacer todo lo que imaginemos?

Cada una de esas cosas es atractiva, y la mayoría de ellas son incluso cosas necesarias, pero ¿identifican nuestro mayor deseo? ¿Acaso no conocemos a personas que tienen todas esas cosas, y sin embargo aún se sienten vacías? ¿No oímos historias de actores de Hollywood, directores de empresas, deportistas profesionales, líderes de gobiernos y otros que han llegado a lo que la sociedad considera la cima del éxito en la vida, y aún así siguen sintiendo que les falta algo? En su vacío, algunos acuden a las drogas, el alcohol, la persecución de lo exótico o las aventuras amorosas. Aún otros acuden a la religión, la espiritualidad de la Nueva Era o el ocultismo, esperando llenar el vacío que les carcome por dentro.

Si somos sinceros, en lo más hondo de nuestro ser todos sabemos que hay más. La verdadera satisfacción que cada hombre y mujer anhelan, se den cuenta o no, solo se puede encontrar en una relación íntima con nuestro Creador. No importa lo que pienses acerca de Dios, Él es tu anhelo más profundo. El contentamiento y la realización que todo ser humano busca solo se puede encontrar al reunirnos con nuestro Creador.

La realidad es que Dios *"sembró la eternidad en el corazón humano"* (Eclesiastés 3:11). A menos que el engaño nos haya tomado la delantera, por instinto anhelamos en nuestro corazón al *"Rey eterno"* (ver 1 Timoteo 1:17). La Palabra de Dios con respecto a todo ser humano es:

> *Ellos conocen la verdad acerca de Dios, porque él se la ha hecho evidente (…) Por medio de todo lo que Dios hizo, ellos pueden ver a simple vista las cualidades invisibles de Dios: su poder eterno y su naturaleza divina.* (Romanos 1:19-20)

Dios no es desconocido para ningún ser humano. Si cualquier hombre o mujer fuera totalmente sincero, admitiría que en algún momento de su vida hubo un profundo anhelo de conocer a Dios. Todos nosotros sabemos instintivamente que Él es omnisciente, omnipotente y omnipresente.

Todos los que han tenido una relación con Él saben que su presencia, poder, esplendor y majestad son insondables, y más allá de toda comparación. Él es tan poderoso que algunos de los seres más poderosos del universo, llamados serafines, están continuamente asombrados en el cielo y clamando unos a otros sobre su asombrosa grandeza. Estos seres masivos hacen eso con tal pasión y fuerza que sus voces sacuden los postes de un estadio enorme en el cielo que probablemente albergue a más de un millón de millones de seres.

La sabiduría de Dios, su entendimiento, creatividad, ingenuidad y conocimiento son tan vastos que son inescrutables. Durante siglos, los científicos más inteligentes han indagado y estudiado los secretos de su creación, y nunca han llegado a comprender del todo su complejidad y maravilla.

Ningún ser humano ha imaginado jamás o experimentado la plenitud de su bondad, su compasión y sus misericordias. Su amor no tiene límites.

Tras disfrutar del privilegio de una relación con Él durante casi cuarenta años, recientemente me quedé totalmente abrumado de nuevo con la idea de que nuestro Creador nos rescata de la condenación que causamos sobre nosotros mismos. Él nos dio, a la humanidad, toda la autoridad para gobernar la tierra, y sin embargo nosotros se la entregamos a su archienemigo, Satanás, y sus secuaces. Dios, conociendo nuestra traición de antemano, planeó y estuvo dispuesto a pagar el enorme precio para sacarnos de la esclavitud y el encarcelamiento. Nosotros nos condenamos a nosotros mismos, pero Él se entregó para liberarnos. Lo hizo sin quebrantar su Palabra, lo cual solo se podía lograr si Él se hacía hombre.

Como Dios le había entregado la tierra al hombre, no podía recuperarla haciéndolo como Dios, y sería necesario que el Hijo del hombre la reclamara. Esta es la sabiduría de Jesús al nacer de una virgen: Él se hizo ciento por ciento hombre, pero como su Padre era el Espíritu de Dios, estaba libre de la naturaleza de esclavitud en la que había caído la raza humana. Jesús era Dios manifestado en carne. Él conoció el horrible sufrimiento que sería necesario para rescatarnos, pero nos amó tanto y de manera tan completa que escogió voluntariamente pagar el precio de nuestra libertad.

Todo este libro, y volúmenes más, se podrían escribir solamente sobre su bondad, magnífico amor, poder y majestad. Pero lo que motiva la escritura de este libro es una pregunta.

La pregunta evitada

Como somos los hijos de un Dios tan increíble, la simple lógica concluiría que deberíamos experimentar una vida extraordinaria. No es solo algo de pura lógica, sino que las Escrituras apoyan este razonamiento. Se nos ha prometido lo siguiente:

+ su naturaleza divina,
+ un carácter desinteresado,

+ amor incondicional y perdón,
+ gozo y paz indescriptibles,
+ poder sobrenatural,
+ bienestar,
+ vitalidad,
+ salud,
+ seguridad y estabilidad.

Y esta lista dista mucho de ser exhaustiva, ya que hay más. También se nos ha prometido:

+ sabiduría divina,
+ conocimiento,
+ entendimiento,
+ ingenuidad
+ clara visión y creatividad.

Todo esto tiene la intención de producir fruto y éxito en nuestros esfuerzos. En pocas palabras, se nos prometen los atributos que se encuentran en el cielo. Recuerda que Jesús declara enfáticamente que su reino está dentro de nosotros; por lo tanto, su voluntad debe hacerse en la tierra como en el cielo.

Sin embargo, estas cualidades no parecen estar manifestándose ni a nivel macro ni a nivel individual. Si somos sinceros en nuestra valoración, ¿vemos una gran diferencia entre el pueblo de Dios y las personas del mundo? ¿Nos destacamos los seguidores de Jesús? ¿Brillamos como luces en medio de una generación oscura? Piensa en nuestros índices de divorcio, ¿hay una marcada diferencia entre la iglesia y la sociedad? ¿Sufrimos de envidia, celos, chismes, riñas y divisiones que dan como resultado relaciones fallidas? ¿Vemos carácter, integridad y moralidad drásticamente distintos de la corrupción de nuestra nación? ¿Hay alguna distinción entre los creyentes y los incrédulos, en nuestra salud y bienestar? ¿Tenemos abundancia de recursos? ¿Somos capaces de suplir las necesidades de otros y proclamar su evangelio a cada persona globalmente?

¿Te suena todo esto demasiado elevado e idealista? Piensa que bajo el antiguo pacto hubo un tiempo en el que la plata era tan común como la piedra, y carecía de valor porque había demasiado excedente (ver 1 Reyes 10:21, 27). Por el contrario, ahora bajo el nuevo pacto, frecuentemente me encuentro con ministros y líderes que batallan debido a recursos limitados, y con pastores que desean ayudar a sus comunidades locales, pero no pueden debido a la carencia de mano de obra, dinero y otros recursos. En ambos casos, ¿es esto *"como en el cielo, así también en la tierra"*?

Jesús promete que cuando buscamos primero su reino y su justicia, se nos dará todo lo que necesitemos. Ni una sola vez la falta de recursos impidió que Jesús hiciera lo que tenía que hacer. Por desgracia, se han producido enseñanzas extremas en la iglesia con respecto a la riqueza y la prosperidad. Estas enseñanzas desequilibradas han hecho que las personas crean que la abundancia es algo malo. Pero ¿qué vamos a dar si no tenemos nada?

Cuando dejamos que la búsqueda del reino de Dios nos posea, Él nos confía las posesiones necesarias para avanzar su voluntad en la tierra. Dios no es un mal líder, Él no pide a sus seguidores que hagan su voluntad sin darles las herramientas necesarias. Y más importante aún, Dios es un buen Padre. Él quiere bendecir a sus hijos, pero no quiere que las posesiones nos posean. No es el dinero, sino el *"amor al dinero"* lo que es la causa de todos los males.

Hubo un tiempo en el antiguo Israel en que no había ni una sola persona pobre en toda la nación. Leemos: *"los habitantes de Judá e Israel vivieron en paz y con seguridad. Desde Dan, en el norte, hasta Beerseba, en el sur, cada familia tenía su propia casa con jardín"* (1 Reyes 4:25). Dan era la ciudad más al norte de Israel y Beerseba era la ciudad más al sur, así que lo que la Escritura nos dice que en toda la nación no había que cuidar ni de una sola persona, ¡ni individuos ni grupos necesitaban ayuda del gobierno! ¿Qué sucedía que provocaba este tipo de abundancia?

De hecho, esta no fue una ocasión aislada. Si examinamos al pueblo de Dios en el Antiguo Testamento, hubo muchas generaciones que

prosperaron de una forma asombrosa: fuertes económicamente, socialmente y militarmente. Tenían abundancia de recursos, comida y riqueza.
Cuando experimentaban ataques militares no eran derrotados, sino que
salían más fortalecidos. Otras naciones se maravillaban de la calidad de
vida que tenían. Y recuerda que esto era bajo el antiguo pacto, ¡que es
inferior al nuevo pacto!

Jesús es el mediador de un mejor pacto, el cual fue establecido sobre
mejores promesas (ver Hebreos 8:6). Si consideramos su vida, vemos líderes gubernamentales, burócratas (recaudadores de impuestos), nobles,
prostitutas, ladrones, ricos, pobres; en pocas palabras, todo tipo de personas eran atraídas a Él. Jesús cambiaba las comunidades dondequiera
que iba. Nunca le faltaba lo necesario para suplir cualquier necesidad. Si
se producía algún ataque contra su equipo, no había como resultado ningún daño permanente, y a menudo las situaciones malas se convertían en
asombrosos éxitos.

A los miembros de la iglesia primitiva se les conocía como: "*Estos que
trastornan el mundo entero*" (Hechos 17:6 RVR 60). Ellos tampoco tenían carencia alguna, porque leemos: "*y la gran bendición de Dios estaba
sobre todos ellos. No había necesitados entre ellos*" (Hechos 4:33-34). Eran
tan distintos que a menudo tenían que convencer a los oficiales militares
o los líderes de las comunidades de que no eran dioses y que no debían
adorarlos. Los ciudadanos de este mundo los veían como los súper hombres y súper mujeres de su generación. Eliminaban la enfermedad y las
dolencias de los que las sufrían. Brillaban como luces encendidas en medio de una generación oscura.

De nuevo, puedo preguntar: ¿difiere mucho nuestro estilo de vida del
de nuestra sociedad? ¿Brillan nuestras vidas con tanta luz que se nos ve
como personas de Dios distinguidas? ¿Hemos puesto excusas y hemos
alterado nuestra teología de lo que enseña claramente la Escritura para
explicar por qué estas promesas eran solo para los tiempos del Nuevo
Testamento y que ya han dejado de funcionar? Los escritores del Nuevo Testamento dan respuestas, pero nosotros evitamos responder a esas
difíciles preguntas.

¿Qué sucedería si realmente escuchásemos lo que la Escritura nos dice?

No estoy señalando a nadie, sino solo pidiendo que consideremos esta pregunta: ¿es esto *"Venga tu reino. Hágase tu voluntad, como en el cielo, así también en la tierra"*? No podemos ignorar las palabras de Jesús: *"el reino de Dios está entre vosotros"* (Lucas 17:21 RVR 60). Su reino está aquí, dentro del cuerpo de Cristo. ¿Estamos viviendo en nuestra generación como lo hizo Jesús en la suya? ¿No se nos enseña: *"Los que dicen que viven en Dios deben vivir como Jesús vivió"* (1 Juan 2:6)?

¿Somos nosotros tan eficaces como lo fue la iglesia primitiva en alcanzar su mundo? ¿Estamos viendo a regiones enteras escuchar la Palabra de Dios en solo dos años? (ver Hechos 19:10). Recuerda: ellos no tenían Internet, Facebook, ni ninguna otra red social, televisión, ni tan siquiera radio. Sin embargo, cada persona, no solo en una ciudad o nación, sino en toda una región, escuchó el evangelio.

¿Es eso lo que estamos experimentando nosotros? Seamos sinceros en nuestra evaluación.

Hemos evitado el elefante en la sala al decir: "Dios ya no se mueve así". Es como si hubiéramos contorneado el evangelio para que se alinee con nuestra condición. Parece que nos hemos retirado, e incluso a veces hasta hemos menospreciado todo lo que promueva el poder, la fortaleza, el éxito, la abundancia, el fruto o la salud. Decimos que ese mensaje es extremista, desequilibrado y egoísta. Al hacerlo, nos protegemos bien de tener que responder a algunas preguntas difíciles y nos damos una excusa para no impactar a nuestro mundo con el evangelio.

Así que la pregunta que propongo sobre nuestra falta de eficacia es una que muchos, si no todos, nos hacemos. Pero ¿por qué no la exteriorizamos? ¿Por qué no estamos buscando la respuesta? ¿Podría ser que nuestra reticencia sea debida a que si hacemos la pregunta podamos descubrir asuntos con los que no estamos dispuestos a lidiar? Pero si no la hacemos y actuamos sobre las respuestas, seguiremos muy por debajo del nivel de vida que se nos promete y al que hemos sido llamados.

Tras estar en el ministerio durante más de treinta y cinco años ya, y al acercarme a los sesenta años, estoy listo y dispuesto a lidiar con esta pregunta. De hecho, siento una urgencia divina de confrontar este asunto. Creo que si tratamos sinceramente esta pregunta desde su Palabra, se abrirá la plenitud de vida a la que hemos sido llamados.

Si a ti también te sucede como a mí, que te gustan las respuestas, entonces recorramos este viaje bíblico juntos. No será rápido, y puede que a veces sea doloroso, similar a lo que ocurre cuando un hábil cirujano lleva a cabo una operación compleja. El doctor se preocupa por su paciente y ejecuta los pasos necesarios para salvar la vida del paciente.

El Espíritu Santo se preocupa más profundamente por nosotros que cualquier cirujano, tanto por un individuo como a nivel colectivo. Ten en mente esta idea durante algunos de los capítulos más difíciles que encontraremos. El resultado final será fortaleza, salud, vida, amor y vitalidad. Creo que las respuestas tienen el potencial de cambiar el curso de nuestra vida, de comunidades y de esta generación.

Si estás conmigo, ¡procedamos!

PONTE EN ACCIÓN

Dios nos advierte en Santiago 1:22: *"No se contenten solo con escuchar la palabra, pues así se engañan ustedes mismos. Llévenla a la práctica"* (NVI). Esto nos dice que si oímos una palabra de Dios (de las Escrituras, el Espíritu Santo, o alguien que nos dé una buena enseñanza), pero no hacemos nada al respecto, nos hemos engañado a nosotros mismos.

La prueba de que creemos algo no está en que estamos de acuerdo con lo que algún maestro nos enseña, sino cuando pasamos a la acción. Por eso, estas activaciones al final de cada capítulo son tan importantes. Cada una es un buen arranque para que puedas pasar rápidamente a la acción que está enfocada en las verdades reveladas en el capítulo que acabas de leer. Las activaciones son breves y no deberían tomar mucho tiempo en completarse.

Si te tomas el tiempo de hacerlas todas, sacarás mucho más de este libro, y experimentarás una transformación mucho más profunda en tu vida.

▮ ▮ ▮

Hacer la pregunta evitada puede ser como ir al dentista para un empaste de carie, pero tenemos que decidir tener valor y hacerle frente para recibir los beneficios a largo plazo.

¿Cómo se destaca tu vida sobre la del mundo? ¿Dirían las personas que vives como Jesús? No te retires de esta pregunta; persiste en ella. ¿Cómo sería de distinta tu vida si vivieras como Jesús? ¿Qué hábitos romperías? ¿Cómo cambiaría eso tu forma de interactuar con las personas con las que estás habitualmente? ¿Qué sería distinto con respecto a tu forma de vivir con tu familia?

Toma tiempo para escribir tus pensamientos sobre estas preguntas. Usa la Escritura como tu guía. Esto te dará una diana a donde apuntar. Una vez que hayas escrito algunas respuestas, ora por ellas. Invita al Espíritu Santo a que subraye una cosa de tus respuestas que Él esté haciendo en tu vida en este momento. Pídele que haga que esa cosa cobre vida en ti de una forma que te dé poder para cambiar.

2

PRESENTAR LA KRIPTONITA

En nuestro capítulo de inicio se hizo un *intento* de hablar sobre la grandeza de Dios. Uso la palabra "intento", porque por muy magnífico o elaborado que sea el lenguaje que usemos, no es posible ni siquiera acercarse a perfilar su grandeza. No hay nadie superior, nadie siquiera se acerca en comparación. Dios no tiene rival o igual, y Él reinará desde la eternidad pasada hasta la eternidad futura. ¡Él es asombroso!

Como sus hijos, tiene mucho sentido que nuestra vida sea un reflejo de Él, y esto queda claro en las Escrituras. La Palabra de Dios declara con respecto a sus hijos e hijas: *"pues como él es, así somos nosotros en este mundo"* (1 Juan 4:17 RVR 60). Juan el apóstol no dijo: "Como él es, así seremos nosotros en la siguiente vida". No, Juan afirma que como Él es, ¡así somos *nosotros ahora mismo en este mundo*! Eso entra en la categoría de ¡estupefacto! Volvemos a leer:

> *Y debido a su gloria y excelencia, nos ha dado grandes y preciosas promesas. Estas promesas hacen posible que ustedes participen de la naturaleza divina.* (2 Pedro 1:4)

Piensa en ello. Tú y yo hemos recibido *la naturaleza divina*. No la naturaleza del ser humano más famoso de la tierra. No, sino la naturaleza *de Dios*, y Pedro se asegura de que no lo entendamos mal añadiendo la palabra "divina". La palabra griega usada aquí es *theios*, que se define como "lo que es únicamente de Dios y procede de él" (WSNTDICT). La palabra "naturaleza" es la palabra griega *phusis* y se define como "producir, esencia, constitución esencial y propiedades" (WSNTDICT). Pon las dos palabras juntas y el significado es: "Estas son las promesas que te permiten compartir *lo que es únicamente la constitución esencial de Dios*".

¡Nosotros verdaderamente somos nacidos de Dios!

Me preocupa cuando algunos ministros hacen un comentario como: "Realmente no hay diferencia entre un cristiano y un pecador; los cristianos tan solo han sido perdonados". Eso es herejía y hace dos cosas terribles: primero, menosprecia lo que Dios ha hecho por nosotros mediante Jesús; y segundo, anula su promesa, haciendo con ello que su pueblo siga atado a la corrupción de este mundo que se ha creado mediante deseos caídos.

Incluso la naturaleza evita tal herejía. ¿Alguna vez has oído que un león dé a luz a una ardilla o que un caballo pura sangre dé a luz a un gusano? Nacemos de Dios y somos su descendencia. Se nos dice: *"queridos, ahora* [no *después*, cuando lleguemos al cielo] *somos hijos de Dios"* (1 Juan 3:2 NVI).

A la luz de ser sus amados, deberíamos manifestar un carácter desinteresado, amor incondicional, gozo indescriptible, paz que sobrepasa todo entendimiento, poder sobrenatural, bienestar, vitalidad, creatividad, sabiduría divina, entendimiento, conocimiento supremo y visión perceptible, ¡y esta lista está muy lejos de ser exhaustiva! Las Escrituras prometen atributos como estos en muchos niveles; por lo tanto, de nuevo mi pregunta es: "¿Por qué no estamos viendo esto ni en los individuos ni en la iglesia a nivel general?".

Antes de abordar esta pregunta y otras similares, quiero prepararte para el proceso de este libro. Los siguientes capítulos quizá te parezcan negativos y duros, pero prometo que llegarán las respuestas y serán satisfactorias.

Piensa en esta situación: si un médico diagnostica adecuadamente un melanoma a tiempo, y da la solución de una pequeña intervención quirúrgica, este desarrollo al principio parece negativo. El paciente puede que se diga: "¡Qué deprimente. ¡Tengo cáncer! No quiero escuchar acerca de esto ni pasar por las medidas correctivas para librarme de esta enfermedad. Pero lo haré para salvar mi vida". Pero piensa en la alternativa: si el médico ignora el problema y solamente enseña al paciente a llevar un estilo de vida más saludable comiendo buenos alimentos, haciendo ejercicio regularmente y teniendo una actitud positiva y sin estrés, el melanoma continuará creciendo hasta que finalmente sea inoperable y cause la muerte.

Dios nos ama demasiado como para no diagnosticar lo que nos está reteniendo, y que incluso podría matarnos. Él sabe que lo que nos afecta para mal no se puede tratar enseñándonos a llevar un estilo de vida más positivo. Más bien, tiene que ser confrontado y eliminado. Él es un Padre totalmente comprometido con nuestra salud y bienestar.

Así que al leer los capítulos siguientes, recuerda que el diagnóstico debe existir para que pueda implementarse el procedimiento correctivo. El resultado final será la realidad abundante que se dibuja en la Escritura.

Abordar la pregunta

Si su reino está dentro de nosotros, ¿por qué no se está haciendo en la tierra como se hace en el cielo? ¿Por qué algunos creyentes del Antiguo Testamento, que formaban parte de un pacto "inferior" basado en menores promesas, vivían de formas muy superiores a las que vemos hoy? ¡Las Escrituras repetidamente responden a esta pregunta! Una de ellas está en la carta de Pablo a los Corintios:

> *Por esta razón, cada uno debería examinarse a sí mismo antes de comer el pan y beber de la copa. Pues, si alguno come el pan y bebe de la copa sin honrar el cuerpo de Cristo, come y bebe el juicio de Dios sobre sí mismo. **Esa es la razón por la que muchos de ustedes son débiles y están enfermos y algunos incluso han muerto.***

Si nos examináramos a nosotros mismos, Dios no nos juzgaría de esa manera. Sin embargo, cuando el Señor nos juzga, nos está disciplinando para que no seamos condenados junto con el mundo. (1 Corintios 11:28-32)

La irreverencia de los corintios durante la cena del Señor se trata aquí, pero las consecuencias resultantes no están limitadas solo a las acciones que se especifican, como muchos han asumido. De hecho, la forma en que observaban la cena del Señor como una comida completa es muy distinta al enfoque ceremonial de nuestros tiempos. Veremos según avanza nuestro estudio que la raíz, que produjo el juicio, fue su conciencia de desobedecer a Dios y, sin embargo, hacerlo de todos modos.

Se enumeran tres consecuencias para su comportamiento: debilidad, enfermedad y muerte física. El significado de las dos últimas está claro, pero ¿qué sucede con la primero? Algunas definiciones de "debilidad" son una falta de fuerza o robustez, o ser impotente e incapaz. Esta palabra puede referirse a muchas áreas distintas de la vida. En general, habla de la falta de poder para ser quienes fuimos creados.

Volvamos a Superman. La sustancia que era peligrosa solo para él, le quitaba su fuerza y le dejaba sin poder, era la kriptonita. Superman tenía habilidades de otro mundo. Era capaz de hacer cosas sobrenaturales y poseía un conocimiento paranormal, una aguda conciencia sensorial, un poder extraordinario y un carácter firme. Sin embargo, si era expuesto a la kriptonita, Superman se quedaba enfermo y débil, incluso más débil que un ser humano promedio. Si era expuesto a ella por un periodo de tiempo prolongado, incluso podía morir.

En esencia, el apóstol Pablo está identificando la kriptonita de la iglesia. Nos debilita, nos impide caminar en el poder de la naturaleza divina.

El rey David admitió un tiempo en el que no se arrepintió ni confesó su pecado, lamentando: *"mi fuerza se evaporó como agua al calor del verano"* (Salmos 32:4). Una paráfrasis de La Biblia, versión *The Message*, narra sus palabras como: *"toda la vitalidad de mi vida se secó"* (MSG, traducción libre). Otro versículo dice: *"El pecado me dejó sin fuerzas; me estoy consu-miendo por dentro"* (Salmos 31:10).

Santiago lo dice de esta forma: *"y el pecado, siendo consumado, da a luz la muerte. Amados hermanos míos, no erréis"* (Santiago 1:15-16 RVR 60). Santiago está hablando claramente a creyentes, y nos advierte de no de-jarnos engañar por el poder del pecado. Si el pecado no se trata, pue-de hacerle al creyente lo que la kriptonita podría hacerle a Superman, incluso hasta el punto de causar la muerte. Como consecuencia, Pablo, como un amoroso padre espiritual, advierte a la iglesia en Corinto, y a nosotros, de los efectos de la kriptonita espiritual.

Una dura palabra de advertencia

Lo primero a enfatizar con respecto a estos versículos desafiantes debería ser una palabra de advertencia. Pablo no dice: "Esta es *la* causa de toda debilidad, enfermedad o muerte prematura entre ustedes". En otras pala-bras, no está diciendo que todas las dificultades, enfermedades y muertes se deban atribuir al pecado. A menudo los creyentes lidian con situacio-nes difíciles porque vivimos en un mundo caído, y hay fuerzas demonia-cas y naturales reales con las cuales contender.

Por ejemplo, hubo un incidente en el que Jesús y los discípulos se acer-caron a un hombre que había sido ciego de nacimiento. Los discípulos preguntaron: *"¿quién pecó, este o sus padres, para que haya nacido ciego?"* (Juan 9:2 RVR 60). Su razonamiento suponía que la única forma en que este hombre podía haber llegado a ese estado era debido al pecado.

Jesús inmediatamente responde: *"No es que pecó este, ni sus padres"*. Jesús rápidamente y decisivamente corta esta mentalidad incorrecta y horrible. No toda enfermedad, debilidad o muerte prematura se debe al pecado.

Es la misma mentalidad que llevó a Elifaz, Bildad y Zofar a criticar a Job. Sus acusaciones señalaban que la causa de los sufrimientos de Job era su pecado (ver Job 5:17; 8:4-6; 11:13-15; 22:1-11). Sin embargo, justo an-tes de que comenzaran los problemas de Job, Dios alardeaba de que Job era *"el mejor hombre en toda la tierra; es un hombre intachable y de absoluta integridad*" (Job 1:8). El sufrimiento de Job no tenía nada que ver con su pecado o una falta de integridad. Dios guardó silencio durante un tiempo, pero al final le dijo a Elifaz: "*Estoy enojado contigo y con tus dos amigos, porque no hablaron con exactitud acerca de mí*" (Job 42:7). Cuando a Dios se le representa como a alguien que disciplina o castiga a una persona por su pecado, cuando claramente Él no lo hace, es una seria acusación contra su carácter.

Hace años, cuando yo era un joven creyente, en muchos círculos eclesiales a las personas se les juzgaba de haber pecado si estaban sufriendo dificultades. Esta mentalidad aún existe entre algunas personas, pero por fortuna no a gran escala como ocurría antes. La enseñanza bíblica y un buen liderazgo han eliminado gran parte de este error en la iglesia. La manera en que se ha hablado de algunos en base a esta mentalidad es algo extremadamente desagradable, condenatorio e incluso aborrecible. Tristemente, esta enseñanza ha alejado a algunas personas de la fe.

En la otra cara de la moneda, también debemos recordar las palabras de Jesús al hombre que fue sanado de su enfermedad por treinta y ocho años. "*Mira, has sido sanado; no peques más, para que no te venga alguna cosa peor*" (Juan 5:14 RVR 60). No hay forma de negar que Jesús afirma que el pecado abre la puerta a consecuencias y dificultades. Jesús amaba a este hombre lo suficiente como para dar su vida por él. Por su ferviente amor por él, Jesús dio este aviso.

Nos falta un verdadero amor cuando evitamos tratar asuntos como este. En nuestro esfuerzo por evitar alguna conducta que se pudiera entender como mala, acusatoria o condenatoria, a menudo nos vamos al otro extremo del péndulo y no decimos absolutamente nada. Sin embargo, aún tenemos la condición que Pablo describe de muchos que no tienen poder, están enfermos y se mueren antes de lo debido. ¿Es esto amor? ¿Es esto un verdadero cuidado?

Tenemos respuestas para otros, pero evitamos expresarlas porque no queremos que se nos malentienda. Así que seamos sinceros: ¿dónde está el enfoque de nuestro amor? ¿Amamos a la iglesia como Jesús y Pablo lo hacían, diciéndoles la verdad? ¿O estamos enfocados en nosotros mismos, nuestra reputación, posiblemente en perder nuestro seguimiento o que se nos malentienda?

Mi viaje

En mis primeros años de ministerio estaba constantemente alentando, y era muy positivo con todos los que me rodeaban. Evitaba la confrontación como si fuera una plaga. Incluso a veces mentía para evitarla y en su lugar decía algo edificante. Se decía de John Bevere: "Es muy amable, es uno de los hombres más amables de toda la iglesia". Estas frases me llegaban a mí, y yo me deleitaba en ellas.

En oración, un día, Dios me habló: "Las personas dicen que eres unos de los hombres más amables de la iglesia, ¿verdad?".

Yo respondí: "Sí, eso dicen". Yo habría pensado que Dios estaba agradado, pero la forma en que el Espíritu Santo me hizo esa pregunta llevaba la señal de que no iba en esa dirección.

La siguiente frase afirmó mi preocupación. Él dijo: "Hijo, tú no amas a las personas de esta iglesia".

Impactado, repliqué: "¿Qué? Pero sí los amo y eso es lo que las personas están diciendo".

Entonces Él me dijo: "¿Sabes por qué solo usas palabras positivas, edificantes y de ánimo cuando hablas?".

"¿Por qué?", dije yo con cautela.

"Porque temes su rechazo", respondió Él.

Me quedé de una pieza. Estaba deshecho, sin encontrar palabras.

"Si realmente amaras a las personas", continuó Él, "les dirías la verdad, aunque supieras que será muy probable que rechacen lo que dices e incluso que te rechacen a ti".

Fue un momento crucial. Cambié de inmediato, pero entonces me fui al otro extremo del péndulo. Ahora hablaba la verdad, pero me faltaban el tacto y la ternura, porque me seguía faltando el ingrediente más importante: *verdadero amor*. Estaba viajando y ministrando en pequeñas iglesias y, tristemente, golpeando a las ovejas. Mirando atrás, me siento mal por las personas a las que regañé con falta de ánimo, así como a sus pastores que tuvieron que limpiar después mis desastres.

En el año 2001 ministré en una gran conferencia que se celebró en una gran iglesia en Europa. Pocos meses después, escuché de fuentes en tres continentes distintos que el pastor de esa iglesia les había dicho a líderes influyentes que yo era duro y que maltrataba al rebaño. Tenía razón.

Esas devastadoras noticias me llevaron a ponerme de rodillas, y orar, más bien clamar como nunca antes, para que Dios llenara mi corazón de su amor y compasión por su pueblo. Él lo hizo. Llegué a conocer y entender por primera vez en mi vida lo que significaba amar verdaderamente a las personas a quienes les ministraba.

No algunos, sino muchos

Recuerda esto: Pablo amaba con pasión a la iglesia en Corinto. Evidencia de esto es cuando él escribe: *"¿Por qué? ¿Porque no los amo? Dios sabe que sí"* (2 Corintios 11:11).

En otra parte de la misma carta, escribe: *"Porque por la mucha tribulación y angustia del corazón os escribí con muchas lágrimas, no para que fueseis contristados, sino para que supieseis cuán grande es el amor que os tengo"* (2 Corintios 2:4 RVR 60). Esta iglesia le malentendió. Vieron sus correcciones y avisos como señales de falta de amor, y este puede ser el caso en una iglesia o en otro entorno. Hay muchos que son como yo era: firmes, duros y dogmáticos, y carentes de un amor genuino, cuidado y compasión. Puede que sean fuertes y que hagan afirmaciones contundentes, pero con el motivo de querer tener la razón. Muchos han sido víctimas de un abuso de autoridad. Sin embargo, esto no hace que toda la corrección y advertencia sea similar. Las palabras de Pablo a veces fueron fuertes, de corrección y represión, pero todas salieron de un corazón de amor apasionado.

A tenor de esto, Pablo escribe después: *"Con gusto me desgastaré por ustedes y también gastaré todo lo que tengo, aunque parece que cuanto más los amo, menos me aman ustedes a mí"* (2 Corintios 12:15). Su frustración es evidente. Su amor y profunda preocupación por su bienestar se habían malentendido, y ahora le ven como un líder duro, alguien que quiere hacerles cumplir las reglas, por así decirlo.

Así que, por favor, date cuenta de que las palabras de Pablo, aunque fuertes al decirles a esos queridos hermanos la causa de que muchos estén débiles, lidien con problemas de salud y mueran prematuramente, son debidas a su ferviente amor por ellos.

Habría sido mucho más fácil digerirlo si él hubiera dicho "algunos", pero específicamente dice "muchos". ¿Cómo podemos nosotros evitar hacer frente a la verdad que él está comunicando? Si era aplicable a ellos, ¿es aplicable ahora a nosotros? ¿Habría puesto eso Dios en las Escrituras si fuera un incidente aislado? ¿No deberíamos aplicarlo a nosotros hoy? La respuesta es indudablemente "sí".

Un último punto: Pablo no está tratando solamente el acto de la comunión en un entorno de iglesia. Hay mucho más en lo que está diciendo, y muchos de nosotros, yo mismo incluido durante años, no hemos visto el mensaje global. Ahondaremos más en el significado de sus palabras en el siguiente capítulo.

PONTE EN ACCIÓN

Vuelve atrás y lee de nuevo el comienzo del capítulo para recordarte a ti mismo lo que es posible. Recuerda: eres llamado por esta declaración: *"pues como él es, así somos nosotros en este mundo"* (1 Juan 4:17 RVR 60). Tú eres llamado por Dios para vivir como Jesús en tu vida ahora, no en algún momento de la siguiente vida.

¿Cómo replantea esto tu forma de pensar en tu vida diaria? Quizá no te habías visto a ti mismo como débil antes de entender tu potencial en Cristo, pero ahora que te ves, ¿te considerarías débil o fuerte? Si te consideras débil, te has evaluado sabiamente, porque Dios dice que su poder trabaja mejor en nuestra debilidad (ver 2 Corintios 12:9).

Dios solo cambiará nuestras debilidades por fortaleza cuando nos humillemos ante Él (ver 1 Pedro 5:5). Pídele a Dios que te hable sobre cualquier razón que haya para la debilidad en tu vida. Escríbelo y después pídele las llaves para la libertad en cada una. Toma tiempo para escribir la receta de Dios para convertir cada debilidad en fortaleza.

3

UNO

Volvamos a leer las palabras del apóstol Pablo a la iglesia que ama:

> *Por esta razón, cada uno debería examinarse a sí mismo antes de comer el pan y beber de la copa. Pues, si alguno come el pan y bebe de la copa **sin honrar el cuerpo de Cristo**, come y bebe el juicio de Dios sobre sí mismo. Esa es la razón por la que muchos de ustedes son débiles y están enfermos y algunos incluso han muerto. Si nos examináramos a nosotros mismos, Dios no nos juzgaría de esa manera.* (1 Corintios 11:28-31)

En este capítulo nos enfocaremos en las palabras de Pablo: *"sin honrar el cuerpo de Cristo"*. Hay dos cosas de interés inmediato que quiero destacar: primero, él no está hablando a individuos, sino a toda esta iglesia, que sería la comunidad de creyentes en la ciudad de Corinto.

En las décadas pasadas se puso mucho énfasis en nuestra relación personal con Jesucristo. Por supuesto, ese es un aspecto muy importante y real del cristianismo. Sin embargo, lo que no se ha enfatizado al mismo grado es la realidad colectiva de ser un solo cuerpo. De forma simple, todos somos uno en Cristo. Es importante mantener estas dos verdades a la vista y no menospreciar ni una ni otra.

Segundo, la versión RVR 60 traduce las palabras de Pablo de modo un poco distinto. Dice que la causa por la que muchos están débiles, enfermos y han muerto prematuramente es debido a participar *"sin discernir el cuerpo del Señor"* (versículo 29). Examinar ambas versiones ayuda a tener una idea más clara de lo que se está comunicando.

Para entenderlo mejor, tenemos que regresar un capítulo más atrás en 1 Corintios donde Pablo habla de la liberación de Israel de Egipto y su tiempo en el desierto. En medio de su discusión, clarifica el propósito de que recuerden esta historia: *"Esas cosas les sucedieron a ellos como ejemplo para nosotros. Se pusieron por escrito para que **nos sirvieran de advertencia** a los que vivimos en el fin de los tiempos"* (1 Corintios 10:11). Pablo no está meramente dando una lección de historia, sino más bien está dando un aviso actual para protegernos de cierto juicio.

Al hablar de la experiencia de Israel en el desierto, el apóstol comienza ilustrando su relación de pacto con Dios. Dice que *todos* fueron guiados por el Espíritu de Dios (la nube), *todos* fueron librados de Egipto (un tipo del mundo), *todos* fueron bautizados (fuimos bautizados en un cuerpo), *todos* comieron del mismo alimento espiritual, y *todos* bebieron de la misma agua espiritual (la Palabra de Dios); el énfasis obvio está en la palabra *todos*. Después resume diciendo que la roca que viajaba con ellos era Cristo. Su punto es claro: eran un cuerpo y todos pertenecían a un Dios que guarda el pacto. Esto ciertamente tiene una correlación con quiénes somos como cuerpo de Cristo.

Después Pablo hace una afirmación desgarradora: *"Dios no se agradó con la mayoría de ellos, y sus cuerpos fueron dispersados por el desierto"* (10:5). Dios nos ama profundamente, más profundamente de lo que podemos entender. La verdad es que nunca podemos hacer nada para que Él nos ame más ni menos. Dicho esto, no obstante, es importante destacar que estamos a cargo de lo *agradado* que Él esté con nosotros. Por eso Pablo dice en otro versículo que *"nuestro objetivo es agradarlo a él"* (2 Corintios 5:9). Este debería ser un objetivo supremo para ti, para mí, y para todo creyente.

¿Por qué murieron estas personas del Antiguo Testamento fuera de las promesas que Dios les había hecho? Pablo menciona cinco pecados que fueron la causa de su caída: codiciar (desear intencionadamente algo que no sea de Dios o que esté fuera de su provisión), adorar ídolos, inmoralidad sexual, poner a Dios a prueba y murmurar. Unos versículos después, Pablo escribe:

> *Ustedes son personas razonables. Juzguen por sí mismos si lo que digo es cierto. Cuando bendecimos la copa en la Mesa del Señor, ¿no participamos en la sangre de Cristo? Y, cuando partimos el pan, ¿no participamos en el cuerpo de Cristo? Aunque somos muchos, todos comemos de un mismo pan, con lo cual demostramos que somos un solo cuerpo. Piensen en el pueblo de Israel. ¿No estaban unidos al comer de los sacrificios del altar?* (1 Corintios 10:15-18)

Así que Pablo aquí de nuevo habla de la comunión o de la cena del Señor y nos da el cuadro más grande del problema específico que menciona en el capítulo 11 de 1 Corintios: *no discernir el cuerpo de Cristo.* Reconoce que somos *muchos,* muchas personas distintas y cada uno con una relación personal con Dios a través de Jesucristo. Sin embargo, a otro nivel, a ojos de Dios somos *uno.* Este es el punto focal de lo que Pablo está diciendo. Somos *un cuerpo* en Cristo; estamos *unidos* como lo estaba Israel.

Así que ahora tenemos que preguntar: "el juicio de estar debilitado, enfermo y morir prematuramente ¿se asignó a cada individuo que estaba pecando, o fue el cuerpo de Cristo en Corinto como un todo el que sufría las consecuencias debido a la conducta de algunos de sus miembros?". No me malentiendas, y quiero enfatizar claramente este punto: hay consecuencias personales para el pecado que se practica a conciencia, pero aquí tenemos que mantenernos enfocados en la verdad que él está revelando. Se está dirigiendo a los creyentes como cuerpo, como iglesia, como un pueblo unido.

En este caso, es el cuerpo de Cristo en la ciudad de Corinto.

El acto de codicia de un hombre

Regresemos a los israelitas que son ejemplos para nosotros. Sin embargo, avancemos una generación hasta la que dirigió Josué. Este cuerpo de creyentes cruzó valientemente el río Jordán, y marcharon hacia su tierra prometida. Su primera misión fue destruir la enorme ciudad de Jericó. No cabe duda de que era una tarea abrumadora, pero Dios ciertamente de nuevo mostraría su gran fuerza. Había instrucciones específicas que Dios le había dado a Josué, y una de ellas era:

> *"Jericó y todo lo que hay en la ciudad deben ser destruidos por completo como una ofrenda al Señor… No se queden con ninguna cosa que esté destinada para ser destruida… Todo lo que esté hecho de plata, de oro, de bronce o de hierro pertenece al Señor y por eso es sagrado, así que colóquenlo en el tesoro del Señor".* (Josué 6:17-19)

Todo el botín de Jericó se debía dedicar al tesoro del Señor. Era únicamente suyo, y nada era para ganancia personal de nadie.

El ataque se produjo y los israelitas fueron invencibles. Aniquilaron por completo todo lo que había en la ciudad con sus espadas: hombres y mujeres, jóvenes y ancianos, vacas, ovejas, cabras y burros. Quemaron la ciudad y todo lo que había en ella, salvo el oro, la plata, el bronce y el hierro que se guardó para el tesoro del Señor. Sorprendentemente, ni un solo israelita murió ni resultó herido.

Debemos recordar que esta es una de las ciudades que la generación previa había espiado, con el reporte de inteligencia revelado a Moisés: *"el pueblo que la habita es poderoso y sus ciudades son grandes y fortificadas"* (Números 13:28). Ahora fueron los hijos ya crecidos de esa generación previa los que atacaron la ciudad fortificada, y ellos la demolieron sin que hubiera baja alguna. Israel fue sobrenaturalmente empoderada. Sin embargo, leemos:

> *Sin embargo, Israel desobedeció las instrucciones sobre lo que debía ser apartado para el Señor. Un hombre llamado Acán había robado algunas de esas cosas consagradas, así que el Señor estaba muy enojado con los israelitas.* (Josué 7:1)

Observemos que las Escrituras no dicen: *"Pero **un hombre llamado Acán** desobedeció las instrucciones"*. No, sino que dice: *"**Israel** desobedeció* *las instrucciones".* Y es interesante que también dice: *"el Señor estaba muy enojado con los **israelitas".*** No dice que "el Señor estaba muy enojado con *Acán".* Israel estaba unido como uno, y cuando un miembro pecó al desobedecer las instrucciones de Dios al codiciar, la responsabilidad se le atribuyó a todo Israel.

La trágica consecuencia se hace evidente poco después. La siguiente ciudad a atacar era Hai. Era mucho más pequeña, así que los líderes del equipo dijeron: *"No es necesario que todos vayamos a Hai; bastará con dos mil o tres mil hombres para atacar la ciudad. Dado que ellos son tan pocos, no hagas que todo nuestro pueblo se canse teniendo que subir hasta allí. Así que enviaron a unos tres mil guerreros".* (Josué 7:3-4)

Aproximadamente seiscientos mil guerreros habían participado en la batalla de Jericó. Esto muestra lo insignificante que era Hai en comparación. Sin embargo, leemos:

> *Pero fueron completamente derrotados. Los hombres de Hai persiguieron a los israelitas desde la puerta de la ciudad hasta las canteras y mataron como a treinta y seis que iban en retirada por la ladera.* (Josué 7:4-5)

¿Es esta la misma nación que acababa de destruir, sin causar en sus filas baja alguna, la ciudad más importante y poderosa de Jericó? Sin embargo, ahora los guerreros eran débiles, se retiraban y fueron totalmente derrotados. Habían sido expuestos a la kriptonita.

Trágicamente, murieron treinta y seis, mientras que en Jericó no hubo débiles, ninguno se retiró y nadie fue herido ni murió.

Meditemos en esto: Acán pecó, sin embargo no les ocurrió nada ni a él ni a su familia. Por el contrario, tras la batalla de Hai setenta y dos mamás y papás se quedaron sin su hijo tras la batalla, treinta y seis viudas se quedaron sin que su esposo regresara, y para muchos niños su papá no regresó a casa. No fue debido a lo que su hijo, esposo o padre había hecho, ya que ellos no pecaron. Más bien, fue debido a lo que otro hombre de otra familia había hecho.

Israel ahora estaba paralizada por el temor. Josué y todos los líderes se postraron rostro en tierra ante Dios. ¿Te imaginas esto? Estaban confundidos, perplejos y clamando: *"¿por qué nos hiciste cruzar el río Jordán si vas a dejar que los amorreos nos maten?"*. (Josué 7:7)

Escucha la respuesta de Dios: *"¡Levántate! ¿Por qué estás ahí con tu rostro en tierra? ¡Israel ha pecado y ha roto mi pacto!"*. (Josué 7:10-11)

Dios no dice: "¡Hay en medio de ustedes un hombre que ha pecado!". No, sino que de nuevo declara: *"¡Israel ha pecado!"*. Nadie sabía que Acán había pecado. Nadie tomó parte en su codicia. Sin embargo, como todo un cuerpo sufrieron los efectos de la kriptonita espiritual. Josué descubre quién fue y confronta a Acán, el cual responde:

> *¡Es cierto! He pecado contra el Señor, Dios de Israel. Entre el botín, vi un hermoso manto de Babilonia, doscientas monedas de plata y una barra de oro que pesaba más de medio kilo. Los deseaba tanto que los tomé.* (Josué 7:20-21)

> Josué y los líderes trataron de inmediato la ofensa de Acán y, cuando lo hicieron, leemos: *"Así el Señor dejó de estar enojado"*. (Josué 7:26)

Un ejemplo

Este incidente del Antiguo Testamento ilustra el mensaje de Pablo a la iglesia en Corinto. Escribe: *"Esa es la razón por la que muchos de ustedes son débiles y están enfermos y algunos incluso han muerto"*. Descubriremos en el siguiente capítulo que el pecado que cometían algunos de la iglesia estaba afectando a toda la iglesia, no solamente a los individuos implicados en la ofensa.

¿Alguna vez te has cuestionado en privado por qué tantos creyentes en nuestras iglesias hoy son débiles, sufren enfermedades persistentes y achaques? Estas personas queridas pareciera que no pueden recuperarse de esos achaques, y algunos incluso mueren antes de tiempo. ¿Por qué hay tantas madres solteras en nuestras congregaciones usando los cupones de alimentos del gobierno, luchando por llegar a fin de mes? ¿Por qué hay tantos creyentes en paro o viviendo con presupuestos apretados y dependiendo del gobierno?

La lista de dificultades que parecen no poder vencerse debido a nuestra debilidad es casi interminable.

En los días de Salomón, no había ni una persona con prestaciones sociales o desempleada. En el libro de Hechos no había carencia, y las personas eran sanadas rápidamente de achaques, enfermedades y dolencias. ¿Por qué no estamos viendo eso hoy? ¿Podría ser que el pecado que algunos están cometiendo esté afectando las vidas de muchos otros? ¿Podríamos estar viendo lo que Israel experimentó en Hai?

De nuevo, es importante subrayar que hay consecuencias personales por los pecados que se cometen a sabiendas. Acán finalmente sufrió el juicio, pero Israel como cuerpo también experimentó la kriptonita espiritual por el pecado de Acán. Espero que a medida que continuamos con la investigación, aumente tu conciencia de ser parte de un cuerpo, y sea igual de fuerte que tu relación individual con Jesús, y que te puedas dar cuenta de que tus acciones como miembro pueden ser de bendición o traer consecuencias a las demás partes del cuerpo.

Antes de concluir, quiero subrayar de nuevo que cuando lidiamos con verdades liberadoras a menudo parece negativo, y la idea de *¿para qué sacar esto?* puede aparecer repentinamente. Pero, al final, cuando se revela la verdad, libera y trae libertad donde previamente había obstáculos.

En palabras de Jesús: *"y conocerán la verdad, y la verdad los hará libres"* (Juan 8:32).

PONTE EN ACCIÓN

Quizá hayas visto la película *Gladiador* y recuerdes oír al General Máximo gritar: "¡Permanezcan juntos! ¡Como uno!" y viste las victorias que produjo la estrategia. No es un secreto que la estrategia militar más eficaz es divide y vencerás.

Jesús sabía esto muy bien, y enseñó que una casa dividida contra sí misma no puede permanecer (ver Mateo 12:25). Cuando el cuerpo de Cristo está dividido en sus lealtades a Cristo, se debilita como conjunto. Esto significa que una de las mejores cosas que puedes hacer para el impacto de la iglesia en el mundo es vivir tu propia vida totalmente dedicado a la causa de Jesús. Esto significa dedicar todas tus actividades regulares y cotidianas a Dios como adoración a Él.

Dios quiere toda tu vida, no solo las mañanas de tus domingos. Si no estás viviendo toda tu vida, trabajo, familia, aficiones, etc. como una adoración a Dios, arrepiéntete hoy. Pídele a Jesús que te dé visión para lo que sería un estilo de vida de adoración en tu vida. Escribe lo que Él te muestre o te diga, y pídele al Espíritu de Dios que te llene de nuevo mientras te dedicas plenamente a Él.

4

KRIPTONITA CONTAGIOSA

La forma en que Dios diseñó nuestros cuerpos es un modelo para entender nuestras vidas juntos como iglesia. (1 Corintios 12:25 MSG, traducción libre)

Piensa en tu cuerpo y en cómo todas las partes están esencialmente conectadas, incluso si no están en una cercana proximidad. El dedo pequeño de tu pie está conectado a tu nariz, tu hígado está conectado a tus rodillas, tu boca está conectada a tu columna vertebral, y la lista continúa. No hay una sola parte que pueda sobrevivir separada de las demás partes. De lo contrario, no sería un miembro de tu cuerpo.

Si una parte se duele, ¿acaso no sufren con ella todas las demás partes? Si alguien llega con la gripe o un virus, la enfermedad finalmente habita en todo su cuerpo con una pérdida de apetito, pérdida de fuerza, pensamientos poco claros, y dolores diversos. Por otro lado, si una parte es honrada, todas las demás partes se gozan. Si una persona recibe un masaje en la espalda o en el cráneo, todo el cuerpo siente el alivio de la tensión, y agrado. A todo el cuerpo le encanta lo que está ocurriendo.

Nosotros como iglesia somos uno. Israel, que es nuestro ejemplo, era uno, y el pecado voluntario de Acán no solo le afectó a él, sino también a toda la comunidad. Israel fue invencible al luchar contra Jericó, pero pocos días después, el ejército de la misma nación era débil, fue derrotado y se retiró de su enemigo, y experimentó unas bajas terribles. Figuradamente hablando, la nación quedó bajo la influencia de la kriptonita espiritual. ¿Es esto lo que estaba experimentando la iglesia en Corinto? Un examen más minucioso nos dará la respuesta.

Como citamos antes de forma breve, la cena del Señor en la iglesia primitiva era bastante distinta de la que tenemos en nuestros días. La de ellos era una comida y la nuestra es más una ceremonia. Así que, en contexto, su conducta específica que trata Pablo es distinta a la de cualquier cosa que podamos ver hoy. Sin embargo, la raíz de su conducta es lo que en verdad importa.

Su situación concreta era que ciertos individuos en la iglesia corintia no esperaban a que llegaran todos los miembros. Los que llegaban antes estaban comiendo y bebiendo, probablemente la mejor comida y el mejor vino, mientras que los que llegaban más tarde recibían solo las sobras. Muchos eruditos de la Biblia e historiadores creen que se estaba menospreciando a los más pobres o los de clases bajas. Ahora leamos las palabras de Pablo:

> Pues **algunos** se apresuran a comer su propia comida y no la comparten con los demás. Como resultado, algunos se quedan con hambre mientras que otros se emborrachan (…) Pues, si alguno come el pan y bebe de la copa sin honrar el cuerpo de Cristo, come y bebe el juicio de Dios sobre sí mismo. Esa es la razón por la que **muchos** de ustedes son débiles y están enfermos y algunos incluso han muerto.
> (1 Corintios 11:21, 29-30)

Miremos las dos palabras que he destacado en los versículos de arriba, *algunos* y *muchos*. Está claro que Pablo habla del pecado de *algunos* (versículo 21), pero la consecuencia resultante es que *muchos* están débiles, enfermos o están muriendo prematuramente (versículo 30). No es diferente del incidente de Acán; varios que no estaban desobedeciendo intencionalmente las instrucciones divinas experimentaban las consecuencias del juicio de la desobediencia voluntaria de un hombre.

El comentario *Pillar New Testament Commentary* afirma:

> No se debería suponer que los enfermos o los que se estaban mu-
> riendo fueran particularmente culpables del pecado, pero como
> la mayoría de las plagas del juicio divino del Antiguo Testamen-
> to, la plaga podía caer indiscriminadamente sobre la comunidad
> como conjunto.

Un incidente similar

Anteriormente en la carta de Pablo, él trata otro tipo distinto de pecado
que también estaba afectando a toda la comunidad. Comienza diciendo:
*"Me cuesta creer lo que me informan acerca de la inmoralidad sexual que hay
entre ustedes"* (1 Corintios 5:1). La situación era que un hombre que pro-
fesaba ser seguidor de Jesucristo, un hijo de Dios, un hermano en Cristo
y un miembro del cuerpo de Cristo, estaba viviendo en un deliberado
pecado sexual.

La corrección de Pablo no estuvo dirigida solo al hombre que cometía el
pecado. La comunidad de la iglesia lo reconocía como hermano y miembro de la iglesia, y sin embargo el liderazgo no estaba tratando su pecado,
sino mirando hacia otro lado.

¿Por qué ignoraban su conducta? Es muy probable que no quisieran
ofenderle al confrontar su pecado. Quizá era un hombre influyente, un
líder de la comunidad, un deportista popular o un gran patrocinador.
Corinto era una ciudad grande e influyente y un centro para las artes.
Es posible que fuera un actor admirado en su versión de Hollywood, o
un músico famoso que había tenido un gran éxito, o un vocalista que era
una pieza clave de su equipo de alabanza. El texto no nos lo dice, pero
podemos suponer que si él se iba, obstaculizaría su progreso.

Puede que existieran otras razones. Quizá pensaban que si se iba, no
oiría la Palabra de Dios nunca más. Quizá pensaron: "Es mejor que esté
en nuestra congregación escuchando el evangelio que en el mundo sin
escucharlo". Es posible que su misión predominante como iglesia fuera
hacer que los asistentes regresaran a la próxima reunión, y confrontarlo

supondría no alcanzar ese objetivo. Otra posibilidad podría haber sido este razonamiento: "Es un bebé cristiano; vamos a darle algo de tiempo". Estoy seguro de que esperaban que finalmente lo "entendería" y dejaría su pecado.

Pablo tercamente le dice al liderazgo de la iglesia corintia que deberían apartar a ese hombre. Permíteme escribir sus frases:

- *Deberían echar a ese hombre de la congregación.* (1 Corintios 5:2)

- *Deben expulsar a ese hombre.* (1 Corintios 5:5)

- *Desháganse de la vieja "levadura" quitando a ese perverso de entre ustedes.* (1 Corintios 5:7)

- *Quiten al malvado de entre ustedes.* (1 Corintios 5:13)

¡Pablo deja caer la guillotina cuatro veces en un breve capítulo! Piensa en ello: en solo trece versículos, el apóstol manda a este grupo cuatro veces a que quite a este hombre de la iglesia, y en un punto incluso dice abiertamente: "*Deben expulsar a ese hombre*". ¡Eso es muy fuerte! Recuerda: Pablo ama a esta iglesia y también ama a este hombre.

Quizá te preguntes: "¿De verdad ama a este hombre? ¡No me lo creo!". Pero de hecho, sabemos que ama a este hombre, porque no se puede escribir nada en la Escritura que no sea con un motivo de amor de fondo. Porque Dios inspira toda la Escritura y Dios es amor (ver 2 Timoteo 3:16 y 1 Juan 4:8).

Por favor, recuerda que esto no solo se les dice a los líderes de Corinto, sino a toda la iglesia. Pablo coherentemente mandó que se leyeran sus cartas a todas las iglesias. ¿Por qué Pablo es tan terco y claro con este asunto? La respuesta se encuentra en esta frase: "*¿No se dan cuenta de que ese pecado es como un poco de levadura que impregna toda la masa?*" (1 Corintios 5:6). De nuevo, vemos que toda la comunidad se ve afectada por ello, no solo este hombre. Leamos lo siguiente:

*Deshágamse de la vieja "levadura" quitando a ese perverso de entre ustedes. Entonces serán como una nueva masa preparada sin levadura, que es lo que realmente son. Cristo, nuestro **Cordero Pascual,** ha sido sacrificado por nosotros. Por lo tanto, celebremos el festival, no con el viejo pan de perversidad y maldad, sino con el nuevo pan de sinceridad y verdad.* (1 Corintios 5:7-8)

Pablo vuelve a tratar el tema principal de la comunión. La fiesta de Israel de la Pascua giraba en torno a un cordero sacrificial. Así, Jesús es nuestro Cordero sacrificial sin mácula. Tal como la primera Pascua marcó la liberación de Israel de la esclavitud egipcia, así la muerte sacrificial de Cristo, que es el tema central de la cena del Señor, marca nuestra liberación de la esclavitud al pecado.

Había otras fiestas: Primicias, Pentecostés, Trompetas, Expiación y Tabernáculos. Sin embargo, estas fiestas presagiaban los aspectos más maduros de nuestra vida cristiana. En pocas palabras, la Pascua era la fiesta de la salvación. Por lo tanto, Pablo al escribir esto hace referencia a nuestra entrada en el reino. Destaca que la Pascua no se podía celebrar con "el viejo pan de perversidad y maldad". Así que la mentalidad de "es un bebé cristiano" es un razonamiento erróneo, para él y también para nosotros. A menudo esta es la idea que se utiliza para pasar por alto a una persona que se ha "entregado al pecado"; es engañoso y confuso, ya que en la iglesia no hay lugar para el pecado que se conoce y se practica. (Hablaré de la diferencia entre "pecado que se conoce y se practica" y "caer en pecado" en otro capítulo posterior).

Segundo, observemos que Pablo dijo que la práctica de pecado de este hombre es como la levadura. La levadura es una sustancia que se esparce por toda la masa y hace que se levante. Con respecto a la fiesta de la Pascua, Israel fue advertido encarecidamente: *"El primer día del festival, quiten de sus casas todo rastro de levadura. Cualquiera que coma pan con levadura en esos siete días del festival quedará excluido de la comunidad de Israel"* (Éxodo 12:15). Las palabras *"quedará excluido"* también son decisivas, no difieren de la instrucción de Pablo. Dios hizo esto para mostrar tanto a Israel como a nosotros que cuando entramos en pacto con Él, no puede haber nadie "entregado al pecado" en la comunidad. Todos deben arrepentirse de la desobediencia conocida y practicada a su Palabra, o de lo contrario llevarán la levadura de pecado y sus consecuencias a la comunidad.

El comentario *Pillar New Testament Commentary* dice:

> Pablo enfatiza (con un enfático orden de palabras en el griego) que a través de una "pequeña" parte de la iglesia, una persona sola, inevitablemente el mal, de forma lenta, pero segura, se esparciría por toda la comunidad si se deja sin revisar. El ejemplo del pecado voluntario en la iglesia puede tener graves efectos. Como la levadura en el pan, el pecado que no se revisa en la iglesia se esparce por toda ella y la cambia irremediablemente.

No estoy de acuerdo con un punto que hace este comentario. Al investigar sobre la levadura, he descubierto que no se esparce *lentamente*, sino más bien, *rápidamente*. Sin embargo, lo que es indudablemente cierto en este comentario es que se esparce *seguro* por la comunidad.

¿Significa esto, entonces, que deberíamos impedir que alguien entrara a nuestras reuniones si está involucrado en un pecado que suele practicar? ¡Por supuesto que no! Debería haber multitudes de incrédulos en nuestras asambleas, pero no como *miembros* de la iglesia, ni se les debería dar pie a *pensar que pueden ser miembros* a menos que se hayan arrepentido del pecado conocido y practicado, y hayan entregado toda su vida a Jesucristo. Pablo deja este punto muy claro:

> *Cuando les escribí anteriormente, les dije que no se relacionaran con personas que se entregan al pecado sexual; pero no me refería a los* **incrédulos** *que se entregan al pecado sexual o son avaros o estafadores o rinden culto a ídolos. Uno tendría que salir de este mundo para evitar gente como esa.* (1 Corintios 5:9-10)

A los que seguimos a Cristo se nos manda ir al mundo, alcanzar a los que están en él, e invitarlos a unirse a nosotros en nuestras asambleas para que oigan la Palabra de Dios, pero no una versión comprometida o limitada de la verdad sobre su condición espiritual. Debemos acercarnos continuamente, comer, ser amigos, amar y servir a los incrédulos, como lo hizo Jesús.

Sin embargo, Pablo dice algo totalmente distinto con respecto a alguien que confiesa ser creyente:

> *Lo que quise decir es: no se relacionen con **ninguno que afirma ser creyente** y aun así se entrega al pecado sexual o es avaro o rinde culto a ídolos o insulta o es borracho o estafador. Ni siquiera coman con esa gente.* (1 Corintios 5:11)

Está claro que Pablo no está hablando de un creyente que "cae en pecado", sino más bien de uno que se considera un creyente, pero está "entregado al pecado". ¿Por qué este padre de la iglesia habla tan fuertemente sobre esto? Sencillamente, es la evidencia de su verdadero amor por la iglesia. Él no quiere ver a la iglesia en general sufriendo mientras *supuestamente protege* al "creyente" que continúa en pecado.

Míralo de esta forma: si alguien tiene una enfermedad muy contagiosa, una que se pueda transmitir mediante el aire a cualquiera que esté cerca, ¿qué hace la comunidad? Ponen a esa persona enferma en cuarentena. Esto protege al resto de la comunidad de contraer la enfermedad. Si no, se esparcirá como el fuego, y toda la comunidad sufrirá de la enfermedad y sus consecuencias. ¿Cuáles serían las consecuencias de ello? Posiciones vacantes, pérdida de productividad, interrupción de servicios a la comunidad, y sufrimiento económico, por nombrar tan solo algunas.

Pablo después dice de esta persona que se ha entregado al pecado:

> *Entonces deben expulsar a ese hombre y entregárselo a Satanás, para que su naturaleza pecaminosa sea destruida y él mismo sea salvo el día que el Señor vuelva.* (1 Corintios 5:5)

Este hermano está en grave peligro de perderse para siempre si no cambia. Por eso usé anteriormente las palabras "supuestamente protege". La verdad del asunto es que quien peca voluntariamente está en grave peligro si se le permite seguir en la comunidad, porque él o ella supondrá que tiene una posición correcta delante de Dios, y descubrirá su estado perdido cuando sea demasiado tarde el día del juicio.

Las dificultades que esta persona encontrará fuera de la protección de Dios probablemente le harán entrar en juicio y regresar a Jesús con todo su corazón y su alma, que es exactamente lo que ocurrió con este hombre (descrito en la segunda carta de Pablo a los Corintios). Las dificultades tienen su manera de despertarnos, como en el caso del hijo pródigo. Regresó a casa cuando vio el fruto de sus caminos pecaminosos. Si su padre le hubiera aprobado y le hubiera seguido mandando dinero, el hijo no se habría dado cuenta de que estaba en un estado de rebeldía.

Como en el cielo...

Volvamos al punto principal. Hemos visto claramente en los dos últimos capítulos que somos un cuerpo en Cristo, y como cuerpo, todos podemos beneficiarnos de las aportaciones de una persona, o sufrir por el pecado conocido y practicado de un miembro.

Hay una verdad aquí que no podemos ignorar. Los efectos de evitar esta discusión se han adherido tristemente durante demasiado tiempo al cuerpo de Cristo. Estas consecuencias no se irán si continuamos ignorando estos asuntos.

Seamos valientes y confrontémoslos de cara. ¡Todo el cielo nos está animando! Somos llamados a ser la iglesia triunfante, el cuerpo de Cristo que, al igual que Jesús, es imparable. Enfermedad, dolencia, pobreza, falta de recursos y el resto de las obras del enemigo deberían postrarse ante la iglesia del Señor.

Somos llamados a reinar en autoridad y a estar llenos de poder sobrenatural para poner a los enemigos del cielo bajo nuestros pies. Y eso haremos si no tenemos miedo a confrontar los asuntos difíciles que nos han infestado.

¡Debemos atrevernos a creer que se puede hacer en la tierra como se hace en el cielo!

PONTE EN ACCIÓN

Este asunto es muy importante, y por desgracia es raro encontrar una iglesia moderna que enfatice correctamente estas verdades. Piensa esto: primero, Dios te llama a vivir libre de pecado, totalmente entregado a Él. Segundo, cuando los creyentes no hacen eso, no solo afectan sus propias vidas, sino también a todo el cuerpo de Cristo.

Toma un tiempo para meditar en todo esto. No dejes que estas verdades sean solo buenas ideas y sencillamente continúes adelante. Piensa bien en ellas. Medita en ellas. Ora estas verdades y pregúntale a Dios por ellas para ti mismo. Deja que se asienten de verdad en ti, y sean tan importantes para ti como lo eran para Pablo.

5

SÉ EL CAMBIO

Soy uno de los muchos en mi generación a los que se nos ha enseñado más sobre nuestro caminar individual con Jesús que sobre cómo todos los creyentes somos un cuerpo. Hace muy poco que la realidad de esta verdad acerca de la iglesia me ha quedado más clara. No quiero engañarte, pues yo ciertamente había entendido esta verdad en parte en el pasado, pero no hasta el punto que la entiendo ahora.

Cuando el Espíritu Santo ha despertado mi conciencia a esta realidad, a menudo he pensado en los equipos de tierra, mar y aire de la Marina, comúnmente conocidos como SEAL de la Marina.

Tengo un amigo que es miembro de estos guerreros de élite. Lleva con los SEAL quince años y actualmente es instructor. Tras meditar en estas verdades sobre el cuerpo de Cristo durante un tiempo, decidí contactar con él. Sabía que los SEAL eran un grupo exclusivo de hermanos, así que quería ahondar en ello. Le llamé y mis primeras preguntas fueron: "¿Cómo ven los SEAL la interacción unos con otros? ¿Cómo producen esa comunidad con lazos tan fuertes? ¿Y qué hay en su entrenamiento?".

El primer comentario que me hizo fue: "La última persona en la que un SEAL piensa es en sí mismo".

Me encantó lo claro y conciso que fue nada más empezar. Sabía que sería una llamada de teléfono reveladora, y permanecí en silencio y le dejé que continuara. "Valoramos al hermano que tenemos a nuestro lado más que a nosotros mismos. Nunca tenemos que cubrirnos nuestras espaldas, porque sabemos que nuestros hermanos SEAL lo harán por nosotros".

En ese momento él comenzó a "predicarme": "Si lees el sexto capítulo de Efesios, encontrarás que la armadura de Dios es toda para la parte frontal, nada cubre nuestra parte posterior. La razón es que Dios quiere que cada uno de nosotros haga lo que hacen los SEAL, cubrirse la espalda unos a otros, pensar como una unidad, un cuerpo. Si no actuamos así, solo tendré una persona cubriendo mis espaldas: yo. Sin embargo, si todos funcionamos como un equipo, tengo a cada persona de mi pelotón cubriendo mi espalda".

Él continuó: "Como SEAL de la Marina, todo lo que hago está orientado al hermano que tengo a mi lado. Creemos en esto como uno de los conceptos esenciales de nuestro existir. Se nos entrena para no pensar en nosotros mismos como individuos, sino como una unidad. Aunque se nos entrena como expertos en distintas áreas: explosivos, comunicaciones, francotiradores, médica, JTAC, armas, emerger del agua, etc., funcionamos como una unidad. Nunca vamos a una misión con la mentalidad de: *Quizá alguno de nosotros no regresará, o solo el cuarenta por ciento regresaremos.* No, nuestra actitud es: *El cien por ciento de nosotros vamos y el cien por ciento regresamos".*

Estaba fascinado con lo que él me estaba revelando. Finalmente, pregunté: "¿Cómo entrenas esta actitud en los reclutas?".

"¡No se puede!", respondió él. "El entrenamiento de Demolición Submarina Básica/SEAL está considerado como el entrenamiento más arduo y difícil del ejército, y por eso aproximadamente el noventa por ciento de los que se inscriben al programa SEAL o lo abandonan o los sacan. Lo que permanece es una unidad de individuos altamente entrenados y plenamente equipados. Cada uno valora al hombre que tiene a su lado más que a sí mismo, y está dispuesto a morir por una causa mayor que él mismo".

Después me dijo: "John, si la iglesia se comportase así, ¿qué sucedería?".

Tristemente, tuve que estar de acuerdo con él. Sin embargo, la verdad es que tenemos el potencial de hacerlo. Es una parte muy real de la *naturaleza divina* que se nos da cuando nacemos de nuevo. La predicación y enseñanza que recibimos, que son *nuestro* entrenamiento, deberían establecer esta actitud y practicarla. Pero si solo escuchamos una versión de consumidor del evangelio, desarrollaremos algo incorrecto: nuestra carne no redimida. Ese es en gran parte el motivo por el que la iglesia moderna está en la condición que está. Muchos solo queremos que nos animen y edifiquen, en vez de que nos reten. Nos estamos perdiendo mucho.

Mi amigo es un guerrero, pero a la vez percibió la debilidad de la iglesia en estos tiempos modernos. Él sabía que si un miembro de un pelotón de los SEAL fuera débil, comprometiera sus obligaciones o abandonara su puesto, todos los miembros del equipo sufrirían como grupo o morirían por la pereza o incompetencia de una persona. Lo que tiene arraigado en él es lo que nosotros necesitamos incrustar en nuestro interior como miembros del cuerpo de Cristo.

Sé el cambio

¿Hay algún aspecto positivo de lo que hemos estado discutiendo? Por supuesto, ¡con Dios siempre lo hay!

Me doy cuenta de que podrías ver estas verdades de los capítulos previos de forma negativa y desanimarte y desilusionarte. Si solo te quedas en la realidad de cómo las acciones de otros podrían afectar negativamente a tu vida, sí, puede ser descorazonador. Sin embargo, la razón de traer a la luz esta verdad es para que progresemos como cuerpo y veamos la plena medida de su grandeza y poder como no la hemos visto en nuestra generación. No habrá cambio alguno si no creemos o hacemos algo diferente. Así que esta es la idea: *Tú puedes ser el cambio.* Si no empieza por ti o por mí, ¿cómo va a comenzar? ¡Dios nos ha llamado a ser agentes de cambio!

¿Alguna vez has visto lo que ocurre cuando una persona que tiene una conciencia tierna, pero es un poco rebelde por fuera, de repente asume la responsabilidad de las vidas de otros? ¡A menudo, eso saca lo mejor de esa persona! Por ejemplo, piensa en una madre jovencita. A veces hacía locuras e incluso era un poco estúpida cuando estaba soltera. Sus acciones solo afectaban su propia vida y a nadie más. Pero entonces se enamora, se casa y tiene un hijo. Ahora esta mujercita que antes estaba un tanto descontrolada se centra. Si continúa haciendo necedades, siendo revoltosa y viviendo peligrosamente, sabe que no solo afectará su propia vida, sino también a las vidas de su esposo e hijo, a los que ama.

Esto es lo que debe pasar con cada uno de nosotros con respecto a la iglesia. Debemos amarnos profundamente unos a otros. Debemos darnos cuenta de que es muy probable que no seamos los únicos afectados si desobedecemos la Palabra de Dios. ¡Somos parte de un cuerpo! Quizá por eso Pablo escribe este mandato a la iglesia en Corinto en medio de la discusión de la cena del Señor:

> Dicen: «Se me permite hacer cualquier cosa», pero no todo trae beneficio. No se preocupen por su propio bien, sino por el bien de los demás. (1 Corintios 10:23-24)

Y de nuevo Pablo le dice a la iglesia filipense:

> Sean humildes, es decir, considerando a los demás como mejores que ustedes (...) Tengan la misma actitud que tuvo Cristo Jesús. (Filipenses 2:3, 5)

Esta es la mentalidad que tuvo Jesús, la esencia de lo que le motivó a venir y dar su vida por nosotros. Él podría haberse salvado a sí mismo. Podría haber llamado a una legión de ángeles que lo librase de las manos de sus ejecutores, pero en su mente estábamos nosotros. Se preocupó más de nuestro bienestar que del suyo propio.

Esta es la buena noticia: cuando nosotros como individuos caminamos en obediencia a la Palabra de Dios, finalmente seremos bendecidos.

Quizá pases por momentos incómodos e incluso difíciles por la desobediencia de algunos en el cuerpo, pero finalmente prosperaremos.

Elías es un ejemplo de tal sufrimiento por la conducta de otros. Debido al constante pecado de Acab y Jezabel, así como a la indiferencia frente al pecado del pueblo de Israel, no llovió sobre la tierra durante años. Elías no estaba comiendo abundantemente, como el pueblo había comido en los días del rey David y el rey Salomón. En cambio, tuvo que comer pan y carne que le traían los cuervos durante años, ¡eso no fue divertido! Era una dieta monótona sin verduras, miel, jugo, o las muchas otras delicias disponibles en tiempos de abundancia. Esa fue difíultad para él debido a las acciones de otros. Pero Elías era parte de una nación, un pueblo y un cuerpo. Su obediencia finalmente produjo cambio y… lluvia. Esto bendijo a la nación y, al final, él fue bendecido a modo personal.

Pacto de paz

Si vemos otro incidente antes del tiempo de Elías, de nuevo vemos a *muchos* sufriendo por las acciones de *algunos*. Israel estaba en el desierto, acampados en la arboleda de acacias. Leemos:

> *Algunos hombres se contaminaron al tener relaciones sexuales con las mujeres moabitas del lugar. Estas mujeres los invitaron a los sacrificios a sus dioses, así que los israelitas festejaron con ellas y rindieron culto a los dioses de Moab. De ese modo Israel se unió al culto a Baal de Peor, lo cual encendió el enojo del Señor contra su pueblo.* (Números 25:1-3)

De nuevo, observemos la palabra "algunos". Dios le había dicho a su pueblo que no adorase a otros dioses, ni se diesen a mujeres extranjeras, ni cometieran inmoralidad sexual. Pero las desobedientes acciones de *algunos* trajeron juicio sobre toda la congregación (nación), y veremos de nuevo que no *algunos*, sino *muchos*, fueron afectados por este juicio.

> *Entonces el Señor le dictó a Moisés la siguiente orden: «Detén a todos los cabecillas y ejecútalos delante del Señor, a plena luz del día, para que su ira feroz se aleje del pueblo de Israel.* (Números 25:4)

Otra vez, descubrimos que las acciones de los cabecillas (*algunos*) provocaron la ira feroz del Señor contra todo Israel. Eran una nación, un pueblo y un cuerpo.

Casi a la vez que Moisés mandó a ejecutar a los cabecillas, un israelita en particular llamado Simeón tomó a una mujer madianita llamada Cozbi, y la llevó a su tienda delante de Moisés y de todo el pueblo. Esto fue una desobediencia abierta e inaceptable a la Palabra del Señor. De inmediato, Finees, el hijo de Eleazar y nieto de Aarón, tomó una lanza y corrió a la tienda de Simeón y atravesó con su lanza no solo a Simeón, sino también a Cozbi, ejecutando a ambos de un golpe. Después leemos: *"Entonces se detuvo la plaga contra los israelitas, pero ya habían muerto veinticuatro mil personas"* (Números 25:8-9). De nuevo, muchos murieron; muchos sufrieron; muchos fueron afectados por las acciones de *algunos*. La nación era *una* ante los ojos de Dios.

Después Dios declara: *"Finees hijo de Eleazar, hijo del sacerdote Aarón, ha hecho apartar mi furor de los hijos de Israel, llevado de celo entre ellos; por lo cual yo no he consumido en mi celo a los hijos de Israel"* (Números 25:10-11 RVR 60). La pasión de Finees era la pasión de Dios: el bien de toda la nación. Finees fue el que produjo el cambio para mejor. No fue necesaria la actuación de todo el pueblo, sino solo la de un hombre.

Pablo era el hombre que estaba apasionado con la pasión de Dios por la iglesia en Corinto. Él fue quien produjo el cambio al confrontar valientemente a la iglesia con la verdad. Tomó la Palabra de Dios, la Espada del Espíritu, y atravesó con ella la actividad del hombre que vivía en inmoralidad sexual. En el Antiguo Testamento, fue una lanza física; en el Nuevo Testamento y hoy día, la "lanza" sale cuando nos levantamos con valentía y declaramos la verdad, aunque otros estén haciendo oídos sordos o pasando por alto el pecado manifiesto de uno o de algunos en una comunidad.

La última persona en la que Pablo estaba pensando era en sí mismo. No se estaba comportando de manera distinta a como explicaba mi amigo de los SEAL. Él antepuso el bien de otros a su propia comodidad y popularidad. Incluso se arriesgó al rechazo total de la iglesia de Corinto. Era celoso de ellos, incluso cuando resultó que mientras más los amaba él, menos le amaban ellos a él.

Finees no se preocupó de sí mismo; sabía que le podían haber acusado de ser duro, cruel, antipático, retrógrado, extremo en su creencia o anticuado. Era un hombre y nadie más estaba haciendo nada. ¿Qué pensaría, diría o harían las personas? Nada de eso le importó. El salmista dice: *"Pero Finees tuvo el valor de intervenir"* (Salmos 106:30). Fue celoso de Dios y de lo que a Dios le importaba: su pueblo. Él amaba la comunidad. ¡Él fue el agente de cambio!

Ahora veamos lo que Dios dice de él:

> *"Por tanto diles: He aquí yo establezco mi pacto de paz con él; y tendrá él, y su descendencia después de él, el pacto del sacerdocio perpetuo, por cuanto tuvo celo por su Dios e hizo expiación por los hijos de Israel".* (Números 25:12-13 RVR 60)

Esta afirmación ha resaltado para mí durante los muchos años que he tenido de estudio bíblico. No solo Moisés escribe sobre él, sino que también el salmista mucho después enfatizó su recompensa:

> *Entonces se levantó Finees e hizo juicio, Y se detuvo la plaga; Y le fue contado por justicia De generación en generación para siempre.* (Salmo 106:30-31 RVR 60)

Recuerdo el asombro que sentí cuando vi por primera vez la gran recompensa para este joven que tomó el riesgo de defender lo que agradaba a Dios. No solo una recompensa temporal, sino una recompensa eterna, una recompensa sellada con un pacto. Dios nunca rompe sus pactos. Esta recompensa es tan grande que no le afectó solo a él, sino también a todos sus hijos y los hijos de sus hijos para todas las generaciones después de él, *¡incluyéndonos nosotros!* Todas las generaciones posteriores serían recompensadas por su disposición a defender lo correcto ante los ojos de Dios.

Cuando vi este ejemplo de Finees, me propuse que yo siempre diría la verdad, aunque el resultado fuera una pérdida de amor como la que

Pablo experimentó. Pude ver la gran recompensa no solo para mí, sino también para Lisa y nuestros hijos y sus hijos durante todas las generaciones venideras. Sería un pacto de paz, un pacto que nunca se puede romper, una bendición que duraría de generación en generación.

Así, ha sido increíble para mí ver la pasión con que nuestros hijos sirven a Dios. Yo estuve lejos de casa ministrando el evangelio durante al menos la mitad de los días cada año cuando ellos eran pequeños. Sin embargo, parece que el pacto de paz que Dios promete a quienes son agentes de cambio fue asegurado y protegido para nuestros hijos. Espero la misma bendición para nuestros nietos también.

¿Hay alguna bendición escondida en prestar atención a las verdades que hemos descubierto hasta ahora? Si, es el *pacto de paz* que se te promete no solo a ti, sino también a tus descendientes, mientras tú seas la voz del cambio, mientras seas celoso de los caminos de Dios, incluso cuando otros no lo sean.

¿Estamos viendo juntos cómo es mejor hablar usando la espada del Espíritu en amor que permanecer callados, y ver cómo el pecado prevalece y se esparce por nuestra comunidad de creyentes?

Para mí la respuesta es obvia, pero te dejaré que tú des tu propia respuesta.

PONTE EN ACCIÓN

Esta es la buena noticia que has estado esperando: defender la verdad, cuando se hace por amor a Dios y su pueblo, te pone en compañía de personas que recibieron eternas promesas de pacto de bendición de parte de Dios, que determinaron el futuro no tan solo de sus vidas, sino también de sus descendientes.

¿Puedes pensar en algo más poderoso que puedas hacer para tu posteridad? Ninguna herencia mundana, física, lleva consigo esa promesa; el dinero puede desaparecer en una o dos generaciones. No hay cantidad de conocimiento o sabiduría acumulada que pudiera transmitirse a tantas generaciones. Solo una herencia basada en una promesa de la fidelidad de Dios podría tener un impacto tan duradero.

¿Qué legado quieres dejar a las futuras generaciones? ¿Cómo quieres que te recuerden en la tierra, y cómo quieres que se te conozca en el cielo? La mayor clave para que estos deseos se cumplan es la firmeza con la que defiendas el amor y la verdad durante tu corta estancia en la tierra.

6

LA MOTIVACIÓN

Hace poco, comencé a tener dificultad para enviar los textos en mi iPhone. Lo probé todo para intentar resolver el problema, desde cerrar aplicaciones hasta apagar mi teléfono y reiniciarlo, incluso llegué a "forzar salida": lo que se hace cuando nada más parece funcionar. Después procedí a realizar pasos más complicados, pero no conseguía librarme del molesto problema.

Esta experiencia me confirmó lo mucho que confiamos en nuestros teléfonos inteligentes y cuán importantes son en nuestra vida cotidiana. Resulta que nuestro hijo más joven estaba en India dando una conferencia y distribuyendo libros a pastores y líderes. Estaba teniendo algunos problemas y comenzó a escribirme, pero yo no pude responder a sus mensajes durante horas debido al problema de mi teléfono. Tardaba más de quince minutos en escribir una frase o dos, y después mi teléfono me sacaba de la aplicación, perdiendo todo lo que había escrito, y tenía que comenzar todo el proceso de nuevo. Conseguí mandarle un pequeño mensaje en cuatro horas. Quería decir más, pero no podía. No es necesario que diga que estaba muy frustrado.

Finalmente, llevé mi teléfono a los expertos, los técnicos que saben muchísimo más que yo sobre cómo funciona. Intenté resolver el problema durante días, pero ellos llegaron a la raíz del problema en menos de quince minutos. En un par de horas, estaba enviando mensajes de nuevo sin problema. Resultó que yo había hecho sin querer algo que colapsó el sistema operativo del teléfono.

¿Qué habría pasado si yo no hubiera buscado una solución? ¿Qué habría pasado si no hubiera dedicado un tiempo a consultar con los expertos? Aún estaría usando el teléfono muy por debajo de su nivel normal de funcionamiento y, trágicamente, perdiendo mucho tiempo. Hubiera entorpecido la comunicación con mi familia, equipo y amigos.

Llevémoslo un paso más allá. Supongamos que nunca hubiera experimentado la realidad de enviar mensajes de texto. Hace treinta años, ni siquiera sabía lo que eran estos mensajes, y mucho menos un teléfono inteligente. Hace cien años, ni siquiera había llamadas de teléfono transcontinentales; no existían. En ese entonces, no me habría importado nada trabajar cuatro horas solo para enviar un mensaje instantáneo a mi hijo en India. La más mínima comunicación hubiera sido mejor que no tener comunicación alguna.

Sin saber lo que tenía a mi disposición, no hubiera sido tan diligente para buscar la solución y soportar las dificultades que se interpusieron en mi camino. Pero con mi iPhone había experimentado los beneficios, así que fue este conocimiento lo que hizo que mi nivel de frustración fuera tan alto.

Sin conocer nuestro potencial, habrá una ausencia del deseo y el impulso de lograr algo. La mayoría de nosotros no conocemos el poder de una unidad militar unida, como lo sabe mi amigo de los SEAL. ¿Te imaginas si él tuviera un fallo técnico en su pelotón que estuviera causando un fracaso? No solo estaría enojado… sino muy posiblemente muerto.

Pensando de nuevo en la historia del Antiguo Testamento, ¿te imaginas el nivel de exasperación de Israel con Acán? Habían experimentado un gran éxito en la batalla de Jericó, pero después de Hai tuvieron que ir a treinta y seis funerales de amigos íntimos y consolar a las familias de los soldados muertos.

¿Te imaginas el nivel de frustración de Pablo al ver a sus amados corintios sufrir las terribles consecuencias de la kriptonita espiritual: debilidad, enfermedades y muerte prematura? Él era muy consciente de su potencial, pero ellos estaban cegados a él. Sus preferencias personales pesaban más que el bien mayor de la comunidad.

¿Y qué ocurre contigo? ¿Y qué de la comunidad cristiana de la que eres parte? Me imagino que la razón por la que estás leyendo este mensaje desafiante es porque sabes muy dentro de ti que hay *más* en la experiencia cristiana de lo que tienes. Dios ha puesto este deseo en tu corazón. Estás más interesado en vivir una vida plena en su presencia, y ser testigo de la dinámica transformación espiritual en tu comunidad que evitar la molestia temporal de la verdad.

Ha venido tu luz

Hay dos grandes beneficios que vendrán como resultado de nuestro estudio en este libro: uno elevará de manera importante la eficacia de tu comunidad, y el otro te mejorará personalmente con más fruto, realización e intimidad con Dios. (Hasta este punto, nuestro enfoque ha estado en la comunidad, pero al final pasaremos a enfocarnos otra vez en ti como individuo).

¿Cuál debería ser nuestra visión para nuestra comunidad? Como con el ejemplo de mi iPhone, la respuesta a esta pregunta impulsará el deseo y la motivación de continuar buscando y rectificando lo que nos impide llegar a nuestro potencial.

Isaías profetiza:

> *Levántate, resplandece; porque ha venido tu luz, y la gloria de Jehová ha nacido sobre ti. Porque he aquí que tinieblas cubrirán la tierra, y oscuridad las naciones; mas sobre ti amanecerá Jehová, y sobre ti será vista su gloria.* (Isaías 60:1-2 RVR 60)

Lo primero que quiero destacar es que Isaías no se está refiriendo al cielo. Y tampoco está hablando del reino milenial de Cristo, el periodo de tiempo en el que Jesús reinará sobre esta tierra durante mil años, como describe el libro de Apocalipsis. El profeta tampoco se refiere al nuevo cielo y nueva tierra que Pedro y otros escritores anunciaron. No, está describiendo el periodo de tiempo en el que la oscuridad cubrirá la tierra. Así que esta profecía ciertamente puede, y así lo creo, hablar de nuestros días.

Según el profeta, una profunda oscuridad va a caer sobre las personas, no solo en bolsillos geográficos, sino en toda la tierra. Estamos viviendo en un tiempo cuando la oscuridad es cada vez más profunda. Nos estamos alejando más y más del corazón de nuestro Creador. No estoy hablando solo de ateos, agnósticos y ocultistas, sino de muchos que profesan ser cristianos. Este es el periodo de tiempo del que Pablo específicamente dice: *"Llegará el tiempo en que la gente no escuchará más la sólida y sana enseñanza. Seguirán sus propios deseos y buscarán maestros que les digan lo que sus oídos se mueren por oír"* (2 Timoteo 4:3). Después se lamenta: *"y apartarán de la verdad el oído"* (versículo 4 RVR 60).

En este periodo de tiempo, Isaías afirma que los cristianos auténticos van a brillar, a sobresalir. Piénsalo de este modo: si entras en una sala oscura y subes el interruptor de la luz, la oscuridad se disipa de inmediato. La oscuridad no puede vencer a la luz; ¿alguna vez has oído hablar de un flash oscuro? No, solo de un flash de luz, porque por muy oscuro que esté, la luz vence y disipa la oscuridad.

Jesús dice que nosotros somos la luz del mundo. Deberíamos brillar, deberíamos ser más fuertes que la oscuridad, pero ¿cómo y qué es eso? Según Isaías, deberíamos brillar de una forma que los incrédulos vean la *gloria* de Dios.

La palabra hebrea para "gloria" es *kabod*, que significa esplendor, grandeza, riqueza, poder, abundancia, honor, majestad y pesadez. Piensa por un momento en lo que se afirma. Cuando la Biblia habla de la gloria de Dios, se está refiriendo al esplendor de Dios, la grandeza de Dios, la riqueza de Dios, el poder de Dios, la abundancia de Dios, el honor de Dios y la majestad de Dios. La palabra final definitiva "pesadez" o "peso" indicaría que estos atributos no son escasos, sino más bien que están en todo su vigor. Sencillamente, es el peso de su grandeza.

Pablo escribe que Dios ha puesto este conocimiento *"en nuestro corazón para que podamos conocer la gloria de Dios"* (2 Corintios 4:6). Continúa diciendo:

> *Ahora tenemos esta luz que brilla en nuestro corazón, pero nosotros mismos somos como frágiles vasijas de barro que contienen este gran tesoro. Esto deja bien claro que nuestro gran poder proviene de Dios, no de nosotros mismos.* (2 Corintios 4:7)

Observemos sus palabras: *"nuestro gran poder".* El esplendor, grandeza, riqueza, abundancia, honor y majestad de Dios brillan en nuestros corazones con toda su fuerza. Por eso dice: *"nuestro gran poder proviene de Dios, no de nosotros mismos".* Estamos hablando de poder, el poder de atravesar cualquier oscuridad que intente interponerse en el camino de nuestra misión.

Cuando un pelotón de los SEAL sale a una misión, no piensan que van a volver derrotados, y por lo general no les ocurre así. ¡Nosotros tenemos una promesa más segura que la de un SEAL! ¡Y está respaldada por un poder mucho mayor para tener éxito!

Para que se mantenga coherentemente claro el significado durante el resto de este libro, frecuentemente haré referencia a "su gloria" como "su grandeza" (pero recuerda las otras palabras que la definen que he escrito en los párrafos anteriores).

Isaías dice que la realidad de su grandeza *amanecerá* sobre nosotros, no *descenderá sobre* nosotros. Amanecer, ¿desde dónde? ¡Desde nuestro corazón! Recuerda: *"tenemos este tesoro en vasos de barro"* (versículo 7 RVR 60).

Por lo tanto, pregunto: "¿Por qué su magnífica grandeza no está siendo revelada a través nuestro a esta sociedad? ¿Por qué hay tantos débiles, enfermos e incluso que mueren de forma prematura? ¿Se debe a que estamos tolerando la kriptonita espiritual?

El potencial de la comunidad

Tan solo, ¿cuál podría ser el potencial positivo de la comunidad hoy? Piensa en el comienzo de la iglesia. El día de Pentecostés, los discípulos, que eran unos 120, estaban escondidos en una sala. Se nos dice que estaban "unánimes". ¿Qué facilitó esta unidad? Cuando Jesús resucitó de los muertos, les dijo al menos a quinientos creyentes que fueran al aposento alto y esperaran la promesa del Padre (ver 1 Corintios 15:6 y Lucas 24:33-53). ¿Por qué había solo 120 diez días después? ¿Por qué no estaban todos esperando, y qué les sucedió a los otros 380? No se vuelve a hacer mención de ellos, solo que algunos aún estaban vivos en el año 56 D.C., el año en que Pablo escribió la carta a los Corintios. Lo que sabemos de cierto es que no esperaron la promesa del Padre en Jerusalén, lo cual Jesús les había mandado (ver Hechos 1:1-15).

¿Podría ser que estos 380 habían considerado su mandato como algo opcional, meramente una buena sugerencia? ¿O posiblemente pensaban que era demasiado difícil cumplir esta petición? Quizá creían que podían servirle como les pareciera. Estoy seguro de que algunos incluso andaban por ahí predicando sobre la resurrección.

Sin embargo, el Espíritu de Dios, al que también se le menciona como el Espíritu de *gloria* (ver 1 Pedro 4:14), no les llenó. Fueron los 120 que eran uno los que fueron bautizados con el Espíritu de la grandeza de Dios. ¿Qué les hizo ser uno? No fue que se aferraron a sus propias opiniones, algo que podría aplicarse a los 380. Creo que fue su total obediencia a la Palabra de Dios, algo que no consideraron opcional.

La gloria de Dios (que incluye su poder) los llenó y ese mismo día, ¡más de tres mil personas nacieron de nuevo! No repartieron folletos, ni se anunciaron en revistas judías, ni emplearon estrategias de redes sociales masivas, ni bombardearon las ondas de radio con anuncios. De hecho, no se hizo ninguna reunión. Sin embargo, la grandeza de Dios fue revelada en toda la ciudad.

Poco después, otros cinco mil hombres, sin contar a las mujeres y los niños, nacieron de nuevo cuando un hombre que había nacido cojo saltó y corrió al templo. La impactante realidad con esta multitud siendo convertida es que Pedro y Juan ni siquiera tenían tiempo de hacer una invitación para recibir la salvación, ¡ya que fueron arrestados antes de poder hacerlo!

Toda la ciudad de Jerusalén estalló en alboroto por lo que estaba ocurriendo. Todos oyeron el sonido de un viento recio. Los habitantes de la ciudad oyeron a los discípulos hablar declaraciones maravillosas de la grandeza de Dios en lenguas desconocidas y dialectos que nunca antes habían estudiado. Todos vieron milagros notables que se hacían en el nombre de Jesús.

Pocos días después, todos oraron como comunidad y el edificio entero donde estaban reunidos tembló. La Biblia no exagera. Si dice que el edificio tembló, puedes estar seguro de que se movió. Había un gran poder, abundancia y sanidad que fluía de estos creyentes.

El reporte fue: "*No había necesitados entre ellos*" (Hechos 4:34). Vemos a Pedro caminando por las calles, no en una calle en concreto, sino por *las calles* y todos los enfermos y aquejados que yacían tirados en esas calles solo tenían que estar a la distancia de su sombra, y la Escritura dice: "*y todos eran sanados*" (Hechos 5:16). ¡Esa es la grandeza de Dios! Esto sería como un creyente que camina por los pasillos de un hospital y va sanando a todas las personas enfermas.

La Escritura también nos dice que un hombre y su esposa actuaron de forma irreverente al mentir al pastor en una de sus reuniones, y cayeron muertos. El reporte de estas muertes se difundió por la ciudad y causó un "*gran temor*" sobre todos los que lo oyeron, pero las personas tenían en gran estima a los discípulos (ver Hechos 5:1-13). Este temor saludable no apartaba a las personas, sino que más bien acudían en grandes multitudes: "*Sin embargo, cada vez más personas —multitudes de hombres y mujeres— creían y se acercaban al Señor*" (Hechos 5:14).

Esto no se limitó a Jerusalén. Los seguidores de Jesús daban testimonio con osadía, y ciudades enteras eran salvadas y sanadas. Felipe, un hombre que servía las mesas para las viudas en un restaurante, fue a una ciudad en Samaria. Se nos dice: *"Muchos espíritus malignos fueron expulsados, los cuales gritaban cuando salían de sus víctimas; y muchos que habían sido paralíticos o cojos fueron sanados. Así que hubo mucha alegría en esa ciudad"* (Hechos 8:7-8). Un mago muy conocido se quedó "asombrado por las señales y los grandes milagros que Felipe hacía" (versículo 13). Toda la ciudad supo de Jesús o acudió a Él en busca de salvación.

Leemos en otro incidente que Pedro al instante sanó a un paralítico que llevaba postrado en cama ocho años. La Escritura nos dice que después de esto *"todos los habitantes de Lida y Sarón vieron a Eneas caminando, y se convirtieron al Señor"* (Hechos 9:35). No solo una ciudad, sino dos ciudades, y se nos dice específicamente que *"todos los habitantes"* fueron salvos.

En Jope, una mujer llamada Tabita fue resucitada de la muerte, y la noticia se esparció por toda la ciudad, quedando así impactada otra localidad en su totalidad.

Pedro finalmente es arrestado, pero un ángel llega a esa prisión de máxima seguridad y le saca en medio de la noche.

Un gobernante cae muerto y es comido por los gusanos por no dar la gloria a Dios. La grandeza de Dios está exponiendo la oscuridad en toda la nación. ¡No hay nada que escape de la luz!

Los milagros, gran poder e individuos salvados se empiezan a esparcir hasta las comunidades y ciudades gentiles. De hecho, se nos dice que ocurrió que *"todos los que habitaban en Asia, judíos y griegos, oyeron la palabra del Señor Jesús"* (Hechos 19:10 RVR 60). Esto no fue solo en unos pocos pueblos o incluso algunas ciudades, sino toda una región. Y ¡*todos* oyeron! No tenían redes sociales como Facebook, Instagram o Twitter. No existían las páginas web, comunicaciones por satélite, televisión o radio. No había automóviles ni tan siquiera bicicletas para que las personas pudieran reunirse fácilmente. ¡Pero todos en esta región oyeron la palabra del Señor! Esto es lo que ocurre cuando la iglesia es una, cuando la Palabra de Dios toma la preeminencia en nuestras comunidades cristianas.

Esta es la grandeza divina que se manifestó entre la iglesia primitiva. Sin embargo, en el siguiente capítulo veremos que el plan de Dios para nuestra generación es incluso mayor. Lo que ellos experimentaron en la iglesia primitiva no es nada comparado con la grandeza y el poder divinos que veremos en el regreso de nuestro Señor y Rey, ¡Jesucristo!

PONTE EN ACCIÓN

Cuando vemos los increíbles milagros del Nuevo Testamento, puede ser fácil pensar: *Bueno, eso fue genial para ellos, pero alguien como yo nunca podría hacer todo ese tipo de cosas.* Por eso el mensaje de este capítulo es tan importante: las señales y milagros no ocurrieron porque las personas eran especiales. Ocurrieron porque esas personas comunes simplemente creyeron y obedecieron, con el resultado de ver cómo la grandeza de Dios amaneció dentro de ellos.

Si la grandeza de Dios puede amanecer en ellos, gritones, sin educación, jóvenes, inexpertos, personas testarudas que tenían trabajos rutinarios y ordinarios, entonces podemos saber que no hay un estándar del mundo que nos haga aptos para cargar la grandeza del cielo. Es solo una cuestión de cuán fielmente creeremos y seguiremos la Palabra de Dios.

¿Crees que es posible ver estos milagros de nuevo, e incluso más? Si tu iglesia comenzara a ver estas cosas suceder, ¿saltarías en medio con ambos pies? ¿Quieres recibir todo lo que Dios quiere darte? Expresa estas respuestas como una oración a Dios. Después arrepiéntete de cualquier forma en que hayas considerado que no eres apto o que estás descalificado para esta vida. Entrégale a Dios tus preocupaciones, y ofrécete a Él para todo lo que Él tiene para ti.

7

EL PODER
DE UNO

Jesús, antes de ser crucificado, tuvo la oportunidad de orar una última vez no solo por su equipo, sino también por todos nosotros. Él hace un prefacio a su petición con un: *"No te pido solo por estos discípulos, sino también por todos los que creerán en mí por el mensaje de ellos"* (Juan 17:20). No se puede negar que nos estaba incluyendo a ti y a mí. Conocimos a Jesús por medio de los mensajes de ellos, ya fuera directamente al leerlos o indirectamente por alguien que nos contó lo que escribieron los discípulos.

Jesús es el Hijo del hombre; por lo tanto, tiene la autoridad de pedir que se haga la voluntad del Padre como en el cielo, así también en la tierra. Escucha lo que dice en oración:

> *Te pido que todos sean uno, así como tú y yo somos uno, es decir, como tú estás en mí, Padre, y yo estoy en ti. Y que ellos estén en nosotros, para que el mundo crea que tú me enviaste. Les he dado la gloria que tú me diste, para que sean uno, como nosotros somos uno.* (Juan 17:21-22)

Su oración es que seamos *uno*, para que el mundo crea que Jesucristo es el Salvador de toda la humanidad. ¿Qué llevará este mensaje a nuestro mundo? La respuesta es ninguna otra cosa que su *gloria*. Esto es crucial para nuestra misión. Él se ha reservado su gloria (su grandeza revelada) para los que son *uno*, pero esta es la clave: *ser uno en Él como Él es uno con el Padre.*

¿Cómo fue Él uno con el Padre? Repetidas veces hace afirmaciones como: *"porque llevo a cabo la voluntad del que me envió y no la mía"* (Juan 5:30). Y otra vez: *"Pues he descendido del cielo para hacer la voluntad de Dios, quien me envió, no para hacer mi propia voluntad"* (Juan 6:38). Y *"Aquí estoy, oh Dios; he venido a hacer tu voluntad como está escrito acerca de mí en las Escrituras"* (Hebreos 10:7). Él fue uno con el Padre porque buscó e hizo lo que deseaba su Padre, incluso cuando no era popular ni cómodo.

Lo mismo ocurrió con los primeros discípulos. Estaban todos *unánimes* el día que Dios reveló su grandeza a través de ellos al mundo conocido. Fueron los 120 seguidores, no las decenas de miles que habían oído a Jesús durante sus tres años de ministerio. No fueron los 380 que le vieron en su cuerpo resucitado, y sin embargo consideraron sus palabras como algo opcional. Fueron los que estaban unidos en la fe.

Pablo ruega, incluso nos suplica a todos: *"Hagan todo lo posible por mantenerse unidos en el Espíritu"* (Efesios 4:3). Después habla de los dones que Jesús le ha dado personalmente a la iglesia: apóstoles, profetas, evangelistas, pastores y maestros. La responsabilidad de ellos es edificar la iglesia con una misión específica:

> *Ese proceso continuará hasta que todos alcancemos tal unidad en nuestra fe y conocimiento del Hijo de Dios que seamos maduros en el Señor, es decir, hasta que lleguemos a la plena y completa medida de Cristo.* (Efesios 4:13)

Nuestra misión o meta no es distinta a la de la iglesia primitiva: ser *uno* y posteriormente convertirnos en la revelación de la grandeza de Dios (gloria). ¡No hay otra manera! Nuestra generación debe ser una, unida en nuestra fe y conocimiento. El único camino a la verdadera unidad no es distinto al de Jesús o los discípulos: obediencia a la Palabra de Dios.

Piensa en ello: cuando Israel era uno, derrotó fácilmente a Jericó. Cuando Israel estaba bajo el reinado de Salomón, eran invencibles como nación y las personas vivían vidas exitosas y satisfechas de una forma que pocas generaciones han experimentado. Hay también otros ejemplos, pero el punto es claro.

Por otro lado, mira lo opuesto. Cuando Pablo habló de la kriptonita espiritual en Corinto, comienza su mensaje con: *"Primero, oigo que hay divisiones entre ustedes cuando se reúnen como iglesia"* (1 Corintios 11:18). Obviamente, ¡no eran *uno*! Surge la pregunta: ¿Qué les impedía ser uno? Fue su coqueteo con la kriptonita: su desobediencia a la Palabra de Dios. Esto no era distinto a cómo la desobediencia de Acán a la Palabra de Dios hizo que Israel dejara de ser uno e invencible cuando atacaron Hai.

Pablo después le da la vuelta y hace una frase que suena ilógica:

> (…) *Hasta cierto punto, lo creo. Así que, ¡por supuesto que tiene que haber divisiones entre ustedes, para que los que tienen la aprobación de Dios sean reconocidos!* (1 Corintios 11:18-19)

¿Por qué es importante que los que tienen la aprobación de Dios sean reconocidos? La respuesta es importante para allanar el camino hacia la unidad en fe y conocimiento. Esto es tan importante como lo fue para que la obediencia de la mayoría y la desobediencia de Acán fueran reveladas por el bien de toda la comunidad de Israel y su misión. Así como fue importante para los 120 discípulos firmes y obedientes ser segregados de los 380 que lo hicieron a su manera, fue importante para la iglesia en Corinto. La *mayoría* obediente y los *pocos desobedientes* tenían que destacar; si no, el camino hacia la unidad se vería bloqueado y así se retendría la gloria de Dios (grandeza) y no sería revelada en Corinto. También era importante llevar un remedio a los inocentes espectadores que no fueron irreverentes hacia la cena del Señor, pero que estaban sufriendo personalmente (esos débiles, enfermos y quienes morían prematuramente) porque algunos eran irrespetuosos.

Pablo era muy consciente de la importancia de hacer de la unidad una prioridad. Él sabía lo que había ocurrido en Jerusalén, Samaria, Antioquía y otras ciudades que habían sido impactadas totalmente y profundamente por la grandeza de Dios. Por eso no solo rogó la unidad en la iglesia en Corinto, sino que también animó a lo mismo a los creyentes en Éfeso, Filipo y Colosas, así como a nosotros hoy: a ser uno. Del ejemplo de Jesús sabemos que no hay otra forma de llegar a esta unidad salvo a través de la obediencia a la Palabra de Dios.

Mayor

¿Y qué ocurre hoy? ¿Sigue siendo la unidad de la fe una meta? Permíteme comenzar compartiendo una experiencia en oración que nunca olvidaré. Escuché de forma muy clara: "Hijo, el libro de Hechos parecerá un juego de niños comparado con lo que voy a hacer en la iglesia y a través de ella antes del regreso de mi Hijo".

Me quedé anonadado. De hecho, no creí lo que había oído. Repliqué, diciendo: "Padre, necesito tres referencias distintas de la Biblia para creer esto". Es interesante que no sentí desagrado al preguntar eso. Debemos *poner a prueba todo lo que se dice* (ver 1 Tesalonicenses 5:21) y se nos dice: *"Por boca de dos o tres testigos se decidirá todo asunto"* (2 Corintios 13:1 RVR 60).

Una de las referencias a la que Él me llevó es:

> *Porque así dice Jehová de los ejércitos: De aquí a poco yo haré temblar los cielos y la tierra, el mar y la tierra seca; y haré temblar a todas las naciones, y vendrá el Deseado de todas las naciones; y llenaré de gloria esta casa, ha dicho Jehová de los ejércitos. La gloria postrera de esta casa será mayor que la primera, ha dicho Jehová de los ejércitos.* (Hageo 2:6-7, 9 RVR 60)

Un poco de historia: Israel había estado en cautiverio durante muchos años, inicialmente bajo Babilonia y después con Persia. Dios había puesto en el corazón del rey Ciro de Persia dar permiso a los hebreos que desearan regresar a su tierra natal y reconstruir el templo que Nabucodonosor y su ejército babilónico habían destruido. Muchos regresaron a su tierra natal y comenzaron la reconstrucción con entusiasmo, pero después finalmente perdieron el interés debido a la combinación de intereses personales y la molesta resistencia de los locales. Fueron necesarias las profecías de Hageo, Zacarías y otros líderes para volver a encender el deseo de unirse para reconstruir la casa de Dios.

Sin embargo, la pregunta crucial es: ¿se estaba refiriendo el profeta al templo que con el tiempo terminarían, o a otro templo? Más adelante, Jesús dijo: *"destruid este templo, y en tres días lo levantaré"* (Juan 2:19). Aunque Él estaba en medio del templo físico, no se estaba refiriendo a él, sino al templo de su cuerpo. ¿Es este el caso aquí?

Comentarios bíblicos e historiadores dicen que el templo físico que se reconstruyó tras los setenta años de cautiverio de Israel no superó la grandeza del de Salomón, tanto en apariencia como en la presencia manifiesta de Dios. Con respecto a su aspecto, incluso cientos de años después, cuando Herodes ornamentó el edificio, aún se cree que no era tan glorioso como el original de Salomón. Con respecto a la presencia, cuando Salomón dedicó el templo físico, la gloria de Dios era tan grande que una espesa nube llenó el edificio y los sacerdotes no pudieron continuar con su labor. La historia no muestra nada tan drástico como eso en el templo restaurado.

Los fariseos entendieron mal la frase de Jesús con respecto a lo de destruir el templo y reedificarlo en tres días, porque suponían que hablaba del templo físico. Aun así, si limitamos la frase de Hageo al templo físico, nosotros también entenderemos mal el significado.

¿A qué templo se está refiriendo, y cuál es el periodo de tiempo? Pablo dice: *"¿No se dan cuenta de que todos ustedes juntos son el templo de Dios y que el Espíritu de Dios vive en ustedes?"*. (1 Corintios 3:16). El mismo Espíritu que llenó el templo de Salomón vive plenamente en nosotros colectivamente. Creo que este es el templo al que se refiere Hageo, y la iglesia es el templo postrero; su gloria (la grandeza de la presencia y el poder de Dios) es mayor que el primer templo físico. Pablo escribe: *"Así que si el antiguo camino, que ha sido reemplazado, era glorioso, ¡cuánto más glorioso es el nuevo"* (2 Corintios 3:11).

Piensa en la gloria (grandeza y poder) revelada en el Antiguo Testamento: el rostro de Moisés brilla tanto con el gran esplendor de Dios que se tiene que poner un velo en su rostro para atenuarlo. Cuando se construye el tabernáculo, la presencia de Dios se manifiesta de forma tan poderosa que nadie puede acercarse. Cuando Salomón construye y dedica el templo, la presencia revelada de Dios de nuevo es tan asombrosa que los sacerdotes no pueden continuar con sus labores. Su gloriosa presencia era algo asombroso; sin embargo, con todo lo asombroso que fue, según Pablo, *"aquella primera gloria no era para nada gloriosa comparada con la gloria sobreabundante del nuevo camino"* (2 Corintios 3:10).

Pero ¿qué del periodo de tiempo, está Hageo hablando de la iglesia desde el principio hasta el final? En otras palabras, ¿es desde el tiempo de la ascensión de Jesús hasta el tiempo de su segunda venida?

Leamos de nuevo las palabras de Dios que escribió Hageo:

> *"Dentro de poco, haré temblar los cielos y la tierra, los océanos y la tierra firme una vez más. Haré temblar a todas las naciones y traerán los tesoros de todas las naciones a este templo. Llenaré este lugar de gloria".* (Hageo 2:6-7)

La gloria a la que se refiere ocurre en el periodo de tiempo en el que se produce el temblor. El escritor de Hebreos confirma esto: *"él hace otra promesa: «Una vez más, haré temblar no solo la tierra, sino también los cielos». Eso significa que toda la creación será agitada y removida, para que solo permanezcan las cosas inconmovibles"* (Hebreos 12:26-27).

El libro de Hebreos se escribió en el año 68 D.C., mucho después de los eventos que he citado en el capítulo anterior, por ej., personas enfermas tiradas en las calles de Jerusalén, ciudades entregándose al Señor, regiones enteras oyendo la Palabra de Dios, etc. Por lo tanto, la promesa de Hebreos no se está refiriendo al periodo de tiempo del libro de los Hechos, sino más bien al futuro, el periodo de tiempo del fin cuando toda la creación será sacudida. Tiene que ser la última generación que verá el regreso del Señor Jesucristo.

Se ve un patrón bien establecido a lo largo de las Escrituras: *Dios siempre se guarda lo mejor para el final*. Se nos dice: *"Mejor es el fin del negocio que su principio"* (Eclesiastés 7:8 RVR 60). Jesús muestra este patrón al reservar el mejor vino para el final en la boda de Caná. Después, declara que *"todo el que crea en mí hará las mismas obras que yo he hecho y aún mayores"* (Juan 14:12). ¿Por qué vendrá lo "mayor" después de la ascensión de Jesús al cielo? Porque Él siempre se reserva lo mejor para el final.

Lo mismo es cierto para la iglesia; su final será mejor que su principio. El libro de Hechos muestra un comienzo destacado, así que ¿puedes creer que el final del tiempo de la iglesia en la tierra será menos glorioso, menos poderoso, menos impactante que el comienzo? Recuerda: Pablo dice enfáticamente: *"para que vuestra fe no esté fundada en la sabiduría de los hombres, sino en el poder de Dios"* (1 Corintios 2:5 y 4:20 RVR 60). El poder es un aspecto enorme del reino manifestado de Dios en la tierra.

Restauración

Hay más escrituras que el Espíritu Santo me dio ese día, pero es obvio por las pocas que he compartido que nuestra visión como creyentes se tiene que ampliar; de hecho, incluso superar lo que leemos en el libro de Hechos. Es interesante notar que el apóstol Pedro, lleno del Espíritu Santo, declara:

> *Él les enviará nuevamente a Jesús, el Mesías designado para ustedes. Pues él debe permanecer en el cielo hasta el tiempo de la restauración final de todas las cosas, así como Dios lo prometió desde hace mucho mediante sus santos profetas.* (Hechos 3:20-21)

Veamos estas palabras con detenimiento. Primero, Jesús debe permanecer en el cielo hasta que algo ocurra. Eso significa que no puede volver hasta que ocurra lo que nuestro Padre ha prometido. ¿Cuál es la promesa, de la cual también hablaron los profetas? Es la restauración del templo. En otras palabras, el esplendor, grandeza, riqueza, abundancia, honor y majestad de Dios ya no se mostrará en dosis pequeñas en la tierra, sino que serán revelados con toda su fuerza en su templo y a través de él.

¿Está ocurriendo esto actualmente? ¿Es la iglesia tan poderosa que estamos viendo ciudades enteras o regiones recibiendo la salvación? ¿Estamos viendo cómo se vacían los hospitales? ¿Estamos viendo los ojos de los ciegos abrirse, personas cojas de nacimiento saltar y alabar a Dios? ¿Están temblando edificios por el poder de nuestras oraciones? ¿Estamos viendo una abundancia tal que nadie tiene carencias entre los ministerios e iglesias para alcanzar a los perdidos en cualquier nación? ¿No hay necesidades entre las personas de la iglesia? Esta podría ser la razón por la que el profeta Hageo pregunta:

> *¿Alguno de ustedes recuerda esta casa —este templo— con su antiguo esplendor? ¿Cómo se compara este con el otro? ¡No se parecen en nada!* (Hageo 2:3)

Hageo preguntaba eso a las personas que tenía delante de él, pero de igual forma, Dios nos está preguntando a nosotros hoy. Seamos sinceros: comparado con el libro de Hechos, su presencia manifiesta que experimentamos ahora *no se parece en nada*. Si no vemos esto claramente, no buscaremos con pasión que su gran poder sea restaurado en la iglesia. En su lugar, nos conformaremos con seguir siendo una iglesia sin poder.

¿Nos podemos dar el lujo de tolerar una falta de unidad que está fomentada por la kriptonita que nos invade? Por favor, por favor escúchame: debemos proseguir hacia la meta de ser uno en Él, y eso solo puede ocurrir creyendo y obedeciendo su Palabra.

Ahora que la visión de adonde debemos ir está clara, regresemos para identificar la kriptonita que está impidiendo nuestro progreso, individualmente y también como comunidad de creyentes.

PONTE EN ACCIÓN

Hasta que sepamos lo que es posible, no podemos estar descontentos con lo poco que hemos aceptado como normal. Pero ahora, tras haber leído este capítulo, sabes qué es posible, así que tienes ante ti una clara decisión que tomar: aceptar la vida débil y sin poder, de influencia limitada, que la mayoría de la iglesia ha conocido, o aceptar una búsqueda de por vida de una vida poderosa que demuestre toda la grandeza de Jesucristo.

Hasta que tengas confianza en esta posibilidad, no podrás pasar a la acción. Sin acción, vivirás con una relativa falta de poder por defecto. Esto significa que el primer paso hacia la acción es escoger confiar en la Palabra de Dios y su visión para tu vida.

Efesios nos dice que Jesús nos limpia con sus palabras, y podemos usar nuestras palabras para colaborar con Él en este proceso. Escribe declaraciones sobre la vida poderosa a la que has sido llamado, frases como: "Jesús me ha llenado con su Espíritu de poder para cambiar mi mundo", o "Dios hace que su grandeza amanezca en mí para alcanzar a los perdidos", o "Estoy ungido para influir a mis amigos y transformar mi lugar de trabajo", y comienza a declarar estas verdades sobre ti mismo cada día. Después observa a medida que tu confianza para pasar a la acción crece firmemente día a día.

IDENTIFICAR LA KRIPTONITA

SECCIÓN 2

8

UN PACTO MATRIMONIAL

Puede parecer que en los siguientes capítulos no sabemos bien por dónde vamos, pero te aseguro que después de establecer unas cuantas verdades importantes, continuaremos hablando de la kriptonita espiritual que acosa a la iglesia.

¿Un matrimonio típico?

Piensa en esta historia, la cual creo que ilustra la sagrada exclusividad de nuestra relación con Dios mejor que ningún otro ejemplo que se me pueda ocurrir.

Un joven llamado Justin ha estado saliendo con Ángela durante un año. Ella es hermosa para él y posee una magnífica personalidad. Está profundamente enamorado de ella y sabe que ella es la persona con la que quiere pasar el resto de su vida.

Justin planifica la noche especial. En el momento perfecto, se arrodilla y abre la pequeña caja para presentarle un magnífico anillo de compromiso de diamantes.

Ángela está completamente abrumada. Sin saber qué hacer, se cubre el rostro y comienzan a aparecer unas lágrimas de alegría. Inundada de emoción, en silencio, pero apasionadamente, asiente con la cabeza. Cuando se recupera un poco, deja brotar un alegre: "¡Sí, sí, sí, me casaré contigo!".

La boda de libro de cuentos se celebra pocos meses después. La luna de miel que sigue está llena de amor, risa, aventuras y de soñar juntos con su futuro. Es todo lo que una pareja joven podría desear, y aún más.

Pasa el tiempo, y Justin descubre felizmente que Ángela es más maravillosa de lo que había pensado. Le gusta la aventura, le encanta divertirse y tiene un gran sentido del humor. Ella es genial con la familia de él y se lleva bien con casi todo el mundo. Es inteligente, ingeniosa, y siempre parece ir un paso por delante de él. Es creativa, artista e imaginativa. Justin está asombrado de los hermosos toques que ella regularmente añade a su hogar. Es mejor cocinera que él y como algo extra, es limpia y organizada. No es necesario decir que él está disfrutando la contribución que ella hace a la unión que acaban de formar. Su futuro parece muy brillante.

Pocos meses después de su matrimonio, una vez asentados en el ritmo de la vida matrimonial, una noche Justin regresa a casa del trabajo. Espera encontrar a Ángela esperando el beso y el abrazo que ya se ha convertido en tradición. Él la busca, primero en el salón, después en la cocina, el jardín trasero y finalmente en el dormitorio, donde finalmente la encuentra.

Parece que se está preparando para salir. Una música romántica llena la habitación, junto con lo que se ha convertido en el típico olor de su perfume. Para sorpresa de Justin, está toda maquillada y adornada con un precioso vestido, uno que se puso hace tiempo cuando él la llevó a un restaurante favorito.

Ella está de espaldas a él, así que aún no ha visto entrar a su esposo en la habitación. Justin entra en pánico: *Oh no, ¿habíamos hecho planes para cenar esta noche y lo olvidé? ¡Debería haber pasado por la floristería y comprar un ramo de rosas!*

Él rompe el silencio con un saludo alegre, pero nervioso. "Hola, cariño."

Un tanto perpleja, ella responde con alegría: "Hola, mi amor".

Él empieza con una confesión: "Vale, imagino que se me ha olvidado algo. ¿Teníamos planes para esta noche?".

Ella responde de inmediato: "Oh, no, cielo".

Un tanto confuso y ahora evaluando rápidamente la situación, imagina que ella le quiere dar una sorpresa. Piensa: *Debe ser una noche especial en casa o es una sorpresa en algún lugar de la ciudad*. En este instante ella está completamente vestida y en sus pasos finales de los preparativos para la noche. Él la halaga con un: "Caramba, ¡estás guapísima esta noche!".

"Gracias, cariño", dice ella.

Justin, aún sin tener ni idea de hacia dónde irá todo eso, pregunta: "¿Quieres que yo también me arregle?".

Ángela, ahora un tanto confundida, responde: "Si tú quieres, puedes hacerlo".

Justin, aún intentando encontrar el sentido a esta situación, responde: "Bueno, tengo que estar a tu altura. No quiero ir con mi ropa de trabajo cuando tú estás toda arreglada".

Finalmente, Ángela, tras ver la extraña conversación, dice: "Oh, cariño, voy a salir esta noche".

"Lo sé, por eso te estoy ofreciendo vestirme para ti". Ahora Justin está realmente confundido.

En un intento de aclararlo todo, Ángela dice: "No, mi amor, voy a salir con Toni. Vamos a salir a cenar, ver una película y a pasar la noche en el Hotel Fairmont. Estaré de vuelta mañana a mediodía".

"¡¿Quién es Toni?!", espeta Justin.

"Es mi novio del instituto", responde ella con mucha calma.

"¡¿Qué?! ¡No puedes salir con él!".

"¿Por qué no?".

"Porque estamos casados; estamos comprometidos el uno con el otro. ¡No podemos salir con otras personas!".

"¿Lo dices en serio?", replica ella. "Tengo un montón de amigos con los que aún me siento muy cercana. ¿Piensas que voy a abandonar mis relaciones con ellos solo porque estemos casados?".

"Sí, ¡eso es lo que hacen las personas casadas! Se entregan por completo y de forma exclusiva a aquel con quien se han casado", responde Justin, con dolor y enojo en su voz.

"¡Espera un momento, cariño!", dice Ángela, en un intento de aportar tanto claridad como un poco de calma a su primer gran desacuerdo. "Tú eres mi favorito. Paso la mayoría del tiempo contigo. Te amo más que a ningún otro de mis antiguos novios, pero realmente no puedes pretender que deje de verlos a ellos. He tenido una relación muy cercana con algunos de ellos durante años, y aún les amo, y quiero pasar tiempo con ellos. ¿Qué tiene eso de malo?".

Te podrás imaginar que esa situación no terminó bien.

La comparación

Sé que esta historia parece absurda, pero en apoyo al argumento de Ángela, permíteme hacer algunas preguntas: ¿No es cierto que Justin es su favorito? ¿No le ama más que a todos sus demás novios? ¿No está apasionada con su relación? ¿No pasa la mayoría de su tiempo con él? ¿Acaso no es una gran esposa de muchas maneras?

Piénsalo de esta forma: Justin se podía haber casado con una desaliñada, alguien que no se preocupase de la casa y no supiera cocinar. Alguien que no tuviera motivación y simplemente no añadiera significado alguno a su vida juntos. ¿Espera él que Ángela sea perfecta en todo? Lo único que tiene que hacer es compartirla periódicamente con otros hombres. Él tiene el noventa por ciento del tiempo de ella. ¿Por qué está tan enojado?

Por supuesto, para la mayoría de las personas estas preguntas son ridículas.

Parece que a Ángela nadie le informó cuáles eran los principios básicos del matrimonio. No le dijeron que es un pacto entre un hombre y una mujer para estar comprometidos exclusivamente el uno con el otro. Ella entró en el matrimonio pensando una cosa y Justin otra. Para Ángela, su idea parecía divertida, beneficiosa y práctica. Ella tendría una gran vida en casa, y seguiría disfrutando de los beneficios de las demás relaciones. Sin embargo, esta visión viola el pacto del santo matrimonio.

Ampliemos esta verdad de una forma simple. Cuando una mujer se pone un hermoso vestido blanco y camina por el pasillo de una iglesia o cualquier lugar donde se celebre la ceremonia nupcial, está comunicando algo importante: está diciendo adiós a cualquier relación íntima con cualquier otro hombre de la tierra. Está poniendo fin a todas las relaciones pasadas con cualquier otro novio que haya podido tener, así como declarando que no habrá ninguna otra nueva relación con ningún otro amante a partir de ese día en adelante. Y el hombre que la espera al frente del pasillo está diciendo lo mismo.

Así que personalicemos esto. ¿Cómo reaccionarías si te ves en una situación similar a la que sufrió Justin? ¿O qué ocurriría si la persona con la que estás planeando casarte te dijera de antemano, durante el periodo de noviazgo, que esa será su conducta cuando se case contigo? ¿Aún así querrías continuar con la ceremonia?

Pienso que no. Seguro que dirías abiertamente: "*¡De ninguna manera!*".

¿Por qué serías tan firme en tu respuesta? La simple respuesta es que no querrías entrar en un pacto con términos distintos. No querrías entregar toda tu vida a la relación mientras tu cónyuge no esté completamente comprometido.

Así que nunca te casarías con alguien bajo esta condición ni pasarías por alto esta conducta inaceptable una vez casados. Seamos sinceros y preguntemos: "¿Podemos creer que Jesús va a volver a buscar una novia que está actuando como Ángela?". Detente un momento y piensa en ello. Nuestra relación con Él se compara a la de un esposo y su esposa. Pablo dice:

> *Como dicen las Escrituras: «El hombre deja a su padre y a su madre, y se une a su esposa, y los dos se convierten en uno solo». Eso es un gran misterio, pero ilustra la manera en que Cristo y la iglesia son uno.* (Efesios 5:31-32)

Desde el principio, Dios estableció el pacto matrimonial para ilustrar nuestra relación con Él. A Jesús se le dibuja como el novio en el Nuevo Testamento y a la iglesia como la novia de Cristo. ¿Por qué razón nosotros no solo excusamos, sino que a veces incluso animamos conductas similares a las de Ángela con nuestro Novio? El apóstol Santiago es muy claro al tratar este asunto. Está hablando en estos versículos solo a los que profesan ser cristianos:

> *(…)Tampoco lo reciben porque lo piden con malas intenciones: desean solamente lo que les dará placer. ¡Adúlteros! ¿No se dan cuenta de que la amistad con el mundo los convierte en enemigos de Dios? Lo repito: si alguien quiere ser amigo del mundo, se hace enemigo de Dios. ¿Acaso piensan que las Escrituras no significan nada? Ellas dicen que Dios desea fervientemente que el espíritu que puso dentro de nosotros le sea fiel. Acérquense a Dios, y Dios se acercará a ustedes. Lávense las manos, pecadores; purifiquen su corazón, porque su lealtad está dividida entre Dios y el mundo. Derramen lágrimas por lo que han hecho. Que haya lamento y profundo dolor.* (Santiago 4:3-5, 8-9)

Estas palabras son fuertes. De hecho, en un tiempo en que la infidelidad en las relaciones es bastante común, parecen casi demasiado drásticas, incluso exageradas. Cuando yo era joven, tenía el mal hábito de hacer *exageraciones*. Hacía declaraciones de consecuencia extrema, grandeza o incluso afecto que no eran reales. Las terribles consecuencias fueron que mi familia y mis amigos dejaron de tomarme en serio.

Creo que todos hemos sido culpables de esto en uno u otro nivel. Los padres jóvenes a menudo le dicen a su hijo: "Vuelve a hacer eso y recibirás un castigo". Posiblemente funcionará la primera y la segunda vez, pero finalmente el niño desafía esa frase de nuevo y descubre que no hay un seguimiento. En ese momento, el niño deja de tomarse en serio las palabras de sus padres. Esta misma reacción se produce en escuelas, empresas, gobiernos, prensa y entre amigos y familiares. Con demasiada frecuencia nos tomamos a la ligera las advertencias que tienen la intención de protegernos.

De forma trágica, esta misma mentalidad también se transfiere a cuando escuchamos las advertencias de las Escrituras. Debemos recordar que lo que Dios dice es en serio, y Él cumple lo que dice. Es importante recordar que toda la Escritura es inspirada por Dios (ver 2 Timoteo 3:16). Así que cuando leemos lo que escribe Santiago, el que está hablando es Dios mismo.

Si realmente nos tomamos en serio, lo que he estado escribiendo aquí nos hará temblar de forma sana. Un cristiano cuya lealtad esté dividida entre Dios y el mundo es un *adúltero*. Esa palabra es fuerte. Hay muchos pecados que un cónyuge puede cometer contra su esposa o esposo, como criticar, mentir, robar, gritar, ser rudo, etc. Todos son perjudiciales para la relación y no se deberían tomar a la ligera, pero ninguno sería tan grave como el adulterio. Por eso Justin estaba tan impactado y decepcionado con Ángela. Había sufrido una traición en el nivel más alto, y ella no veía que su infidelidad fuera algo malo en absoluto.

El apóstol Santiago continúa diciendo que al ser un adúltero espiritual, nos convertimos en enemigos de Dios. Esto es terriblemente serio, y nosotros somos los causantes. Dios no quiere que nosotros seamos sus enemigos porque nos ama profundamente, pero cuando damos nuestro amor y afecto a las cosas y los caminos del mundo, estamos firmando para constituirnos en enemigos de Dios.

¿Podemos tomarnos estas palabras a la ligera? ¿Podemos fingir que esta frase de Santiago no está en el Nuevo Testamento, e ignorarla? Santiago tampoco fue el único que escribió acerca de esto. Veremos que Pablo, que entre todos los escritores del Nuevo Testamento tuvo la revelación más grande de la gracia de Dios, también escribió de modo similar, así como el apóstol del amor, Juan. Pedro y Judas también lo hicieron, pero más importante aún, Jesús dice estas mismas cosas a las iglesias de Asia después de su resurrección.

En los capítulos siguientes desarrollaremos profundamente el significado de cómo el adulterio espiritual nos constituye en enemigos de Dios. Descubriremos que esta actitud y conducta son sin duda alguna la kriptonita de la que hemos estado hablando.

PONTE EN ACCIÓN

Dios es un Dios celoso. La mayoría de nosotros hemos sabido desde hace mucho tiempo que las Escrituras enseñan esto; sin embargo, muchos cristianos no se toman el tiempo de pensar bien en ello, o de algún modo creen que solo pertenece al Antiguo Testamento. Nada podría estar más lejos de la verdad. Si algo nos muestra el sacrificio de Jesús es que su amor es el amor del novio más fiel.

Así que puedes ver que deberíamos querer que Dios sea celoso, y no informal, en su amor hacia nosotros, y deberíamos pedirle la gracia para amarle con la misma pasión y devoción. Esta es la única manera en que la intimidad se hace posible.

Examina hoy tu corazón. ¿Cuán exclusivo es tu amor por Jesús? Pídele al Espíritu Santo que te muestre cualquier otro amor en tu vida que amenace con convertirse en algo adúltero contra Dios. Si Él te revela algo, haz el cambio necesario. Medita en tu relación exclusiva con Dios hoy y vuelve a comprometerte con Él, como si estuvieras renovando tus votos matrimoniales con Él.

9

ADULTERIO CONTRA DIOS

Las palabras del apóstol Santiago ("*¡Adúlteros! ¿No se dan cuenta de que la amistad con el mundo los convierte en enemigos de Dios?*") son fuertes, tan fuertes que en raras ocasiones las oirás en mensajes del evangelio en iglesias, conferencias o discusiones individuales. Sin embargo, ¿cómo podemos pasarlas por alto? Esta frase no es un caso aislado en las Escrituras, ya que este tema aparece frecuentemente a lo largo de toda la Biblia.

Si examinamos las palabras de Santiago y prestamos atención a su aviso, aclarará cualquier confusión o temor que esté ligado a ellas. Esta es de nuevo la frase completa:

> *¡Adúlteros! ¿No se dan cuenta de que la amistad con el mundo los convierte en enemigos de Dios? Lo repito: si alguien quiere ser amigo del mundo, se hace enemigo de Dios.* (Santiago 4:4)

Primero, Dios no se constituye a sí mismo en enemigo nuestro. Somos más bien nosotros los que nos constituimos en enemigos de Dios. Cualquiera de los dos casos sería estresante, por decirlo suave; sin embargo, hay una diferencia.

Todos hemos observado conflictos entre individuos que se produjeron de forma unilateral. En otras palabras, una parte declara la lucha y la otra parte, aunque se ve inmiscuida en la batalla, preferiría no estarlo. Por ejemplo, en 1941 los japoneses decidieron bombardear Pearl Harbor, y al hacerlo se constituyeron en enemigos de los Estados Unidos. América no habría escogido este conflicto ni lo deseaba, pero debido a su provocación, Japón sufrió la ira de una nación más poderosa.

Esto es exactamente lo que Santiago está comunicando. Dios no tiene el deseo de oponerse a su pueblo, sus hijos, pero no se apartará de este conflicto si nosotros insistimos en alinearnos con el mundo. Las palabras griegas para "enemigo" en estas ocasiones son *echthra* y *echthros*, respectivamente. Son idénticas en significado, la única diferencia es que la primera es un sustantivo y la segunda un adjetivo.

¿Usaron los traductores una palabra demasiado fuerte? ¿Es "enemigo" una descripción más moderada en el lenguaje original? No, realmente no. Un diccionario griego usa estas palabras como definiciones: "enemigo, enemistad y hostilidad" (CWSB). Otro dice, "vivir en enemistad con alguien" (BDAG), y aún otra definición es: "el estado de enemistad con alguien" (LOUW-NIDA). Te estoy dando distintas definiciones de tres diccionarios respetados para cimentar el hecho de que no hay razón para escoger alguna otra palabra que no sea "enemigo" en este versículo. Es clave conocer la seriedad de lo que se está diciendo.

Hay también aquí otro indicador de la gravedad. El hecho de que Santiago escriba este aviso y después diga: "*Lo repito*", significa que está diciendo algo muy importante. Su duplicación de la frase es una forma establecida de comunicación literaria que practicaban los antiguos hebreos. Aunque la mayoría de manuscritos del Nuevo Testamento están tomados del griego, fueron apóstoles hebreos quienes escribieron estos versículos.

En español, cuando queremos enfatizar la importancia de una palabra o frase, tenemos varios métodos. Podemos usar la negrita, cursiva, subrayar, ponerlo todo en mayúsculas o añadir símbolos de admiración para darle énfasis. Todas ellas son maneras de llamar la atención hacia una palabra o frase que es muy importante. Sin embargo, los escritores hebreos

escribían una palabra o frase dos veces para darle énfasis, y siempre tenían mucho cuidado con las palabras, para no exagerar.

Así que la advertencia de Santiago no es solo seria y fuerte, sino que está
enfatizada también. En pocas palabras, no podemos pasarlo por alto.

Adúlteras

Entonces, ¿qué está diciendo específicamente Santiago cuando usa la palabra "adúlteros"? Primero, no está hablando aquí a toda la humanidad,
sino solo a creyentes. Sabemos esto porque dice repetidamente durante
su libro: "Amados hermanos y hermanas". Segundo, el adulterio *contra*
Dios de un incrédulo es imposible, porque un incrédulo no tiene una
relación de pacto con Dios.

Míralo de este modo: yo estoy casado con Lisa Bevere, por lo tanto no
podría cometer adulterio matrimonial *contra* Jane Smith, porque no tengo una relación de pacto matrimonial con ella.

Los únicos que pueden cometer adulterio *contra* Dios son los que han
recibido a Jesucristo como su Señor y Salvador. Todos los demás están
separados de Dios, muy lejos de Él y sin una relación de pacto.

La palabra griega para "adúlteros" es *moichos*. Esta palabra realmente es
femenina en griego; sin embargo, la traducción española es masculina.
Una mejor traducción habría sido "adúlteras". La versión RVR 60 intentó
aliviar esta discrepancia traduciéndolo como "almas adúlteras". Pareciera
ser que los traductores de la NTV y otras versiones populares se vieron
desafiados por el aspecto femenino. Quizá no querían que los lectores
pensaran que Santiago estaba hablando solo a las mujeres. Pero al leer
todo el contexto de su carta, está muy claro que Santiago se estaba dirigiendo a todos los creyentes. Los comentarios bíblicos coinciden en que
Santiago no está dirigiéndose solo a mujeres, de modo que no haberlo
traducido como *adúlteras* es un misterio, no solo para mí, sino también
para los comentaristas bíblicos.

Lo que hace que sea aún más un misterio es que la palabra femenina *adúlteras* se alinea mejor con la continuidad global de las Escrituras. Dios a menudo se relaciona con su pueblo mediante la imagen del matrimonio, donde Él es el esposo y nosotros su esposa.

Los profetas del Antiguo Testamento utilizaban frecuentemente esa imagen. Isaías escribe: *"Pues tu Creador será tu marido; ¡el Señor de los Ejércitos Celestiales es su nombre!"* (Isaías 54:5). Por consiguiente, cuando la fidelidad de Israel al Señor quedaba anulada por su idolatría, era acusada de cometer adulterio. Ezequiel escribe: *"Te castigaré por… tu adulterio"* (Ezequiel 16:38). Dios habla a través de Jeremías: *"Sin embargo, me fuiste infiel, ¡pueblo de Israel! Has sido como una esposa infiel que deja a su marido. Yo, el Señor, he hablado"* (Jeremías 3:20).

El ministerio completo del profeta Oseas dibuja la infidelidad de una esposa a su esposo. Se le ordena casarse con una prostituta. En este sermón ilustrado de la vida real, Oseas representa al Señor, y su esposa, Gomer, representa al pueblo de Dios. Esto se hizo para que Israel pudiera ver claramente cómo su idolatría no era distinta a una mujer que comete adulterio contra su esposo, no solo una vez, sino con varios amantes. Israel era una *adúltera*.

Juan el Bautista continúa con esta imagen del matrimonio diciendo: *"Es el novio quien se casa con la novia, y el amigo del novio simplemente se alegra de poder estar al lado del novio y oír sus votos"* (Juan 3:29). De nuevo, Jesús es el novio y el pueblo de Dios es visto como la novia.

Jesús hace lo mismo cuando llama al pueblo de Dios *"generación maligna y adúltera"* (ver Mateo 12:39; 16:4). La palabra que Él usa para "adúltera" de nuevo es un sustantivo femenino, no masculino.

El apóstol Pablo continúa con esta imagen diciendo que nosotros somos la novia y Jesús es el novio (ver Efesios 5:31-32). Así, repetidas veces en las Escrituras vemos al pueblo de Dios, ya sea en el Antiguo Testamento o en el Nuevo, representado como la esposa en nuestra relación con Dios. Por lo tanto, que Santiago use el nombre femenino para "adúltera" es coherente con este patrón bíblico bien establecido.

La idolatría es adulterio

En el Antiguo Testamento, la declaración de Judá o Israel cometiendo adulterio contra Dios estaba siempre conectada a la idolatría. Sencillamente, el pueblo le era infiel a Dios. Cuando pensamos en idolatría, pensamos en construir estatuas, altares o templos para dioses. Sin embargo, cuando Jesús declaró que el pueblo era adúltero no tenía que ver con que adorasen a una imagen tallada de otro dios. Más bien, le habían pedido a Él que demostrara que era el Mesías mostrándoles una señal.

Si miramos la declaración de Santiago del pueblo de Dios siendo una adúltera, tampoco estaba relacionado con la construcción de estatuas, altares o templos. Es interesante que a lo que Santiago se está refiriendo aquí es casi a la misma actividad que Pablo tuvo que abordar con la iglesia en Corinto, es decir, la discriminación de hermanos y hermanas (ver Santiago 2:1-13); difamar o hablar de forma negativa de otros (ver Santiago 3:1-12); mostrar envidia, celos y ambiciones egoístas (ver Santiago 3:13-18); y desear y perseguir sus propios placeres (ver Santiago 4:1-13). Estas actividades apuntan todas ellas a la idolatría.

¿Queda rota la continuidad de las Escrituras en este punto? ¿Está siendo acusado el pueblo de Dios de cometer adulterio por algo distinto a la idolatría? La respuesta sencilla es: "De ningún modo". Todo está conectado y relacionado.

Es en este punto donde la iglesia moderna aparentemente ignora las advertencias de Jesús, Pablo, Santiago, y otros escritores del Nuevo Testamento. En pocas palabras, pensamos que la idolatría solo tiene que ver con estatuas, altares y templos de adoración de dioses paganos. La verdad es que la idolatría es relevante para el cristianismo occidental de nuestros tiempos. De hecho, nuestra idolatría puede que esté más extendida que en naciones donde se construyen templos, estatuas y altares.

Siento la tentación de mostrar que no solo la idolatría es predominante en nuestra cultura de hoy, sino que sin duda es la misma kriptonita que impidió que Judá e Israel tuvieran éxito, la misma kriptonita con la que Pablo estaba lidiando en Corinto, la misma kriptonita que también abordaron Santiago y otros escritores del Nuevo Testamento. En los tiempos actuales, es la misma kriptonita que impide que individuos e iglesias tengan éxito a la hora de manifestar la grandeza de Dios a nuestro mundo perdido y agonizante.

La motivación del mundo

Antes de hablar claramente de esta idolatría, sigamos examinando la osada frase de Santiago. Dice enfáticamente que *"desean solamente lo que les dará placer"* y después une esta motivación con alinearse con *"el mundo"*. Se traza una línea en la arena que es coherente a lo largo del Nuevo Testamento. En pocas palabras, el mundo está motivado por el deseo propio. Juan el apóstol lo dice así:

> *Pues el mundo solo ofrece un intenso deseo por el placer físico, un deseo insaciable por todo lo que vemos, y el orgullo de nuestros logros y posesiones. Nada de eso proviene del Padre, sino que viene del mundo.* (1 Juan 2:16)

En este texto, las palabras de Juan lo incluyen todo; en otras palabras, está definiendo *todo* lo que está en el mundo. Hay muchos ídolos, pero todos ellos entran en una de las categorías que se encuentran en este versículo. Cometer adulterio con el mundo es *dejarse llevar por el intenso deseo* de lo que dará placer a tus cinco sentidos físicos o lo que alimentará tu valía propia independiente de Dios. En otras palabras, *tu orgullo.*

Una paráfrasis de la versión bíblica *The Message* dice que es *"querer tu propio camino, querer todo para ti, querer parecer importante"*. Esta es la fuerza motriz del mundo. Se reduce a esta postura: "Yo sé lo que es mejor para mí, y lo quiero".

Lo irónico es que Dios quiere, desea y le apasiona lo que es mejor para ti. Cada uno de nosotros debe asentar esta verdad firmemente en su corazón. Esto es crucial porque el mundo es como un amante extremadamente seductor que nos instiga a alejarnos de Dios. El mundo te seduce al hacerte pensar que lo que tiene que ofrecerte es mucho mejor para ti que lo que Dios tiene para ti. Por eso Santiago dice de forma enfática:

Así que no se dejen engañar, mis amados hermanos. Todo lo que es bueno y perfecto es un regalo que desciende a nosotros de parte de Dios nuestro Padre. (Santiago 1:16-17)

Santiago comienza diciéndonos que no nos dejemos engañar, desviar o apartar por la seducción del mundo. Su mensaje es sencillamente este: *No hay nada bueno para ti fuera de Dios.* Asentar esta verdad en tu corazón impedirá que te alejes. No importa lo bueno que parezca algo, lo beneficioso que parezca, lo feliz que te haga, lo gracioso, divertido, aceptable que sea en nuestra sociedad, lo sensato que parezca, popular o rico que te pueda hacer. Si es contrario a lo que está escrito en la Palabra de Dios, no es bueno para ti. Finalmente te llevará a un lugar en el que no querrás estar, y ese es el camino de la muerte. *"Delante de cada persona hay un camino que parece correcto, pero termina en muerte."* (Proverbios 14:12)

Los caminos son distintos para cada individuo y hay muchas rutas que conducen al adulterio con el mundo, pero todas tienen una cosa en común: *parecen correctas, buenas,* beneficiosas, rentables, aceptables, sabias. Pero si son contrarias al consejo global de la Escritura, todas ellas terminan alineándose con la muerte.

Yo creo firmemente que esa es la razón de Dios para avisarnos:

*Por eso, hijos míos, escúchenme y presten atención a mis palabras. No dejen que el corazón se desvíe tras **el mundo**. No anden vagando por sus caminos descarriados. Pues el mundo ha sido la ruina de muchos; numerosos hombres han caído en sus garras. Su casa es el camino a la tumba. Su alcoba es la guarida de la muerte.* (Proverbios 7:24-27, he escrito las palabras "el mundo" en lugar de "ella")

Salomón escribe esto para advertir de la inmoralidad sexual, pero hay un mensaje profético más profundo: cuidado con los métodos seductores del mundo; sus fuerzas son fuertes y tentadoras. ¿Por qué tantas naciones, junto a Israel y Judá, cayeron tan fácilmente en sus garras? ¿Seremos tan ingenuos de pensar que estas fuerzas ya no existen? Comenzando en el capítulo siguiente, descubriremos cuán reales y predominantes son.

PONTE EN ACCIÓN

Nadie se casa con la intención de cometer adulterio. Aunque los votos pueden parecer intimidantes, las novias y los novios hacen su mejor esfuerzo por poner todo su ser en respetar sus promesas de pacto. ¿A qué se debe, entonces, que tantos matrimonios fracasen, algunos incluso fracasen por el adulterio? Las respuestas son complejas, pero en el fondo de todo está el no permanecer en guardia contra las fuerzas que destruyen la conexión.

Tu relación con Dios es tu vida, literalmente. No hay vida fuera de Dios; sin embargo, el mundo parece seducirnos a la idolatría contra Él. La mejor manera de mantenerte en guardia es seguir a Dios con todo tu ser.

¿Qué puedes hacer para asegurarte de darle a Dios tu todo?

¿Cómo es tu agenda? ¿Proteges tu tiempo con Dios en ella, tiempo para leer la Palabra, orar y ayunar? ¿Buscas oportunidades de servir a Dios en tu iglesia, el lugar de trabajo o tu comunidad? ¿Trabajas en tu empleo de tal forma que es tu adoración a Dios? Decide una manera en la que quieres crecer para tener una relación con Dios a prueba de adulterio. Define tu plan, escríbelo, y después comienza a ponerlo en práctica.

10

¿QUÉ HAY DETRÁS DE LA IDOLATRÍA?

Tenemos que desenmascarar el misterio de la idolatría. No será algo rápido y fácil, pero aclararlo será revelador y beneficioso en muchos niveles. El mayor beneficio será adquirir el conocimiento necesario para detectarla en nuestra vida. Nos dará ventaja en nuestra conciencia de la kriptonita espiritual. Comencemos mirando sus raíces.

Acuérdate por el primer capítulo de este libro que Dios *"sembró la eternidad en el corazón humano"* (Eclesiastés 3:11). Cada persona del planeta nace con esta cualidad innata. Pablo afirma esto al escribir:

Aun los gentiles (no creyentes), quienes no cuentan con la ley escrita de Dios, muestran que conocen esa ley cuando, por instinto, la obedecen aunque nunca la hayan oído. Ellos demuestran que tienen la ley de Dios escrita en el corazón, porque su propia conciencia y sus propios pensamientos o los acusan o bien les indican que están haciendo lo correcto. (Romanos 2:14-15)

Esta es la verdad: todos de manera instintiva conocen los caminos de Dios, porque están escritos en sus conciencias desde su nacimiento. Esto se hizo obvio para Lisa y para mí cuando criábamos a nuestros cuatro hijos. De niños, incluso antes de enseñarles lo que no debían hacer, tenían una mirada de culpa después de golpear a su hermano, arrojar la comida, montar una pataleta con sus padres u otras conductas similares.

No es solo que el conocimiento de Dios esté en el corazón de cada persona, sino que también es evidente en toda cosa creada:

> *Ellos conocen la verdad acerca de Dios, porque él se la ha hecho evidente... Por medio de todo lo que Dios hizo, ellos pueden **ver a simple vista** las cualidades invisibles de Dios: su poder eterno y su naturaleza divina. Así que **no tienen ninguna excusa** para no conocer a Dios.* (Romanos 1:19-20)

Medita en las palabras en cursiva en estos dos versículos: *"evidente"* y *"ver a simple vista"*, lo cual lleva al *"no tienen ninguna excusa"*. Esta es la realidad: no hay justificación para que un ser humano sea ignorante de Dios. Él se ha dado a conocer a todos lo que son honestos y desean la verdad.

Alguna vez has escuchado a alguien preguntar: "Pero ¿qué ocurre con la persona que nunca ha oído de Dios en las partes más remotas de África? ¿Cómo pueden salvarse? ¿Cómo podría Dios condenarles a juicio?".

Estas preguntas, a menudo declaraciones de protesta, son pretextos para lo que ya saben o lo que no están dispuestos a aprender. En su conciencia saben que Dios es real, pero rechazan esa verdad. Lo que no están dispuestos a saber es que el conocimiento de Dios está disponible para todo el que busca la verdad. Si fueran totalmente sinceros, quienes hacen preguntas tendrían que admitir que lo están negando a Él. El salmista además confirma la voz incesante de la creación declarando a Dios:

> *Los cielos proclaman la gloria de Dios*
> *y el firmamento despliega la destreza de sus manos.*
> *Día tras día no cesan de hablar;*
> *noche tras noche lo dan a conocer.*
> *Hablan sin sonidos ni palabras;*
> *su voz jamás se oye.*
> *Sin embargo, su mensaje se ha difundido por toda la tierra*
> *y sus palabras, por todo el mundo.* (Salmos 19:1-4)

El conocimiento de la vasta grandeza de Dios se declara continuamente mediante el mundo entero cada segundo de cada minuto, cada minuto de cada hora, veinticuatro horas al día y 365 días al año. ¿No dirías que eso cubre al hombre "ignorante" en las partes más remotas de África? Una persona puede ponerse una careta y vivir como si fuera ignorante de la existencia de Dios, pero la verdad no solo está implantada en su corazón al nacer, sino que continuamente le habla cada día, cada noche. A menos que alguien haya rechazado por razonamiento, se haya convencido a sí mismo de lo contrario y finalmente cauterice su conciencia hasta el punto de hacerse un necio, no puede escapar de la realidad de Dios.

El punto clave

El punto clave ocurre cuando un ser humano escoge buscar al Dios vivo o "satisfacer" este deseo acudiendo a un *dios* o *dioses*, calmando con ello su conciencia. Quizá estés pensando ahora: *Yo vivo en Occidente, donde los dioses no son parte de nuestra cultura. Aquí no tenemos estatuas, iconos, templos ni nada parecido a eso.* Por favor, sé paciente conmigo; te enseñaré que en Occidente hay varios dioses que no difieren mucho de cualquier otra cultura.

¿Cómo se originan estos *dioses*? Debemos recordar que la humanidad ha creado todos los *dioses* o ídolos. Un ser humano se ve inducido a satisfacer esta conciencia innata de Dios, junto con la necesidad de tener una buena relación con Él. Si se crea una visión alternativa de la deidad, entonces aquel que la crea decide lo que es necesario para aplacar a ese dios, y la deidad proveerá o permitirá cualquier cosa que deseen sus inventores, todo esto mientras satisface la necesidad innata de adorar. Ahora escuchemos lo que sigue diciendo Pablo:

> *Es cierto, ellos conocieron a Dios pero no quisieron adorarlo como Dios ni darle gracias. En cambio, comenzaron a inventar ideas necias sobre Dios. Como resultado, la mente les quedó en oscuridad y confusión. Afirmaban ser sabios pero se convirtieron en completos necios. Y, en lugar de adorar al Dios inmortal y glorioso, rindieron culto a ídolos.* (Romanos 1:21-23)

La creación de las imágenes (los ídolos) no es el enfoque aquí, sino solo la consecuencia de un problema más profundo: *no adorarlo a Él como Dios*. En este punto es crucial establecer qué es la verdadera "adoración". Si pensamos en un grupo de alabanza guiando a la iglesia en una "canción lenta", nos perderemos totalmente el mensaje. La definición más veraz de lo que es la verdadera *adoración* no es la música y cantar, sino la *obediencia*.

Como autor de varios libros, he aprendido que cuando estoy introduciendo en un libro un término que no es muy conocido, tengo que dar su principal definición cuando lo introduzco, ya sea definiéndolo directamente o usándolo de una forma que ilustre perfectamente el significado de la palabra. Lo mismo oes cierto con cualquier autor, y Dios no es una excepción.

Si miras la primera vez que aparece en la Biblia la palabra "adoración", verás que es en Génesis 22:5. Abraham está hablando con sus sirvientes, informándoles de lo que él e Isaac están a punto de hacer en la montaña. Abraham dice: *"El muchacho y yo seguiremos un poco más adelante. Allí adoraremos"*. ¿Qué iban a hacer un poco más adelante? ¿Iban a cantarle una canción lenta a Dios, o a reunir unos cuantos músicos y cantantes para dirigir un tiempo de alabanza en la iglesia? Claro que no. Estaba allí para *obedecer* lo que Dios le había dicho que hiciera tres días antes: sacrificar a su único hijo.

La NTV usa la palabra "adorar" en Romanos 1:21, mientras que otras traducciones usan las palabras "glorificar" u "honrar". Todas estas palabras están relacionadas. Glorificamos y honramos a Dios o a cualquier otra autoridad cuando obedecemos. Degradamos o deshonramos cuando no obedecemos. Podemos usar las palabras, alardear y alabar, escribir canciones al respecto, etc., pero si no hacemos lo que Dios desea, le insultamos, que es lo contrario y opuesto de adorar (honrar).

Hubo un día en que Dios le dijo a su pueblo: *"Odio todos sus grandes alardes y pretensiones…¡Fuera de aquí con sus ruidosos himnos de alabanza! No escucharé la música de sus arpas. En cambio, quiero ver una tremenda inundación de justicia y un río inagotable de rectitud".* (Amós 5:21, 23-24) Rectitud es obediencia a su autoridad, no a lo que nosotros decidimos que es una vida piadosa.

Bajo el antiguo pacto, Dios enseñó a Moisés sobre las ofrendas aceptables delante de Él. Había una variedad de sacrificios que su pueblo podría llevarle como una forma de adoración: un cordero (ver Éxodo 29:39-41), un toro (ver Éxodo 29:10-14), grano (ver Éxodo 29:41), y muchos otros. También, podían quemar un incienso santo en el tabernáculo y templo como una forma de adoración (ver Levítico 2:2). Sin embargo, un día Dios dijo:

> *Bendeciré a los que tienen un corazón humilde y arrepentido, a los que tiemblan ante mi palabra. Pero a los que escojan sus propios caminos… no les aceptaré sus ofrendas. Cuando tales personas sacrifiquen un **toro,** será tan inaceptable como un sacrificio humano. Cuando sacrifiquen un **cordero,** será como si hubieran sacrificado un perro. Cuando traigan una ofrenda de **grano,** igual sería que ofrecieran sangre de cerdo. Cuando quemen incienso, será como si hubieran bendecido a un ídolo.* (Isaías 66:2-3)

Comienza identificando a quienes se sitúan bajo su bendición, los que *tiemblan ante su Palabra.* Esto describe a alguien que valora la obediencia como el asunto más importante. Ellos serán a quienes Dios les preste su atención.

Después Dios se dirige a los que escogen su propio camino para adorarle (obedecerle). No solo sus actos de adoración no serán aceptados, sino que también será equivalente a un sacrificio humano (asesinato a sangre fría), a sacrificar un perro, sangre de cerdo y bendecir un ídolo. Estas acciones son abominables ante sus ojos. Si alguien ofreciera estas cosas detestables o cometiera asesinato, sería expulsado de la comunidad de Israel o castigado con la muerte. ¡Esto es muy fuerte y claro! Así que obviamente su adoración no era adoración en manera alguna, aunque fuera hecha según las instrucciones de la adoración que se dieron en los libros de Éxodo y Levítico.

La paráfrasis en *The Message* lo dice de esta manera: *"Tus actos de adoración son actos de pecado"*.

Recuerda que este es su pueblo de pacto, los que recibieron sus promesas. ¿Por qué oyeron ellos unas palabras tan premonitorias? Por adorar a su propia manera y no obedecerlo a Él. Lo mismo ocurre con nosotros: podemos cantar canciones a Dios, asistir a las reuniones de adoración o profesar nuestra lealtad a Dios, incluso según las formas prescritas en el Nuevo Testamento. Pero si no tenemos el fundamento de la obediencia, nuestra adoración realmente no es adoración. ¿Acaso no se nos dice: *"Por lo tanto, vivan como hijos obedientes de Dios"*?. (1 Pedro 1:14)

La raíz del otro problema que Pablo menciona es no darle a Dios las gracias, o ser desagradecidos. Si creemos que podemos llevar cierto estilo de vida, ser merecedores de ciertas cosas materiales, o esperar algún tipo de estatus, estamos enfocados en nosotros mismos, y por consiguiente, no somos agradecidos. A fin de cuentas, hemos trabajado mucho, planificado, establecido metas, hemos soñado con lo que hemos logrado o creado, con lo cual tenemos un sentimiento de orgullo en nuestro propio trabajo.

Conducta consiguiente

Estas actitudes de cambiar nuestro deseo interior de obedecer, honrar y dar gracias a otra cosa que no sea Dios mismo es lo que facilita la idolatría en una persona, comunidad o nación. Pablo después dice:

> *Entonces Dios los abandonó para que hicieran todas las cosas vergonzosas que deseaban en su corazón. Como resultado, usaron sus cuerpos para hacerse cosas viles y degradantes entre sí.* **Cambiaron la verdad acerca de Dios por una mentira.** *Y así rindieron culto y sirvieron a las cosas que Dios creó pero no al Creador mismo, ¡quien es digno de eterna alabanza! Amén.* (Romanos 1:24-25)

Recuerda que la raíz de todo esto es una falta de obediencia y agradecimiento a Dios. Ahora estamos adorando (obedeciendo) los deseos de nuestra naturaleza caída. Nos estamos sometiendo a lo que fue creado, pero que tiene fallas y está maldito. Hemos hecho concesiones en nuestra brújula moral y *hemos cambiado la verdad por una mentira*. Ahora, la sabiduría que percibimos es en realidad necedad. Lo que en el mundo se considera normal realmente no es normal. Esto continúa hasta que lo que es verdaderamente *bueno* ahora se etiqueta como *malo*, y lo que es verdaderamente *malo* se identifica como *bueno*. Después leemos:

> *Por esa razón, Dios los abandonó a sus pasiones vergonzosas* (...) (Romanos 1:26)

Tras esta frase, Pablo pasa los siguiente versículos, representados en unas 140 palabras en la NTV, enumerando veintidós ofensas contra Dios. Una muestra de estas ofensas incluye homicidios, traiciones, rencor, avaricia, desobediencia a los padres y homosexualidad. El dato revelador es que Pablo usa unas 60 palabras de sus 140 (aproximadamente un 43 por ciento) para hablar de la homosexualidad, pero dedica a las otras veintiuna ofensas solo un par de palabras a cada una, y sin ofrecer ningún comentario más. ¿A qué se debe esto? ¿Está Dios aislando a la homosexualidad y dándonos licencia para tratar a los homosexuales como peores pecadores que los que participan en los otros pecados? ¡Claro que no! Más bien, está dejando claro que la afinidad hacia la homosexualidad es uno de los mejores indicadores de una sociedad que está metida hasta el cuello en la idolatría. Regresemos a las palabras de Pablo:

> *Por esa razón, Dios los abandonó a sus pasiones vergonzosas. Aun las mujeres se rebelaron contra la forma natural de tener relaciones sexuales y, en cambio, dieron rienda suelta al sexo unas con otras. Los hombres, por su parte, en lugar de tener relaciones sexuales normales, con la mujer, ardieron en pasiones unos con otros. Los hombres hicieron cosas vergonzosas con otros hombres y, como consecuencia de ese pecado, sufrieron dentro de sí el castigo que merecían.* (Romanos 1:26-27)

Una sociedad que deja de reconocer, dar gracias y obedecer a Dios tenderá a reconocer, después afirmar (aprobar) y finalmente aplaudir (animar) la perversión sexual, especialmente la homosexualidad. Pablo identifica esta conducta como vergonzosa y antinatural.

La verdad se cambia por una mentira, que al final lleva a la confusión acerca del género.

En enero de 2017, la revista *National Geographic* dedicó su publicación mensual a lo que denominaba "Género: la revolución". Los editores recopilaron a una selección de individuos para representar las distintas orientaciones sexuales o de género que el hombre mortal ha creado. La revista consultó a destacados expertos de universidades sobre sexualidad humana. Algunos de los términos usados para describir las preferencias sexuales y de género eran: sin género, marimacho, andrógino, transgénero, pangénero, genderqueer (intermedio), tercer sexo, género fluido, bi-Género, transgénero no binario, transchico o transchica, etc. Esto suena sofisticado, pero entra en la categoría de necedad y engaño.

A las personas que inventan estos términos se les considera inteligentes, educados y expertos de su tiempo. ¿Cuál será el resultado de nuestra sociedad con este pensamiento liderando nuestro camino? Los estudios han demostrado que el gobierno de los Estados Unidos ha gastado más dos mil millones de dólares en asuntos que tienen que ve con la identidad de género y la homosexualidad.[1] ¿Te imaginas cuántas oportunidades se podrían haber creado con esos recursos? Los fondos se podían haber usado para mejorar las instalaciones de las escuelas públicas, fortalecer las fuerzas de policía, renovar aeropuertos y otras instalaciones públicas, y más importante aún, ayudar a los sin techo, madres solteras y los discapacitados. Sin embargo, esta enorme cantidad de dinero se gastó toda ella para el propósito de escoger una preferencia sexual contraria a como Dios creó a la humanidad. Desde el principio, la Escritura declara: *"Así que Dios creó a los seres humanos (…) hombre y mujer los creó"* (Génesis 1:27). Él es quien decide nuestro género; Él sabe qué es mejor porque nos ama.

Sin embargo, todo esto se hace bajo el disfraz de ser sabio, cuando en realidad es una absurda pérdida de recursos. Y lo peor de todo es animar

---

1. Mat Staver: Homosexuality Costs The Government Tens Of Billions Of Dollars Brian Tashman   16 de abril de 2015 12:40 pm – http://www.rightwingwatch.org/post/mat-staver-homosexuality-costs-the-government-tens-of-billions-of-dollars/

la conducta errónea y mantener a las personas atadas a un estilo de vida para el que no fueron creados.

Como sociedad hemos creído la mentira de que es un asunto de "derechos humanos", permitiendo así que un porcentaje muy bajo de personas lo vinculen a la discriminación en base a la raza o el género. Estos son derechos que deberíamos defender, pero eso no es lo mismo que quienes se identifican de forma distinta a como fueron creados.

Esta es la conducta absurda que Pablo profetiza que sucederá cuando dejamos de adorar (obedecer) a Dios y ser agradecidos. Por lo tanto, ¿por qué los líderes no hablan y exponen estas creencias y esfuerzos mal dirigidos? Nos hemos acobardado de la verdad y hemos aceptado mentiras y engaño. Hemos caído en la idolatría, y nos está atenazando como nación.

Quizá la sociedad llame a esto progreso, pero en verdad es un retroceso a la necedad. Las palabras de Pablo, escritas hace mucho tiempo, revelan cómo la perversión sexual y de género está arraigada en la idolatría. Después escribe más consecuencias:

> *Por pensar que era una tontería reconocer a Dios, él los abandonó a sus tontos razonamientos y dejó que hicieran cosas que jamás deberían hacerse. Se llenaron de toda clase de perversiones, pecados, avaricia, odio, envidia, homicidios, peleas, engaños, conductas maliciosas y chismes. Son traidores, insolentes, arrogantes, fanfarrones y gente que odia a Dios. Inventan nuevas formas de pecar y desobedecen a sus padres. No quieren entrar en razón, no cumplen lo que prometen, son crueles y no tienen compasión.* (Romanos 1:28-31)

No hay que esforzarse mucho, ni hacer una investigación, o tomar una clase de sociología para descubrir este tipo de conducta en nuestra sociedad. Está extendido, creciendo y destruyendo vidas, familias y naciones. Esta conducta perversa y su aceptación están detrás de la ruptura social, las brechas de relación y las guerras de todo tipo.

Y por si esto no fuera suficientemente trágico, Pablo concluye diciendo:

Saben bien que la justicia de Dios exige que los que hacen esas cosas merecen morir; pero ellos igual las hacen. Peor aún, incitan a otros a que también las hagan. (Romanos 1:32)

Gobiernos, medios, productores de televisión y cine, trabajadores sociales, líderes, personas influyentes y toda la sociedad en general son perfectamente conscientes de esta conducta contraria a nuestro Creador, y sin embargo ignoran lo que dicen sus conciencias y lo que proclama toda la creación. Y para acallar la voz de su conciencia, animan a otros a hacer lo mismo, con la esperanza de que eso silencie la verdad en su corazón.

Todas estas conductas enumeradas arriba son el resultado del problema raíz de la idolatría: no dar a Dios la adoración (honra y obediencia) y el agradecimiento que se merece. Dios es reconocido de forma auténtica mediante nuestra respuesta conductual hacia Él, no meramente por nuestras palabras. Esto se aplica a toda la humanidad, pero dirijamos ahora nuestra atención a cómo se desarrolla en una persona que ya tiene una relación con Él.

PONTE EN ACCIÓN

La adoración es la decisión de obedecer, honrar y darle gracias a Dios. Cuando olvidamos alguno de los elementos de la verdadera adoración, nos exponemos al engaño que conduce a la idolatría. Esto es cierto para nosotros, tanto individualmente como culturalmente.

El primer acto declarado de adoración en las Escrituras fue cuando Abraham obedeció a Dios yendo a sacrificar a Isaac. ¿Qué te ha pedido Dios que hagas? Podría ser algo que el Espíritu Santo te ha desafiado a hacer al leer la Biblia, o podría ser algo que Él ha puesto en tu corazón que es específico para ti.

¿Cómo cambia este capítulo tu forma de pensar con respecto a esta tarea de Dios? Aparta un momento ahora para preguntar a Dios qué pasos puedes dar para cumplir esa tarea hoy, y asegúrate de darle gracias por escogerte para hacer eso, por hablarte y por estar contigo mientras llevas a cabo tu adoración como obediencia.

11

IDOLATRÍA DE LOS CREYENTES

La idolatría entre las personas del mundo ya es bastante malo, pero encontrarla entre quienes tienen un pacto con el Dios vivo es terrible.

Santiago hace referencia a este tipo de idolatría como adulterio. Está etiquetada así porque tenemos un pacto con Dios, y como cualquier marido o esposa que es infiel a su cónyuge, cuando nos entregamos a la idolatría estamos siendo infieles a nuestro Esposo, el Señor Jesucristo.

El rey Saúl y los amalecitas

Comencemos en el Antiguo Testamento y avancemos al Nuevo. Israel tenía un pacto con Dios que se originó con su padre Abraham. Dios le había dado al rey de Israel, Saúl, un mandato a través del profeta Samuel: *"¡Ahora escucha este mensaje del Señor!"* (1 Samuel 15:1). No había ningún error en la voluntad de Dios; era directa y concreta. Al rey se le había dicho que destruyera a los amalecitas por completo, todo hombre, niño y animal. Era la venganza de Dios por cómo Amalec se había opuesto a Israel cuando huían de Egipto y eran más vulnerables. El rey Saúl reunió y movilizó inmediatamente al ejército para atacar a Amalec. Sin embargo, leemos:

Luego Saúl mató a los amalecitas desde Havila hasta llegar a Shur, al oriente de Egipto. Capturó a Agag, el rey amalecita, pero destruyó por completo a todos los demás. Saúl y sus hombres le perdonaron la vida a Agag y se quedaron con lo mejor de las ovejas y las cabras, del ganado, de los becerros gordos y de los corderos; de hecho, con todo lo que les atrajo. Solo destruyeron lo que no tenía valor o que era de mala calidad. (1 Samuel 15:7-9)

A muchos israelitas les parecería que Saúl sí obedeció la Palabra del Señor, pero después de esto leemos: *"Luego el Señor le dijo a Samuel: «Lamento haber hecho a Saúl rey, porque no me ha sido leal y se ha negado a obedecer mi mandato»".* (1 Samuel 15:10-11) Saúl no le dio a Dios la adoración, la obediencia que Él merecía. No fue fiel a Dios.

Recuerdo la perplejidad de un padre que me confesaba que uno de sus mayores retos con su hijo adolescente era que el joven hacía lo que él le ordenaba hacer, pero solo en parte, y después se iba y hacía lo que quería, que por lo general era salir a pasear con sus amigos. Cuando el padre lo confrontaba, su hijo se enojaba y respondía: "Vamos papá, ¡deja de ser tan duro conmigo! Hice el noventa por ciento de lo que me dijiste que hiciera. ¿Por qué eres tan puntilloso? ¿Por qué no ves el noventa por ciento que sí hice, en vez de fijarte en el diez por ciento que *no hice?"*. El padre se frustraba.

Yo le dije al papá: "Entonces Dios es puntilloso también". Le recordé este incidente con los amalecitas. Le dije que Saúl debió haber matado al menos a cien mil hombres, mujeres y niños. Estoy seguro de que también mató a muchas más ovejas, cabras y ganado de los que perdonó. Así que podríamos decir con seguridad que Saúl hizo más del noventa por ciento de lo que Dios le dijo que hiciera, y sin embargo Dios dijo que Saúl le había desobedecido y después usó la palabra "rebelión" para identificar la conducta de Saúl (versículo 23).

Este trasfondo bíblico ayudó al padre a saber que verdaderamente estaba sintiendo una conducta incorrecta en su hijo.

De hecho, estoy seguro de que el rey Saúl estaba más cerca de hacer el noventa y nueve por ciento de lo que Dios le había dicho. ¿Por qué no se enfocó Dios en todo lo que Saúl hizo, en vez de hacerlo en el uno por ciento que no hizo? Esto sería muy puntilloso a ojos de la mayoría de las personas, pero para Dios, la obediencia parcial, incluso cuando casi es una obediencia completa, no es obediencia en absoluto, sino más bien rebelión. Es no darle a Dios el lugar de honor o adoración debidos.

Después Samuel confronta a Saúl, quien siendo engañado, niega tajantemente la acusación, pero Samuel señala a los animales que se estaban sacrificando. Saúl entonces intentó culpar al pueblo, pero Samuel lo corrigió: "No, tú eres el responsable, tú eres el que ha desobedecido a Dios" (parafraseado). Cuando Saúl se ve acorralado en un rincón por la confrontación del profeta, Samuel entonces declara una asombrosa verdad con respecto a la idolatría:

> *Porque como pecado de adivinación es la rebelión, y como ídolos e idolatría la obstinación. Por cuanto tú desechaste la palabra de Jehová, él también te ha desechado para que no seas rey.* (1 Samuel 15:23 RVR 60)

De momento, me enfocaré en la segunda frase: "*y como ídolos e idolatría la obstinación*". Obstinación significa "empujar" o "presionar". Saúl se retiró de la verdad, de la obediencia completa.

Las palabras siguientes, [es] "*como*" en el versículo están en cursiva, lo cual significa que no están en el texto original. Ahí no hay ninguna palabra en hebreo, y los traductores las añadieron para que se entendiera mejor. Una mejor traducción habría sido: "ídolos e idolatría [es] la obstinación".

La realidad es que cuando alguien conoce la verdad, conoce la voluntad de Dios, conoce lo que Dios ha dicho y aún así se retira y no obedece, es idolatría. ¿La razón? Su voluntad, agenda, deseos, y anhelos han sido puestos por delante de los de Dios. Todas esas cosas están antes que Él, y un ídolo es algo que ponemos antes que Dios.

Saúl creyó e incluso confesó: *"He obedecido a Dios"*; sin embargo, como no obedeció del todo sino que escogió anteponer los deseos del pueblo (más bien, sus propios deseos) a la Palabra del Señor, fue idolatría. Le cegó a su propio menosprecio del Señor.

Así como vimos con respecto a toda la humanidad en el libro de Romanos, por supuesto lo mismo es cierto para Saúl. La raíz de la idolatría de Saúl no fueron estatuas, figuritas, altares o templos. Más bien, es no darle a Dios la adoración debida: obedienciá a lo que Él revela. Esta conducta clave conduce a cambiar inconscientemente la verdad por una mentira, de modo que el engaño comenzó a dominar a Saúl. Lo llevó a *"pensar neciamente"* y hacer *"cosas que nunca debería haber hecho"*. El resultado trágico de la idolatría de Saúl fue que su vida cada vez tuvo más maldad. Se volvió celoso, demandante, irracional, lleno de ira, un atacante rencoroso de los siervos de Dios, asesino, e incluso consultó a una bruja en lugar de consultar a Dios. Estos son algunos de los rasgos posteriores del carácter de Saúl, todo ello como resultado de la raíz de su idolatría.

A menudo, los que tienen una relación con Dios y a la vez escogen sus propios deseos en lugar de lo que Dios reveló claramente mediante la Escrituras, quedan cegados a su propia desobediencia. Así como sucedió con Saúl, la idolatría nos ciega a la verdad. Ahora hemos cambiado la verdad por la mentira y creemos que Dios está de nuestro lado. Pensamos que Él entiende nuestro corazón y que consiente nuestra conducta o aprueba nuestro estilo de vida, cuando en realidad estamos en oposición a Él y nos hemos constituido en enemigos de Dios.

Contentamiento

Presentaré el siguiente aspecto de la idolatría definiendo dos palabras clave. La primera es "contento" (contentamiento). El diccionario *Merriam-Webster* la define como "sentir o mostrar satisfacción con las posesiones, estatus o situación personal". La palabra griega más usada para contentamiento es *arkeo*, y se define como "bastar, ser suficiente, satisfacer, y por implicación ser fuerte y capaz de ayudar a alguien" (WSNTDICT).

No podemos servir adecuadamente a menos que tengamos contentamiento. La falta de esta virtud hará que tendamos a ver situaciones desde el ángulo que piensa: *¿cómo me beneficiará esto?* Las acciones y palabras externas pueden parecer desinteresadas o incluso abnegadas, pero si no están fundamentadas en el contentamiento, serán impulsadas por motivaciones interesadas.

Pablo dijo a una iglesia: *"No lo digo porque tenga escasez, pues he aprendido a contentarme, cualquiera que sea mi situación".* (Filipenses 4:11 RVR 60) Sin embargo, él tenía necesidades; acababa de decir a quienes servía que no estaba buscando la dádiva para su propio beneficio, sino más bien para ellos mismos. No pudo mentir o exagerar al escribir las Escrituras, así que sabemos que esta era verdaderamente su intención, y no una frase para mostrarse "políticamente correcto". La única forma en que sus motivaciones podían haber sido así de desinteresadas es si estuviera perfectamente contento, incluso cuando tenía necesidades reales.

Por esta razón se nos dice como creyentes: *"Pero gran ganancia es la piedad acompañada de contentamiento; porque nada hemos traído a este mundo, y sin duda nada podremos sacar. Así que, teniendo sustento y abrigo, estemos contentos con esto".* (1 Timoteo 6:6-8 RVR 60) Hay una "gran ganancia" asociada al contentamiento; sin embargo, la ganancia no siempre aparece en nuestro calendario. El contentamiento nos ayuda a mantenernos firmes, y no rendirnos antes de ver la oración respondida.

Le pregunté al Señor en oración cuál era *su* definición de contentamiento. En mi corazón escuché: *Una completa satisfacción en mi voluntad.* La vida de nuestro Señor Jesús es el vivo retrato del contentamiento. Oímos esto repetidamente en sus palabras: *"Mi comida es que haga la voluntad del que me envió, y que acabe su obra".* (Juan 4:34 RVR60) Su contentamiento y compromiso con la voluntad de Dios es claramente evidente en el salmo mesiánico, que dice: "El hacer tu voluntad, Dios mío, me ha agradado, y tu ley está en medio de mi corazón". (Salmo 40:8 RVR60) No existía pasión ni deseo alguno para Él fuera de la voluntad de Dios. Su pasión era cumplir los deseos de su Padre.

Ahora bien, no debemos confundir el contentamiento con la complacencia, porque no se parecen en nada el uno al otro en cuanto a su significado. Verás que Jesús *"ofreció oraciones y súplicas con gran clamor y lágrimas"* (Hebreos 5:7). Él volcó las mesas de los cambistas, y deseó grandemente cenar con los apóstoles la noche antes de su sufrimiento. No estaba contento con ver a las personas con ataduras, enfermas y perdidas; Él fue el Guerrero para los oprimidos. Sin embargo, cuando se trataba de sus necesidades o deseos, estaba contento. Hacía sus peticiones a su Padre y creía que su Padre le daría la provisión.

De este contentamiento nacieron las palabras: *"Yo vivo gracias al Padre viviente".* Esto produjo una seguridad y estabilidad que no era del mundo, tanto que proclamó osadamente: *"Pues sé de dónde vengo y adónde voy"* (Juan 6:57 y 8:14). Debido a esto nadie pudo desanimarlo o confundirlo, ¡y Él fue el siervo perfecto!

Codicia

La segunda palabra clave relacionada con la definición de idolatría es "codiciar" (codicia); es el opuesto perfecto a contentamiento. Esta no es una palabra que oigamos mucho en nuestras conversaciones diarias, pero es importante identificarla para el propósito de reconocerla y entenderla en las Escrituras.

Comencemos con la definición en nuestro idioma. Una de Webster es: "un fuerte deseo de obtener y poseer algún supuesto bien". Al acudir al griego, lo vemos con más detalle. Antes de hacerlo, veamos primero lo que Pablo dice antes de mencionar la *codicia* en Colosenses:

> *Si, pues, habéis resucitado con Cristo, buscad las cosas de arriba, donde está Cristo sentado a la diestra de Dios. Poned la mira en las cosas de arriba, no en las de la tierra. Porque habéis muerto, y vuestra vida está escondida con Cristo en Dios. Cuando Cristo, vuestra vida, se manifieste, entonces vosotros también seréis manifestados con él en gloria.* (Colosenses 3:1-4 RVR 60)

Pablo nos está dando la clave para permanecer en un estado *contento*. Cuando entendemos plenamente que estamos en un pacto con el Dios Todopoderoso mediante Jesucristo, entonces nos damos cuenta de que no nos falta nada, absolutamente nada. Jesús dice que "el reino es nuestro", y si buscamos primeramente, no en segundo ni tercer lugar, su reino, nos será añadido todo lo que necesitamos.

Esto identifica el primer gran ataque del enemigo contra Jesús. Durante la tentación en el desierto, Satanás intentó hacer que Jesús buscara la provisión fuera de su Padre. Las condiciones eran abrumadoras; tras un ayuno de cuarenta días, Jesús tenía mucha hambre. El enemigo esperaba conseguir que Jesús dejase de estar contento y cayera en la codicia, pero Jesús rehusó. Poco después, los ángeles llegaron y alimentaron a Jesús ¡con comida del cielo! El plan del enemigo falló con Jesús, pero eso no significa que no vaya a usar la misma estrategia contra nosotros. Él intenta que nosotros pasemos de estar contentos con la provisión del reino a que consigamos la provisión por nuestros propios medios.

Pablo está diciendo que los que *buscan* a Dios, no se limitan a usar a Dios para conseguir lo que quieren de Él, sino que quienes desean apasionadamente su corazón y su agrado son los que descubrirán que sus mentes están más *puestas* en las cosas de arriba. En este estado nos hacemos como Jesús. Nuestra pasión es hacer la voluntad de Aquel que nos envía. El fabuloso resultado es que ahora, como Jesús, no nos pueden desanimar ni confundir, ¡y somos aptos para ser siervos genuinos del reino! Pablo continúa:

> *Haced morir, pues, lo terrenal en vosotros: fornicación, impureza, pasiones desordenadas, malos deseos y avaricia, que es idolatría; cosas por las cuales la ira de Dios viene sobre los hijos de desobediencia.* (Colosenses 3:5-6 RVR 60)

Leamos las palabras de Pablo: "*avaricia, que es idolatría*". Aquí está nuestra siguiente clave para entender lo que es la verdadera idolatría. Es fácil detectarla en las naciones paganas que han construido estatuas, altares y templos, pero se necesita entendimiento y discernimiento en una "cultura civilizada". Pablo dice que cuando pasamos del contentamiento a la codicia, hemos pasado de una relación de intimidad con Dios a la idolatría y el adulterio.

Veamos ahora la palabra griega *pleonexia*, que se traduce como "avaricia" en este versículo. Permíteme dar tres definiciones distintas de fuentes bien respetadas:

Pillar: "Deseos impropios de tener más".

BDAG: "El estado de desear tener más de lo debido".

CCE: "Implica un espíritu autoidólatra y avaro".

Enfoquemos nuestra atención en la definición final, "un espíritu autoidólatra y avaro". Cuando nuestros afectos no están puestos en el reino porque no lo hemos buscado primeramente, entramos en un modo de autosobrevivencia. Ahora tomaremos lo que creemos que necesitamos para estar satisfechos. Buscaremos nuestro placer, riqueza y ganancia material, fama, estatus, posición, reputación, compañerismo, realización, poder, autoridad, lujuria, y muchos otros anhelos desde una postura de autoidólatra. Nos encontramos a nosotros mismos en este estado cuando no estamos contentos con lo que tenemos. Luchamos porque nos falta la paz y descanso con lo que Dios nos ha dado. Nos vemos en una situación de tensión con el plan de Dios o su proceso en nuestra vida.

Sin duda alguna, el contentamiento y la codicia son fuerzas opuestas. El contentamiento nos aleja de la idolatría y nos acerca más al corazón de Dios, mientras que la codicia nos distancia de Dios y nos lleva a los altares de la idolatría. Son palabras que contrastan y que tienen significados opuestos, lo cual ilustra más su distinción. Es fácil ver por qué el escritor de Hebreos es tan osado con la siguiente afirmación:

> *Sean vuestras costumbres sin avaricia, contentos con lo que tenéis ahora; porque él dijo: No te desampararé, ni te dejaré; de manera que podemos decir confiadamente: El Señor es mi ayudador; no temeré lo que me pueda hacer el hombre.* (Hebreos 13:5-6 RVR 60)

Descubriremos en el siguiente capítulo que el contentamiento piadoso nos da confianza en cualquier situación de adversidad. Nos impide sucumbir a las trampas que el mundo pone a los creyentes. El contentamiento alberga en su interior una gran ganancia y una paz que trasciende más allá del entendimiento.

Como contraste, la avaricia es morar en la intranquilidad, y está impulsada por deseos y pasiones incesantes. Es un estado en el que tanto el engaño como la destrucción son inminentes.

PONTE EN ACCIÓN

Es vital para nosotros entender claramente la verdad de la Palabra de Dios. Está escrita para nosotros, así que ninguno tiene excusa. Ninguno podrá estar delante de Dios y decir: "Pero, Señor, ¡yo no lo sabía!". Así como Él se revela a sí mismo en la creación a todas las personas dejándolas sin excusa, ha revelado su voluntad en las Escrituras para que no tengamos excusa.

Por difícil que pueda ser oír que la obediencia parcial es lo mismo que idolatría, podemos estar agradecidos de aprender esto. Si sabemos cuáles son las preguntas del examen, podremos pasarlo sin dificultades todas las veces. ¡Esta es la bondad y misericordia de Dios!

Como es muy fácil cegarse y no ver dónde hemos sido parcialmente obedientes, obstinados o avaros, pídele al Espíritu Santo que te revele cualquier área de tu vida que haya estado bajo esta influencia. Arrepiéntete de cualquier área que Él te muestre y pídele que te limpie. Finalmente, pídele que vuelva a llenar tu vida, empoderándote para que le sigas en obediencia con todo tu corazón.

12

ALIVIAR LA PRESIÓN

En el capítulo anterior presenté dos aspectos distintos de la idolatría: obstinación y codicia. Ahora vamos a conectarlos, porque van de la mano, y descubrir cómo funcionan juntos nos hará avanzar un paso más hacia entender lo que hace que un creyente sea susceptible a la kriptonita.

Una situación difícil

Piensa de nuevo en el rey Saúl. Él no estaba contento con vivir en la voluntad de Dios. Su obstinación le hizo susceptible a la codicia. Su primer error registrado no ocurrió con los amalecitas, sino pronto en su reinado cuando tuvo que hacer frente a los filisteos. Estos enemigos de Israel habían reunido un gran ejército de tres mil carros, que en esos tiempos eran como tanques, y tantos soldados de a pie que parecían tan numerosos como los granos de arena del mar. Estaban acampados en Micma y listos para atacar.

El ejército de Saúl no era nada en comparación. El ejército estaba recién formado y aún intentando ponerse en pie. Leemos:

Los hombres de Israel vieron el gran aprieto en el que se encontraban y, como estaban fuertemente presionados por el enemigo, trataron de esconderse en cuevas, matorrales, rocas, hoyos y cisternas. Algunos cruzaron el río Jordán y escaparon a la tierra de Gad y de Galaad. Mientras tanto, Saúl se quedó en Gilgal, y sus hombres temblaban de miedo. (1 Samuel 13:6-7)

¿Te imaginas la presión que tenía Saúl? Tú eres el líder, comandante y rey, y tu ejército recién formado se encuentra ante un ejército enorme mucho más experimentado y poderoso. La peor pesadilla de Saúl se está desplegando justo delante de sus narices: los hombres de su ejército están comenzando a desertar. Sin embargo, la posible ayuda está de camino: el profeta Samuel, que tenía previsto acudir ese día y ofrecer el sacrificio al Señor. Esto renovaría la confianza de los hombres en el liderazgo de Saúl y les daría valor para afrontar la batalla. Sin embargo, hay un problema:

Durante siete días Saúl esperó allí, según las instrucciones de Samuel, pero aun así Samuel no llegaba. Saúl se dio cuenta de que sus tropas habían comenzado a desertar, de modo que ordenó: «¡Tráiganme la ofrenda quemada y las ofrendas de paz!». Y Saúl mismo sacrificó la ofrenda quemada. (1 Samuel 13:8-9)

No era un secreto para nadie: Saúl no estaba autorizado por Dios para hacer un sacrificio. Esta acción estaba reservada para el sacerdote (Samuel era a la vez profeta y sacerdote). Pero para hacer justicia a Saúl, en una situación de presión como esta, él y sus hombres quizá pensaron que *una situación de urgencia demanda medidas urgentes.* Sin embargo, Samuel estaba a punto de aclarar cualquier duda al respecto de esta situación:

Precisamente cuando Saúl terminaba de sacrificar la ofrenda quemada, llegó Samuel. Saúl salió a recibirlo, pero Samuel preguntó: —¿Qué has hecho?

Saúl le contestó: —Vi que mis hombres me abandonaban, y que tú no llegabas cuando prometiste, y que los filisteos ya están en Micmas, listos para la batalla. Así que dije: "¡Los filisteos están listos para marchar contra nosotros en Gilgal, y yo ni siquiera he pedido ayuda al Señor!". De manera que me vi obligado a ofrecer yo mismo la ofrenda quemada antes de que tú llegaras.

—*¡Qué tontería!* —*exclamó Samuel*—. *No obedeciste al mandato que te dio el Señor tu Dios. Si lo hubieras obedecido, el Señor habría establecido tu reinado sobre Israel para siempre. Pero ahora tu reino tiene que terminar, porque el Señor ha buscado a un hombre conforme a su propio corazón.* (1 Samuel 13:10-14)

Esto es lo que hacen los profetas: aclarar la confusión llevándonos de vuelta a los mandatos del Señor. Es fácil que las personas se olviden fácilmente de lo que Dios desea durante los tiempos difíciles. Las acciones de Saúl de inseguridad y descontento comunicaban a los hombres de Israel que los tiempos difíciles nos dan el derecho de decidir si es mejor obedecer o no a Dios. ¡Sencillamente, eso no es cierto! Siempre es más importante obedecer a Dios, al margen de cómo sean los tiempos.

La inseguridad de Saúl fue simplemente una manifestación de su falta de contentamiento. Él quería que todo a su alrededor estuviera bajo su control, y las circunstancias estaban lejos de eso. Él odiaba la presión a la que estaba sometido y quería aliviarla. Su descontento lo llevó a codiciar la paz que deseaba.

Esta es la verdad que todos debemos entender: al servir a Dios, a menudo nos encontraremos con adversidades, dificultades y tribulaciones. Jesús lo garantiza: *"En el mundo tendréis aflicción"*. (Juan 16:33 RVR 60) La adversidad ubica la fortaleza de nuestra fe. Si nuestra fe está flaqueando, si no sube la temperatura del termómetro de nuestra fe, es hora de clamar a Dios, buscar su Palabra y esperar en su Espíritu. Si hacemos estas cosas, saldremos de la prueba con una fe mayor y más fuerte que antes.

Nuestra fe es un bien precioso, más precioso que cualquier recurso disponible en la tierra. Piensa en ello de esta forma: si alguien te ofreciera un plan de negocio protegido y el capital para invertir en él, ¿cómo responderías? ¿Te quejarías y dirías: "¡Esto es demasiado difícil o supone demasiado trabajo!?". ¿O atraparías la oportunidad y te aferrarías al plan protegido? Seguro que comenzaríamos y esperaríamos un gran beneficio.

Esto no se diferencia en nada de lo que enfrentas cada vez que estás ante una adversidad que es mayor que tú, y créeme, Dios se asegurará de que te aproveches de esas oportunidades. No porque Él quiera frustrarte, sino para que puedas recibir *la retribución de una fe mayor*.

Otra situación difícil

Piensa ahora en David, que fue lo contrario a Saúl. Él se vio ante un desafío incluso más abrumador.

Él y sus últimos seiscientos amigos sobre la tierra habían sido rechazados. No había sido un buen día, pero la situación iba a empeorar aún más. Regresaron a sus hogares en Siclag solo para descubrir que mientras habían estado ausentes, los amalecitas les habían invadido y se habían llevado todas las cosas de valor: sus esposas, hijos y recursos, y después habían quemado todo lo que había quedado. ¡No quedó nada!

¿Te imaginas las emociones de David? Había estado escondiéndose en los desiertos de Israel durante más de doce años. No había podido ver a su familia o amigos de la infancia o asistir a ningún servicio de adoración, disfrutar de los asuntos de la comunidad, ni ningún evento nacional en todo ese tiempo. Había tenido que esconderse y a veces escapar de los soldados mejor entrenados de Israel que habían estado buscándolo y persiguiéndolo.

Debido a todo esto, finalmente la situación se volvió tan peligrosa que él, sus hombres y sus familias habían tenido que refugiarse en una nación extranjera durante dos años. ¿Cuánto tiempo más duraría eso? ¿Dónde estaba la recompensa de servir a Dios? Varias veces David podía haber resuelto por sí mismo estos asuntos, habiendo dado muerte al líder de Israel bajo el que Dios le había puesto. Eso hubiera aliviado la presión y su aflicción. Pero él fue fiel, perseveró y permaneció en un estado de contentamiento durante catorce años.

Detente ahí y piensa en ello. ¿Te has encontrado queriendo rendirte después de tres semanas de dificultades? ¿Qué tal tres meses, o quizá tres años?

Tres años es mucho tiempo para estar en una adversidad constante; sin embargo, palidece en comparación con lo que David ha soportado. El periodo de tiempo de Saúl fue apenas una semana, y sucumbió. Él escogió perseguir el respeto y un mayor estatus delante de sus hombres desobedeciendo a Dios. Escogió la conducta que a él le aliviaría y elevaría al mismo tiempo. No esperó al ascenso que viene solo de Dios.

Regresando a la historia de David, él y sus hombres regresaron a Siclag para descubrir que todo lo que era querido y valioso para ellos había desaparecido. Tras descubrir esto, David y sus hombres lloraron hasta que les faltaron las fuerzas. David quizá pensó que había tocado fondo, pero hay más. Una adversidad aún peor está a punto de surgir. Ahora sus hombres, los últimos seiscientos amigos que tenía en el planeta, ¡están tan enojados que quieren ejecutarlo!

> *David ahora se encontraba en gran peligro, porque todos sus hombres estaban muy resentidos por haber perdido a sus hijos e hijas, y comenzaron a hablar acerca de apedrearlo.* (1 Samuel 30:6)

En su situación de crisis, los hombres de Saúl desertaron. Él se sintió solo, con una desesperada necesidad de afirmación, respeto y honor, y lo resolvió comprometiendo el mandato de Dios.

Por el contrario, los hombres de David no estaban desertando, ¡pero querían matarlo! La situación de David era mucho más difícil que la de Saúl. El descontento de Saúl lo llevó a reducir la presión en vez de confiar en Dios esperando a Samuel. La respuesta de David es bastante distinta:

> *Pero David encontró fuerzas en el Señor su Dios. Entonces le dijo a Abiatar, el sacerdote: —¡Tráeme el efod! Así que Abiatar lo trajo y David le preguntó al Señor: —¿Debo perseguir a esta banda de saqueadores? ¿Los atraparé? Y el Señor le dijo: —Sí, persíguelos. Recuperarás todo lo que te han quitado.* (1 Samuel 30:6-8)

David no intentó salir a su manera de la situación, ni se inventó un plan presuntuoso. No dijo: "¡Ya estoy harto! ¿Qué he sacado yo con haber servido a Dios fielmente? Le he dado mis mejores años. Él es quien me ha puesto bajo un jefe tan tirano. ¡Él es la verdadera razón de que yo esté pasando por este infierno!".

David nunca culpó a Dios, ni tampoco codició el palacio. En su tribulación, David pudo haberse tomado la venganza matando a Saúl y promoviéndose para llegar al trono que Dios le había prometido. No, sino que esperó en Dios y Saúl no lo hizo. David permaneció en este patrón de contentamiento y escogió consultar primero a Dios.

La liberación o provisión de Dios siempre llega, pero no antes de que se presente la oportunidad de desobedecer su Palabra, como la tentación en el desierto donde Satanás le dio a la oportunidad a Jesús de librarse de su agitación antes de que los ángeles llegaran y le ministraran. Casi siempre sucede de esta forma. Permanecer con una actitud de contentamiento nos impide buscar nuestra propia provisión o promoción.

Volviendo a los amalecitas

Para continuar con un examen de la vida de Saúl, dirigimos nuestra atención al incidente con los amalecitas. En una línea de tiempo, por supuesto, ocurrió después del encuentro de Saúl con los filisteos.

¿Qué provocó la desobediencia de Saúl con los amalecitas? ¿Por qué perdonó la vida del rey y salvó a los mejores animales cuando el mandato de Dios era tan claro? De nuevo, no es nada más que una conducta avara, impulsada por la inseguridad de Saúl y el descontento con la voluntad de Dios.

Primero, ¿por qué perdonó al rey? Conquistar una nación es un logro enorme, y en esa época en que los reyes eran victoriosos en la batalla, a menudo llevaban con ellos al rey derrotado hasta su palacio. Tener entre tus filas al rey de una nación extranjera a la que derrotaste era como tener un trofeo vivo. Cada vez que lo mirabas, te recordaba tu victoria sobre todo su país. Cada vez que tus oficiales y siervos del palacio lo veían, les recordaba lo poderoso que eras como líder. Era algo que aumentaba tu ego y tu confianza, y eso era beneficioso, especialmente si eras un líder inseguro.

Segundo, ¿por qué no guardarse las mejores ovejas y cabras, el ganado, los terneros gordos y los corderos? De nuevo, era por la misma razón: Saúl codiciaba respeto y honor de sus soldados y su pueblo. Si les daba los mejores animales de los amalecitas, serviría como recordatorio de su gran liderazgo. En tiempos venideros, recordarían y harían alarde de su fortaleza, estrategia y sabiduría para atacar a la nación derrotada. Ellos verían que Dios estaba de su lado e impediría que el pueblo cuestionara su autoridad.

La codicia de Saúl lo llevó a tener que ser continuamente validado. De hecho, mandó erigir un monumento a sí mismo tras esta victoria. Cuando fue confrontado por el profeta por su desobediencia, estaba más preocupado por cómo le verían su equipo de liderazgo y su pueblo que de haber desobedecido a Dios (ver 1 Samuel 15:30). Según lo veía él, la ausencia de Samuel, el profeta más respetado de la nación, afectaría su reputación, especialmente después de que Samuel acababa de corregirlo. Necesitaba asegurar la validación de su liderazgo y autoridad, cosas que, a propósito, le habían sido dadas por Dios. Él codiciaba respeto, honor, grandeza y autoridad más que cualquier otra cosa. Esta codicia le condujo a la obstinación de su desobediencia al mandato de Dios.

Sencillamente, Saúl no tenía contentamiento en la voluntad de Dios.

Una fuente

Ahora está quedando más claro que un ídolo se convierte en una fuente de algo para nosotros cuando cumple nuestros deseos codiciosos. Esto puede ocurrir en cualquier área de nuestra vida. Un ídolo ocupa el lugar que Dios merece. Puede ser el proveedor de felicidad, comodidad, paz, provisión, autoridad, respeto, y muchas más cosas. Dios dice: *"No haréis para vosotros ídolos"* (Levítico 26:1 RVR 60). Nosotros somos los que hacemos el ídolo, y no siempre se hacen de piedra, madera o metales preciosos. El poder del ídolo reside dentro de nuestro corazón.

¡Un ídolo puede ser cualquier cosa que pongamos por delante de Dios en nuestra vida! Es lo que amamos, nos gusta, en lo que confiamos, deseamos o prestamos más atención que al Señor. El Señor le reveló a mi esposa Lisa que la idolatría es aquello de donde tú sacas tu fuerza o aquello a lo que dedicas tu fuerza. Un creyente es llevado a la idolatría cuando permite que su corazón se mezcle con el descontento y busque la satisfacción fuera de la obediencia a Dios. Esa satisfacción podría ser una persona, posesión o actividad.

Espero que con esto quede muy claro que la idolatría es mucho más que figuritas, estatuas, altares y templos. Debido al hecho de que a menudo se reduce a cosas como esas, muchos se pierden algunos avisos cruciales que nos da la Escritura. En los capítulos siguientes continuaremos descubriendo la verdadera identidad de la idolatría, y lo predominante y dañina que es en nuestra cultura occidental del siglo XXI.

PONTE EN ACCIÓN

El elemento básico de la idolatría es cuando sacas tu fuerza o le das tu fuerza a algo o a alguien que no sea Dios. Un ídolo se convierte en una fuente de algo para nosotros. Esto no es exagerar para decir que todos deberían dejar sus empleos porque tienen que confiar en que Dios les provee en vez de su jefe. Pero tenemos que reconocer que Dios provee mediante nuestro empleo.

Vemos que Dios provee amor mediante nuestra familia, y les amamos a cambio, pero reconocemos y honramos a Dios como la fuente. Más importante aún, honramos a Dios como la fuente de nuestra vida y, como tal, rechazamos decisiones que nos apartan de Él.

Espero que ahora estés empezando a entender que la idolatría es mucho más que postrarse ante estatuas. Pídele a Dios que te muestre dónde tiene influencia la idolatría en tu ciudad o comunidad, y después intercede por esas áreas. Ora para que Dios haga brillar la luz de su verdad en esos lugares, que envíe a sus hijos allí como su luz, y que Él sea conocido como Señor de todo.

13

¡KRIPTONITA!

Volvamos a repasar brevemente lo que hemos cubierto en los capítulos anteriores.

El corazón de la idolatría no son estatuas, figuritas, altares o templos. Estas cosas son solo subproductos de un problema más profundo. Idolatría es la humanidad poniendo a un lado lo que Dios quiere claramente, a fin de satisfacer deseos o anhelos que son contrarios a los deseos de Él.

Una visión torcida de Dios es la consecuencia de esta codicia. Por consiguiente, si alguien practica la idolatría, Dios se retira y los entrega a su naturaleza caída para que hagan cosas vergonzosas provenientes de sus deseos naturales corruptos. Disfrute, placer y ocupación gravitan hacia lo que al final produce muerte en vez de vida.

El escenario no es distinto para el creyente. Un cristiano participa de la idolatría cuando él o ella menosprecia lo que Dios ha revelado claramente, para obtener un fuerte deseo. Así, en esencia, la idolatría es una *desobediencia a sabiendas* de la voluntad de Dios. Es distinto a cuando un creyente *cae en pecado* y se arrepiente. La idolatría ocurre cuando un creyente *se entrega al pecado*. Ese hombre o mujer ha elevado su deseo por encima de la voluntad de Dios y ha formado un ídolo.

La idolatría es *kriptonita espiritual*.

Si miramos atrás y meditamos en los varios ejemplos tratados en capítulos anteriores, llegaremos a la conclusión de que las ofensas tenían esas características. A Acán se le dijo claramente que todo lo que se tomara de Jericó debía ser dedicado al Señor. Sin embargo, cuando fue sorprendido, confesó: *"Pues vi entre los despojos… lo cual codicié y tomé"* (Josué 7:21 RVR 60). La Nueva Traducción Viviente lo dice con estas palabras: *"Los deseaba tanto"*.

Lo que Acán quería fue más importante para él que lo que Dios requería. Le faltó temor santo y desobedeció a conciencia. Su pecado intencional no fue otra cosa que *idolatría*, o lo que hemos identificado como *kriptonita espiritual*. Su idolatría no solo trajo juicio sobre él y su familia, sino que también afectó a la comunidad. Israel se debilitó, y ya no pudo vencer a otras naciones.

La iglesia en Corinto frecuentemente satisfacía sus propios deseos carnales menospreciando con ello lo que Dios les había revelado. De hecho, Pablo escribe: *"porque todavía están bajo el control de su naturaleza pecaminosa"* (1 Corintios 3:3). Tenían celos, estaban divididos, tenían disputas entre ellos, cometían adulterio y lo pasaban por alto, se demandaban unos a otros, y cuando se juntaban para participar de la cena del Señor, realmente no era para recordar a Jesús. Se trataba de satisfacer sus apetitos carnales; al hacer de esto su enfoque, desobedecían conscientemente las instrucciones divinas. Por eso finalmente Pablo escribe: *"Así que, mis amados hermanos, cuando se reúnan para la Cena del Señor, espérense unos a otros. Si de veras tienen hambre, que cada uno coma en su casa, a fin de no traer juicio sobre ustedes mismos cuando se reúnan"* (1 Corintios 11:33-34). Debido a su codicia (idolatría), muchos eran débiles, estaban enfermos y morían prematuramente. No estaban viviendo como embajadores del cielo.

Lo mismo es cierto de las personas a las que escribe Santiago. Había celos amargos entre ellos, motivados por ambiciones egoístas, y reñían y peleaban. Santiago destacó: *"codiciáis, y no tenéis"* (Santiago 4:2 RVR 60). De nuevo, vemos a creyentes practicando el pecado para satisfacer sus deseos egoístas. Se les llamaba "adúlteras" porque habían caído en la idolatría.

No era porque habían construido estatuas, figuritas, templos o altares. Aunque no se menciona, la kriptonita espiritual que ellos toleraban es muy probable que fuera lo que les impedía vivir sobrenaturalmente.

La idolatría no es meramente pecado; es pecado *intencional* o *consciente*. En esencia, lo que consideramos importante, lo poseeremos o lo haremos a pesar de lo que Dios haya dicho al respecto.

Así es como empezó todo en el huerto. Adán y Eva codiciaron algo que les parecía ser bueno, beneficioso, rentable, agradable y que les haría sabios. Desobedecieron deliberadamente lo que Dios había dicho de forma muy clara.

Una vez que hemos escogido este curso de acción, el engaño se ha colado. Ahora creemos plenamente que seguimos estando bien con Dios, cuando en realidad no lo estamos. Dios entonces tendrá que enviarnos un mensajero, un apóstol, un profeta, un pastor o un amigo que nos ame y se preocupe lo suficiente como para decir la verdad. Incluso haciendo esto, cuando el engaño ha construido ya una fortaleza, y aunque se puede derribar, es difícil ser libre. El primer capítulo de Romanos afirma que quienes participan de este tipo de conducta *"detienen la verdad con su perversión"* (versículo 18). La verdad acerca de Dios y sus caminos queda retenida, así que ahora es más difícil percibir y entender. Por consiguiente, los que participan *"comenzaron a inventar ideas necias sobre Dios. Como resultado, la mente les quedó en oscuridad y confusión. Afirmaban ser sabios pero se convirtieron en completos necios"* (Romanos 1:21-22). La verdad ahora es esquiva, y se forman otras enseñanzas de Dios alternativas o pervertidas que respaldan el pecado y representan mal el camino de la vida.

Esto no se diferencia en nada para un creyente que cae en idolatría. Escuchemos lo que dice Santiago: *"Pero sed hacedores de la palabra, y no tan solamente oidores, engañándoos a vosotros mismos"* (Santiago 1:22 RVR 60).

Cuando oímos claramente la Palabra de Dios y no la obedecemos, algo nos sucede: un velo llamado "engaño" cubre nuestro corazón. Ahora creemos plenamente que nuestra idea acerca de Dios, de Jesús y de su reino es correcta, pero en realidad no estamos en sincronía con Dios. La palabra "engaño" se define como "hacer que se acepte como verdadero o válido algo que es falto o inválido" (*Merriam-Webster*). No sé si eso pone un temor saludable en ti como a mí me sucede, pero espero que así sea. La obediencia intencional no es algo que podamos tomarnos a la ligera.

Nos engañamos a nosotros mismos si decimos que podemos ignorar estas advertencias del Nuevo Testamento porque todo está cubierto por la gracia de Dios, su perdón y amor. Recuerda que el mismo Dios que revela su gracia, perdón y amor en el Nuevo Testamento es el que revela los peligros de practicar la desobediencia.

No podemos escoger de las Escrituras lo que nos gusta, e ignorar o incluso deshacernos de lo que no nos gusta. Esta mentalidad en sí es engaño. Debemos aceptar todo el consejo de la Palabra de Dios. Tristemente, en la actualidad estamos experimentando una epidemia de verdad ignorada en la iglesia actual. No es porque Dios esté reteniendo su verdad, sino por la constante idolatría que se produce en la iglesia.

Santiago continúa diciendo:

> Pues, si escuchas la palabra pero no la obedeces, sería como ver tu cara en un espejo; te ves a ti mismo, luego te alejas y te olvidas cómo eres. (Santiago 1:23-24)

Las personas que oyen la Palabra de Dios y no la obedecen olvidarán quiénes son en Cristo. Se comportarán de una forma en la iglesia, en un grupo pequeño o una conferencia, donde la Palabra de Dios se proclama, pero saldrán de esos lugares y actuarán exactamente igual que alguien del mundo. La Palabra de Dios es el espejo, así que cuando están frente a él se comportan en consonancia. Por consiguiente, tenemos que encontrar alguna enseñanza torcida para explicar por qué está bien no comportarse de una manera distinta a la del mundo. Quizá digamos: "Bueno, los cristianos realmente somos igual que los incrédulos, con la única diferencia de que nuestros pecados han sido perdonados". O decimos: "Dios sabe que tenemos una naturaleza caída y que nunca en esta vida seremos capaces de caminar en santidad externa. Por eso nos ha cubierto con su gracia".

Podemos encontrar apoyo en las Escrituras en lugares aislados del Nuevo Testamento que parecen afirmar esas cosas, pero tenemos que desechar muchos otros que realmente creen en esta teología errónea.

Tenemos que decidir:

- ¿Realmente queremos vivir en la ciénaga del pecado?

- ¿Queremos que los efectos de la kriptonita mermen nuestra fuerza como embajadores sobrenaturales de Dios?

- ¿Deseamos habitar muy por debajo de aquello para lo que hemos sido creados por aferrarnos a esas enseñanzas engañosas?

- ¿Queremos meramente vivir sin diferencia alguna a alguien del mundo y al final tan solo escapar de esta vida e ir al cielo?

- ¿O queremos ver avanzar el reino de Dios, cumpliendo la visión del glorioso templo postrero (la iglesia) que vimos hace unos cuantos capítulos?

Al aceptar la kriptonita perdemos nuestro vigor, vitalidad, poderes de otro mundo, y la capacidad de poner el mundo patas arriba. En esencia, suprimimos la verdad. La retenemos y ocultamos a Jesús ante el resto del mundo. Por eso Pablo finalmente implora a los corintios:

> *Piensen correctamente. Despierten a la santidad de la vida. Dejen de ser incoherentes con los hechos de la resurrección. La ignorancia de Dios es un lujo que no se pueden permitir en tiempos como estos. ¿No están avergonzados ya de haber dejado que algo así viva entre ustedes todo este tiempo?* (1 Corintios 15:34 MSG, traducción libre)

Le está diciendo a esta iglesia que tienen la capacidad de vivir como Jesús; sin embargo, siguen permitiendo la idolatría. Siguen creyendo que con tal de aferrarse a lo que es importante para ellos merece la pena ignorar la verdad revelada de la Palabra de Dios. Han sido incoherentes con la Palabra de Dios, han suprimido la verdad en sus propias vidas, y como resultado están incapacitados, no tienen poder y no están cambiando su sociedad.

Es trágico en muchos niveles, pero lo peor es que los perdidos y los que rodean a estos idólatras no tienen una buena representación de Jesús. En la versión Reina-Valera 60 este versículo aparece así: *"Velad debidamente, y no pequéis; porque algunos no conocen a Dios; para vergüenza vuestra lo digo"*. Pablo le está diciendo a esta iglesia: "Ustedes son el único Jesús al que verán los perdidos de Corinto. Si no ven la evidencia del poder de su resurrección y su naturaleza en ustedes, no lo verán en ningún otro lugar. ¿Por qué han suprimido la verdad, no solo para ustedes mismos y para la iglesia, sino también para los incrédulos de su comunidad?".

Cuando estamos sincronizados con Dios, estamos en armonía con la vida misma.

¿Te has preguntado por qué los perdidos que tenemos a nuestro alrededor no son atraídos a nosotros, o si lo son es porque les atrae algo incorrecto? ¿Están encantados solo por nuestro humor, nuestros caminos astutos, nuestra diversión relevante, nuestro entretenimiento o nuestra música? ¿O principalmente ven a un Rey poderoso en nosotros y entre nosotros? Piensa en la iglesia primitiva; eran constantemente identificados como "dioses" y se veían forzados a postrarse y básicamente clamar: "¡No lo somos! Somos hijos del Dios Altísimo".

Pedro tuvo que decir seriamente a un oficial del ejército romano: *"Levántate, pues yo mismo también soy hombre"* (Hechos 10:26 RVR60).

Pablo tuvo que gritar a todos los ciudadanos de Listra: *"¡Qué están haciendo! ¡Nosotros no somos dioses!"* (Hechos 14:14-15 MSG, traducción libre)

En Malta, los ciudadanos *"¡llegaron a la conclusión de que él* [Pablo] *era un dios!"* (Hechos 28:6 MSG, traducción libre).

El "noticiero de la noche" en Tesalónica informó: *"Estos que trastornan el mundo entero también han venido acá"*. (Hechos 17:6 RVR 60).

Los ciudadanos de Jerusalén decían: *"toda la gente los tenía en alta estima"* (Hechos 5:13).

Estos reportes no estaban en Corinto, y tampoco están en nuestra sociedad occidental. ¿Es debido a que nos hemos conformado con la kriptonita? Creo que nos hemos conformado con el equivalente a un iPhone roto que no puede mandar mensajes. Preferiríamos que nos dijeran que el teléfono está roto para siempre, para poder aceptar que tenemos que sobrevivir sin él.

Yo no soy alguien que se conforma. Yo no quiero perder la vitalidad, vida, fortaleza, salud y capacidad que Dios da para mostrarle al mundo perdido a un Salvador y Rey que vive. Creo que hay muchos que están cansados de meramente existir, de meramente sobrevivir.

Siento una urgencia divina, una comisión de parte de Dios de escribirte esto. Es para ti si no estás satisfecho con vivir en la suciedad, la cochambre y los desperdicios de este mundo actual. Es para ti si deseas una vida superior, la vida resucitada.

Dios tu Padre lo quiere para ti; no, ¡Él está *apasionado* porque tú vivas esta vida superior! Él quiere que experimentes su naturaleza divina y su poder más de lo que tú mismo lo deseas.

Dios no nos está reteniendo. Si nos hemos quedado atrás, es debido a nuestra propia idolatría.

❙❙❙

Según avanzamos, veremos con más detalle el engaño que ha cegado a tantos en la iglesia moderna. Veremos que lo que hemos aceptado como un cristianismo normal no es normal según los estándares del cielo.

Tenemos un llamado, un destino y una cita con la grandeza que nos espera. Es tiempo de sacudirnos nuestra desobediencia y letargo, y vestirnos con la grandeza, gloria, majestad y el poder, en Jesucristo.

PONTE EN ACCIÓN

La idolatría comienza cuando endurecemos nuestro corazón a lo que Dios dice. Esta es la raíz de toda idolatría. Es por lo que Dios le dijo a Israel que rasgaran su corazón y no sus túnicas. Dios no quería un arrepentimiento superficial que no tocara la raíz del problema: sus corazones duros que ya no oían ni prestaban atención a su voz.

Deuteronomio 8 nos dice que esta fue la razón por la que Dios disciplinó a Israel, para que supieran que el hombre no vive solo de pan, sino de toda palabra que sale de la boca de Dios. Vivir de las palabras de Dios, hacer de su voz la fuente de nuestra vida, es lo que nos guarda de la idolatría y nos impulsa hacia la vida poderosa que Él nos llama a vivir.

¿Qué papel tiene la voz de Dios en tu vida? ¿Cuándo fue la última vez que buscaste su opinión con respecto a tus decisiones? Cuando oras, ¿es un monólogo tuyo o es una conversación? Toma tiempo en este momento para invitar a Dios a tener una conversación contigo. Quédate quieto y escucha su voz. Interactúa con Él, y cuando termines, anota lo que Él te dice.

14

PECADO

Pecado. ¿Nos atrevemos a abordarlo hablando sobre él? ¿Es demasiado polémico? Sin embargo, ¿por qué no íbamos a querer ser conscientes de nuestro enemigo para poder tomar las medidas apropiadas con el fin de dominarlo?

Pecado es una palabra que muchas veces se ha usado a la ligera o incluso se ha evitado en conversaciones o mensajes, debido al dolor que puede haber causado por acusaciones, enseñanzas o predicaciones legalistas. Así que veámoslo a la luz de las Escrituras.

> *Son sus pecados los que los han separado de Dios.* (Isaías 59:2)

La palabra hebrea para "pecados" es *awon*. Es una de las cuatro palabras principales para referirse al pecado en el Antiguo Testamento. Sin embargo, según el WSOTDICT, esta palabra "indica aquel pecado que es particularmente malo, ya que conlleva muy claramente la idea de torcer o pervertir deliberadamente". Es el pecado *intencional* o como lo hemos llamado, *kriptonita espiritual*, y nos separa de Dios. Nos separa de las virtudes divinas que son necesarias para vivir una vida recta. Cuando cometemos pecado sin mostrar dolor, hemos caído en la idolatría y nos hemos convertido en adúlteras. Nos hemos puesto en enemistad contra Dios.

La palabra del Nuevo Testamento para "pecado" es *hamartia* (el verbo que la acompaña es *hamartano*). Estas dos palabras se usan con más frecuencia en el Nuevo Testamento para identificar el pecado. El WSNTDICT dice que alguien que comete *hamartia* se "pierde el verdadero fin y mira de nuestra vida, que es Dios".

¡Deja de leer por un momento y piensa en esto! Cuando pecamos, básicamente nos salimos del trazado del que (en nuestro sano juicio) nunca quisiéramos desviarnos. Nos desviamos de la Fuente de toda vida, perdiéndonos el gozo, la paz, sabiduría, satisfacción, el contentamiento, la provisión y mucho más... la lista es casi interminable.

Muchos maestros definen el pecado como *errar el blanco*. Esto es preciso; sin embargo, cuando consideras la definición básica que acabo de presentar, ¿piensas que "errar el blanco" describe adecuadamente la seria naturaleza del pecado?

Hay otros términos usados para las distintas variaciones de pecado en el Nuevo Testamento, como iniquidad, transgresión, injusticia y violación. Sin embargo, no es mi intención hacer un estudio de cada uno de ellos, sino profundizar en los principales aspectos del pecado y su poder para seducir a las personas apartándolas de la fuente de la vida verdadera.

El pecado ataca nuestra vitalidad, amor, fortaleza, facultades mentales, pasión y propósito. No nos equivoquemos: el pecado es dañino y perjudicial. Sin duda puede parecer agradable, pero solo por un rato. En esencia, cometer pecado es cambiar algo positivo a corto plazo por algo negativo a largo plazo, porque cuando se acaba el pecado nos clava un aguijón con consecuencias de muerte a largo plazo. Nuestra carne tiende a él, pero como nuevas criaturas en Cristo que poseemos la naturaleza de Dios, internamente no tenemos deseo de él y podemos resistir su atracción.

Dios le dijo a Caín: *"El pecado está a la puerta, al acecho y ansioso por controlarte; pero tú debes dominarlo y ser su amo"*. (Génesis 4:7) Observa que hay una puerta por la que entra el pecado en la vida de una persona. Esa puerta se llama "deseo", y Santiago escribe: *"de esos deseos nacen los actos pecaminosos"* (Santiago 1:15). Esta puerta está abierta o cerrada según las decisiones que tomemos con respecto a los deseos. El pecado está ansioso por controlarnos. Él también tiene un deseo, y su deseo es hacernos esclavos. Jesús nos advierte: *"De cierto, de cierto os digo, que todo aquel que hace pecado, esclavo es del pecado"* (Juan 8:34 RVR 60).

Pablo construye sobre las palabras de Jesús para nosotros los creyentes: *"¿No se dan cuenta de que uno se convierte en esclavo de todo lo que decide obedecer? Uno puede ser esclavo del pecado, lo cual lleva a la muerte, o puede decidir obedecer a Dios, lo cual lleva a una vida recta"* (Romanos 6:16). Y por si eso no fuera suficiente, Pedro también se une con respecto al pecado que se practica: *"porque uno es esclavo de aquello que lo controla"* (2 Pedro 2:19). La esclavitud no es algo divertido y el pecado es un amo horrible. No es algo en lo que debamos aventurarnos, sino que hemos de considerarlo mortal. Solo conduce a deseos más fuertes, y nos dirige hacia aquello que a largo plazo será dañino para nosotros.

El pecado no es obvio en su intención de esclavizarnos. Es engañoso y nos controla endureciendo nuestro corazón (ver Hebreos 3:13), haciendo difícil sentir y oír la guía del Espíritu. El pecado nos lleva por mal camino hacia la dañina idolatría. Recuerda que Dios se le apareció a Salomón dos veces. ¡Te imaginas eso! Sin embargo, él adoró a falsos dioses después en su vida. Quizá pienses: *¿Cómo puede alguien que ha visto a Dios acudir a dioses falsos?* La respuesta es mediante el engaño. Si pudo ocurrirle a Salomón que vio a Dios, ¡cuán fácilmente les puede ocurrir a aquellos que no han visto a Dios!

El pecado no es algo con lo que debamos jugar. Es muy poderoso y puede cambiar un corazón rápidamente. Lo que más asusta de esto es que en un estado de endurecimiento, nuestro corazón es engañado y creemos que estamos bien cuando en realidad no lo estamos. Ahora estamos cegados a nuestra propia depravación. No te creas nunca esta mentira: "Estoy cubierto por la gracia; si peco, al final me irá bien". Esta actitud está jugando con fuego. Permíteme explicarme.

El pecado intencional conduce al pecado habitual

El pecado intencional se convierte al final en pecado habitual. Así es como se produce este proceso. Cuando desobedecemos por primera vez, nuestra conciencia nos habla. Por lo general no es una voz, sino más bien un sentimiento incómodo. Nuestro corazón está gritando en un lenguaje no verbal: "Has errado el blanco, te has desviado del camino de la vida, ¡y deberías corregir tu curso arrepintiéndote y pidiendo perdón!". Si en ese momento abandonamos nuestro pecado mediante un arrepentimiento genuino, nuestro corazón queda limpio y seguimos estando sensibles a la voz del Espíritu. En las Escrituras se nos dice: *"Los que encubren sus pecados no prosperarán, pero si los confiesan y los abandonan, recibirán misericordia".* (Proverbios 28:13)

Sin embargo, si ignoramos la voz de nuestra conciencia, el velo (tratado en el capítulo anterior) cubre nuestro corazón. Ahora, cuando volvemos a desobedecer, no tenemos un sentimiento tan incómodo. Más bien es una voz pequeña, un "pellizquito de incomodidad" en nuestro interior, por así decirlo. Es más difícil escuchar porque nuestra conciencia se ha vuelto más insensible. Sin embargo, aún podemos pedir perdón y ser restaurados, si verdaderamente tuvimos un cambio de mente y de corazón hacia el pecado cometido.

Pero si seguimos ignorando esa vocecita de convicción en nuestra conciencia, entonces viene otro velo sobre nuestro corazón, y nuestra capacidad para percibir se debilita aún más. Cuando desobedecemos la Palabra de Dios, ahora solo hay un puntito de descontento muy suave en nuestro interior. Es mucho más difícil oír porque nuestra conciencia está a un paso de quedarse totalmente insensibilizada. Aún podemos pedir perdón y ser restaurados si verdaderamente cambiamos nuestra mente y nuestro corazón con respecto al pecado, pero es muy difícil percibir nuestro error.

Si de nuevo ignoramos esa débil voz de convicción, aún otro velo viene y cubre nuestro corazón. Si este proceso continúa, nuestra conciencia finalmente se queda cauterizada o ciega a nuestra idolatría. Traspasamos los sentimientos y nos quedamos totalmente insensibles al Espíritu. Ahora podemos pecar regularmente sin ningún sentimiento de convicción. Estamos en el estado de *practicar* el pecado. Aún podemos recibir el perdón y ser restaurados; sin embargo, tendremos pocos deseos de hacerlo, porque ya no vemos nuestro pecado como pecado.

El siguiente paso es que Dios nos enviará un profeta, un pastor o un amigo para alcanzarnos. Si no escuchamos al mensajero, entonces el siguiente paso que Dios usa para llegar hasta nosotros son las circunstancias difíciles, los problemas, incluso la aflicción para conseguir llamar nuestra atención. David declara: *"Antes que fuera yo humillado, descarriado andaba; mas ahora guardo tu palabra"* (Salmos 119:67 RVR 60).

Seamos sinceros: la mejor forma de que aprendamos de Dios es mantenernos obedientes a lo que Él nos revela, alejarnos del pecado. Pero si no lo hacemos, Él nos ama tanto que usará pruebas para enseñarnos y ponernos de nuevo en el camino de la vida. En la *Nueva Traducción Viviente*, las palabras de David son estas: *"Yo solía desviarme, hasta que me disciplinaste; pero ahora sigo de cerca tu palabra"*.

Si revisamos de nuevo las palabras de Pablo a los corintios, veremos la misma descripción del intento divino de atraernos de nuevo. Él dice a la iglesia en Corinto: *"Sin embargo, cuando el Señor nos juzga, nos está disciplinando para que no seamos condenados junto con el mundo"* (1 Corintios 11:32). Dios espera que nuestra dificultad, aflicción o problema que Él nos está permitiendo sufrir capte nuestra atención para que nos alejemos del camino de la muerte para volver al camino de la vida.

Vemos este mismo concepto cuando el apóstol Pablo habla del hombre que estaba durmiendo con su madrastra. Él dice: *"Entonces deben expulsar a ese hombre y entregárselo a Satanás, para que su naturaleza pecaminosa sea destruida y él mismo sea salvo el día que el Señor vuelva"* (1 Corintios 5:5). Este padre de la iglesia, al decir *"deben expulsar a ese hombre"*, estaba dando esta directriz no solo para proteger a la iglesia en Corinto de la corrupción de este pecado de rápida propagación, sino también por causa del hombre que estaba en pecado.

Dios ama a sus hijos profundamente. Por eso intentará llegar hasta nosotros de varias formas dependiendo de dónde estemos con respecto a la esclavitud del pecado. En esencia, Él prioriza la realidad de lo que es mejor para nuestra vida antes que nuestra actual comodidad.

En el libro de Hebreos, hay una frase que trae mucha luz en cuanto a la operación del pecado:

> *Quitémonos todo peso que nos impida correr, especialmente el pecado que tan fácilmente nos hace tropezar.* (Hebreos 12:1)

Observa estas palabras, *"que tan fácilmente nos hace tropezar"*. El pecado que a mí me hace tropezar, puede que sea un pecado que a ti no te haga tropezar. Para mí no era la borrachera, la avaricia, la drogadicción, los chismes u otros pecados obvios. Era la pornografía. Esa fue la mayor batalla de mi vida, y compartiré en un capítulo posterior cómo en 1985 finalmente fui libre de este capataz tan cruel. El punto importante aquí es que deberíamos saber a qué tentaciones somos más susceptibles, y debemos hacer lo que sea necesario para cortar su oportunidad. Jesús lo dijo de esta forma:

> *Si tu mano te fuere ocasión de caer, córtala; mejor te es entrar en la vida manco, que teniendo dos manos ir al infierno, al fuego que no puede ser apagado… Y si tu pie te fuere ocasión de caer, córtalo; mejor te es entrar a la vida cojo, que teniendo dos pies ser echado en el infierno, al fuego que no puede ser apagado… Y si tu ojo te fuere ocasión de caer, sácalo.* (Marcos 9:43, 45, 47 RVR 60)

Jesús no está diciendo que de forma literal te cortes la mano o el pie o te saques el ojo. Lo que está comunicando aquí es que debemos eliminar la oportunidad de los pecados que fácilmente nos hacen tropezar.

Tengo muchos amigos que antes eran alcohólicos, y tuve el privilegio de ayudar a uno de ellos a salir de su adicción. Él rehúsa incluso dar un sorbito de vino, y ahora tiene mucho cuidado de mantenerse alejado de cualquier entorno que promueva la bebida. Mi amigo sabe que esta es un área de pecado que fácilmente puede esclavizarle. Es sabio al someterse a las palabras de Cristo de eliminar cualquier oportunidad de quedar esclavo.

Por otro lado, antes de ser cristiano, durante mis años universitarios bebía y me emborrachaba con mis colegas de la fraternidad y mis amigos. Sin embargo, una Navidad estaba en un bar y mis amigos se emborracharon tontamente. Cuando llegué a casa a las 12:30 de la noche tras dejar a mis amigos borrachos en sus casas, descubrí que mi madre me estaba esperando despierta. Le dije lo que ocurrió esa noche, y después le dije repentinamente con un tono muy resuelto: "Mamá, ni siquiera me gusta beber".

Ella se rió y dijo: "Eres todo un Bevere".

En ese momento me di cuenta de que no había visto a mi padre borracho ni un solo día en toda su vida. La borrachera no estaba presente en su familia, y ese no era un pecado que hacía tropezar fácilmente a los Bevere, aunque había otros pecados que sí lo hacían. Estos son los pecados a los que debemos cortar toda oportunidad que pueda darles entrada en nosotros.

El escritor de Hebreos después añade:

> ¿Acaso olvidaron las palabras de aliento con que Dios les habló a ustedes como a hijos? Él dijo: «Hijo mío, no tomes a la ligera la disciplina del Señor y no te des por vencido cuando te corrige. Pues el Señor disciplina a los que ama y castiga a todo el que recibe como hijo». (Hebreos 12:5-6)

El Señor nos disciplina cuando participamos del pecado. Repasemos brevemente su proceso: el primer paso es corregirnos con su Palabra mediante la convicción en nuestro corazón. Si no escuchamos, permitiendo con ello que el velo cubra nuestra conciencia, entonces la convicción vendrá mediante un amigo, pastor o profeta. Si aun así no escuchamos, Él usará adversidad, dificultad o aflicción.

Piensa en esto: ¿por qué escribió en el versículo de arriba *"no te des por vencido"* cuando Dios disciplina, lo cual debe ser difícil? Escucha lo que viene después:

> Pero la disciplina de Dios siempre es buena para nosotros, a fin de que participemos de su santidad. Ninguna disciplina resulta agradable a la hora de recibirla. Al contrario, ¡es dolorosa! Pero después, produce la apacible cosecha de una vida recta para los que han sido entrenados por ella. (Hebreos 12:10-11)

¡Observa que la disciplina es dolorosa! No hay forma de paliar esto; Dios no tiene miedo de usar la *"vara de la corrección"* con sus hijos. Así que piensa en lo estúpidos que somos al escoger seguir deseos contrarios a Dios. Piensa en ello: podemos gozar de tener mucho menos dolor manteniéndonos limpios de pecado, en vez de disfrutar de su placer por un tiempo corto.

El Espíritu de Dios estaba acercándose a los corintios mediante el apóstol Pablo, incluso al hombre que estaba cometiendo adulterio con la mujer de su padre. Dios continúa haciendo lo mismo con la esperanza de hacernos volver al camino de la vida para que podamos ser participantes de su santidad. No hay atajos en esto. Podemos disfrutar de la plenitud de vida siendo obedientes a la Palabra de Dios, o podemos escoger desviarnos hacia la idolatría, el pecado intencional (kriptonita espiritual) que produce mucho dolor y sufrimiento a largo plazo.

PONTE EN ACCIÓN

Por naturaleza, el pecado es engañoso. Nos engaña sobre lo gratificante que será el pecado. Nos engaña sobre lo mucho que nosotros controlamos el pecado, en vez de entender lo mucho que nos controlará él a nosotros si permanecemos en él. Pero lo más importante de todo, *el pecado nos engaña porque nos distrae de la verdadera gloria a la que estamos llamados a vivir y nos impide experimentar una relación vibrante con Cristo.*

Pero si estamos llenos de una visión de lo que Dios hace posible que tengamos en nuestra vida, poder, eficacia sobrenatural, libertad e intimidad con Él, y mucho más, eso nos ayuda a reconocer el pecado por el engaño que es.

Pídele a Dios que te muestre cualquier área de tu vida donde hayas comenzado a perder la visión para la vida que Él desea darte, áreas en las que quizá el pecado y las concesiones puedan estar empezando a parecerte más atractivos. Permítele que te muestre una visión nueva de esas áreas de tu vida y escribe lo que Él te muestre.

EFECTOS DE LA KRIPTONITA

SECCIÓN 3

15

LA FUERZA DEL PECADO (PARTE 1)

En el Antiguo Testamento, Caín fue advertido: *"¡ten cuidado! El pecado está a la puerta, al acecho y ansioso por controlarte; pero tú debes dominarlo y ser su amo".* (Génesis 4:7) El mismo escenario es cierto para cualquier ser humano. El pecado nos desea; quiere esclavizarnos y controlarnos para poder expresarse. El pecado es un enemigo engañoso, seductor y poderoso.

Entonces, ¿cómo dominamos el pecado? La respuesta es mediante la obediencia a la voluntad, la Palabra y los caminos de Dios. Mira de nuevo lo que le dice Dios a Caín justo antes de Génesis 4:7: *"Serás aceptado si haces lo correcto, pero si te niegas a hacer lo correcto, entonces, ¡ten cuidado! El pecado está a la puerta, al acecho".* La obediencia genuina le cierra la *puerta del deseo* al pecado.

Recuerda las palabras de Pablo a los creyentes (ten en mente que es el hombre que recibió la revelación más profunda de la gracia de Dios):

> *¿No se dan cuenta de que uno se convierte en esclavo de todo lo que decide obedecer? Uno puede ser esclavo del pecado, lo cual lleva a la muerte, o puede decidir obedecer a Dios, lo cual lleva a una vida recta.* (Romanos 6:16)

Las palabras de Pablo son similares a lo que se le dijo a Caín. Sin embargo, hay una gran diferencia. En el Antiguo Testamento, los espíritus de las personas estaban muertos. No había una fuerza viva fluyendo desde su ser interior. En el Nuevo Testamento y ahora, el espíritu en una persona que cree en Jesús está vivo; son uno con Dios y poseen su naturaleza divina. Por lo tanto, podemos escoger obedecer a nuestro ser interior, nuestro espíritu, o podemos escoger obedecer a nuestra persona exterior, nuestra carne.

La gracia de Dios también entra en juego; no solo nos salva y perdona, sino que también nos fortalece para obedecer la verdad. Se nos exhorta: *"Tengamos gratitud, y mediante ella sirvamos a Dios agradándole con temor y reverencia"* (Hebreos 12:28 RVR 60). La gracia nos capacita para obedecer a Dios.

Pedro escribe: *"Que Dios les dé cada vez más gracia… Mediante su divino poder (gracia), Dios nos ha dado todo lo que necesitamos para llevar una vida de rectitud"* (2 Pedro 1:2-3). En ambos versículos, y muchos otros en el Nuevo Testamento, la gracia se describe como una fuerza capacitadora. Tenemos una nueva naturaleza vigorizada por su don de la gracia. Esto no estaba disponible para Caín ni para ninguna persona del Antiguo Testamento.

Entonces, ¿por qué hay tantos creyentes que no tienen éxito en dominar el pecado? Es importante recordar que podemos tener poder, pero si no lo usamos no nos beneficiaremos de él. Dios nos da a todos la capacidad de escoger, y Él no anulará nuestras decisiones. Así, cuando cualquier cristiano desobedece a Dios, el pecado toma la delantera en los creyentes. ¿Por qué permitiría alguien esto? Solo puede ocurrir si el pecado convence al creyente de que algo deseado es más beneficioso que obedecer a Dios, y por esta razón Pablo escribe:

> *Y el poder del pecado, la ley.* (1 Corintios 15:56 RVR 60)

Esta es una frase cargada y, quizá, sorprendente: la *ley* le da al pecado su poder sobre una persona. A primera vista quizá pienses: *¡Yo no estoy bajo la ley de Moisés!* Cierto, sin embargo es importante notar que no cada vez que se menciona la palabra "ley" en las Escrituras hace referencia a la Ley de Moisés. Santiago habla sobre la *"ley suprema"* (ver Santiago 2:8), lo cual habla de amar a nuestro prójimo. Está la *"ley de Dios"* (ver Romanos 8:7 y Hebreos 8:10) que está escrita en los corazones de los creyentes. Está la *"ley de Cristo"* (ver Gálatas 6:2), que se cumple llevando las cargas los unos de los otros, y está la *"ley de la libertad"* (ver Santiago 2:12 RVR 60), por la cual seremos juzgados. Y existen incluso más de estas "leyes". Pablo no está hablando de ninguna de estas leyes o de la Ley de Moisés en 1 Corintios 15:56.

Entonces ¿a qué *ley* se está refiriendo Pablo que le da al pecado su poder sobre un creyente? Permíteme ilustrarlo antes de identificarlo. Estos son algunos de los típicos pensamientos o frases dichas por alguien bajo la ley que Pablo menciona: "No debería ver esta película, porque contiene desnudos y groserías". O "Tengo que diezmar". O "No debería mirar a esa mujer que lleva la ropa muy ajustada".

¿Qué tipo de *ley* identifican estas frases? Una persona que dice esas cosas u otras parecidas es alguien que está restringido por la Palabra de Dios, en lugar de ser su delicia. Él o ella ve la Palabra de Dios como restrictiva o coercitiva, que son antítesis de las palabras del salmista: *El hacer tu voluntad, Dios mío, me ha agradado, y tu ley está en medio de mi corazón"* (Salmos 40:8 RVR 60). La persona que está "bajo la ley" no desea apasionadamente *hacer la voluntad de Él* (ver Juan 7:17 RVR 60).

En esencia, esta frase lo resume todo: "Me gustaría… pero la Palabra de Dios dice lo contrario". Y tenemos el ejemplo perfecto de esta actitud en el Antiguo Testamento.

Un profeta que no estaba sincronizado

Balaam era un profeta. Conocía la voz de Dios, y los caminos del Señor no eran extraños para él. El rey de Moab, que también reinaba sobre el pueblo de Madián, era un hombre llamado Balac. Los ciudadanos de todo el ámbito de este rey estaban aterrados porque el pueblo de Israel avanzaba hacia ellos. Los israelitas acababan de saquear Egipto, la nación más poderosa del mundo, y cruzaron el mar Rojo. La economía, agricultura y el ejército de Egipto acababan de ser devastados, además de que cada primogénito de cada familia ahora estaba milagrosamente muerto.

Después de que Israel salió de Egipto, se encontró con la resistencia de los amorreos y también los derrotaron totalmente. Ahora los israelitas estaban acampados en las llanuras de Moab y el pueblo, los líderes y el rey estaban todos petrificados, pensando que Israel les haría a ellos lo que les habían hecho a Egipto y a los amorreos.

El rey Balac se enteró de que había un destacado y poderoso profeta llamado Balaam, y que si él bendecía a alguien le sucedían buenas cosas. Pero si Balaam maldecía a una persona, sin duda alguna quedaba maldecido. El rey Balac envió a sus líderes al profeta Balaam con una ofrenda, diciendo: *"Ven pues, ahora, te ruego, maldíceme este pueblo [los israelitas], porque es más fuerte que yo; quizá yo pueda herirlo y echarlo de la tierra".* (Números 22:6 RVR 60)

Balaam envió esta respuesta a los mensajeros:

> *Reposad aquí esta noche, y yo os daré respuesta según Jehová me hablare. Así los príncipes de Moab se quedaron con Balaam.* (Números 22:8 RVR 60)

Observemos la referencia de Balaam a "Jehová". No estaba consultando a ningún dios extraño pidiéndole dirección, porque era un profeta del único Dios verdadero. El nombre que usó para "Jehová" es *Yahvé.* Este es el nombre de Dios, y los escritores del Antiguo Testamento nunca usaban este nombre para referirse a un dios falso.

¿Con qué frecuencia nos referimos tanto a Jesús como a Dios nuestro Padre como nuestro *Señor?* No estamos hablando de ningún otro que nuestro Creador, Amo supremo y quien dio su vida por nosotros. Balaam también hizo esto.

Observemos con detalle lo que Dios le dijo a Balaam esa noche. Es interesante destacar que ni siquiera esperó a que Balaam le buscase:

Y vino Dios a Balaam, y le dijo: ¿Qué varones son estos que están contigo? (Números 22:9 RVR 60)

El Señor básicamente le estaba diciendo a Balaam: "¿Quiénes son estos hombres para mí? ¡Ellos no tienen ningún pacto conmigo! ¿En serio vienes a preguntarme si deberías ir y maldecir a mi pueblo del pacto? ¿Por qué necesitas orar al respecto? ¿Acaso no es obvio?".

¡Hay algunas cosas por las que no necesitamos orar! Ya sabemos cuál es la voluntad de Dios por lo que Él ha revelado en su pacto escrito. No tienes que orar para saber si deberías reunirte o no con otros cristianos. Dios ya ha dicho: *"Y no dejemos de congregarnos, como lo hacen algunos"* (Hebreos 10:25).

No tienes que orar para saber si das una ofrenda a quienes te ministran, porque las Escrituras dicen: *"Del mismo modo, el Señor ordenó que los que predican la Buena Noticia sean sostenidos por los que reciben el beneficio del mensaje".* (1 Corintios 9:14)

No tienes que preguntar si puedes entablar, o animar a que otros tengan, una relación homosexual. Dios ha lo ha dejado claro:

> *¿No se dan cuenta de que los que hacen lo malo no heredarán el reino de Dios? No se engañen a sí mismos. Los que se entregan al pecado sexual o rinden culto a ídolos o cometen adulterio o son prostitutos o practican la homosexualidad o son ladrones o avaros o borrachos o insultan o estafan a la gente: ninguno de esos heredará el reino de Dios.* (1 Corintios 6:9-10)

No necesitarías preguntarle a Dios si puedes evadir impuestos; eso es robar. O acostarte con tu novio o tu novia antes de casarte; eso es pecado sexual. O comenzar una relación con la esposa de otro hombre; eso es adulterio, y la lista continúa. Tenemos muchos mandamientos en el Nuevo Testamento que ya nos dejan la voluntad de Dios perfectamente clara.

En esencia, Dios siguió diciéndole: "Está bien, Balaam, como no te has enterado bien, o mejor dicho, no *has querido* enterarte bien, te voy a decir claramente cuál es mi voluntad...". *"No vayas con ellos, ni maldigas al pue-blo, porque bendito es".* (Números 22:12 RVR 60)

Aquí no es necesaria ninguna interpretación.

Ahora observemos la respuesta de Balaam al mandato divino:

> *Así Balaam se levantó por la mañana y dijo a los príncipes de Balac: Volveos a vuestra tierra, porque Jehová* **no me quiere dejar ir** *con vosotros.* (Números 22:13 RVR 60)

La mayoría aclamaría a Balaam. Aplaudiríamos su obediencia y diría-mos: "¡Es un buen hermano!". Sin embargo, hay una pista en esta frase que nos debería hacer pensar lo contrario. Observa que dice: *"Jehová no me quiere dejar ir".* No dice: "Jehová me ha dejado claro cuál es su deseo; por lo tanto no iré". Usa las palabras *no me quiere dejar.*

Piensa en este ejemplo. Un grupo de amigos de la escuela secundaria de-cide ir a comprar y después ver una película. Amy le ha pedido permiso a sus padres para ir. Su respuesta fue: "Amy, vamos a tener una reunión familiar esta noche, así que nos gustaría que te quedaras con nosotros".

Los amigos de Amy van a su casa y tocan a la puerta para recogerla. Cuando Amy abre la puerta, ellos dicen: "¿Estás lista?".

La respuesta de Amy, dicha con el ceño fruncido es: "No puedo ir". En otras palabras: *Quiero ir con ustedes, chicos, pero me tengo que quedar en casa para una reunión familiar.* Ella está siendo restringida por los deseos de sus padres de lo que realmente ella quería hacer. Las palabras de sus padres son una *ley* para ella. Eso es exactamente lo que dijo Balaam.

Un trato más dulce

Así que los ancianos de Moab regresaron al rey y reportaron cuál era la respuesta de Balaam. Sin embargo, el rey no se quedó satisfecho y no es-taba dispuesto a aceptar un no por respuesta, así que contraatacó envian-do más ancianos con más honor y una ofrenda mayor que ofrecer por el trabajo de Balaam. Las palabras exactas del rey fueron: *"porque sin duda te honraré mucho, y haré todo lo que me digas; ven, pues, ahora, maldíceme a este pueblo*" (Números 22:16-17 RVR 60).

Si tu vecino de al lado te dice: "Te daré algo que tengo", puede que eso no sea mucho, pero si un rey de toda una nación te hace esa oferta, caramba, es algo enorme.

Cuando yo estaba en el instituto, había un conocido humorista llamado Flip Wilson. Una de sus frases famosas era: "El diablo me hizo hacerlo".

Era divertido y las personas lo repetían a menudo, pero sus palabras no son ciertas. El diablo no puede hacer que un creyente haga nada. Se nos dice claramente: "*sino que cada uno es tentado, cuando de su propia concupiscencia es atraído y **seducido**" (Santiago 1:1 RVR 60). La palabra clave es *seducido*. Eso es lo máximo que el diablo puede hacerle a un creyente. Pero no puedes ser seducido por algo que no desees. Si me pusieras una raya de cocaína delante yo diría: "Aparta eso de mí". No podrías seducirme con eso, porque no tengo el deseo de consumir drogas ilegales.

Pero el diablo es astuto y no es ningún vago. No solo tiene asignados demonios para estudiar tu vida, sino que han estudiado a tu padre y a tu madre, y a sus padres y a sus madres. Él sabe las tendencias débiles de tu línea genealógica cuando se trata de deseo.

Él había estudiado la vida de Balaam y sabía que este profeta tenía un deseo insano de riquezas, recompensas y estatus. Creo que por eso Satanás animó a este rey pagano Balac a hacer una oferta más lucrativa. Pero espera, la respuesta de Balaam a la oferta más significativa fue fuerte:

> *Aunque Balac me diese su casa llena de plata y oro, **no puedo** traspasar la palabra de Jehová mi Dios para hacer cosa chica ni grande.* (Números 22:18 RVR 60)

De nuevo aplaudiríamos la postura firme de Balaam de no desobedecer la Palabra de Dios, incluso cuando se le ofrecía una oferta más sustancial. Sin embargo, de nuevo vemos palabras clave que indican el confinamiento del profeta. Dijo: "No puedo" en lugar de "no quiero". Nada ha cambiado. Aún estaba siendo restringido por la Palabra de Dios, que es ley para él. Su siguiente frase reafirmó esto:

> *Os ruego, por tanto, ahora, que reposéis aquí esta noche, para que yo sepa qué me vuelve a decir Jehová.* (Números 22:19 RVR 60)

¿Qué? ¿Acaso una oferta más lucrativa va a cambiar la opinión de Dios? ¿Es posible que alguien piense que Dios le indicó que dijera "no" la primera vez porque sabía que el rey le ofrecería a Balaam mucho más con los siguientes embajadores? ¡Qué idea tan absurda! ¡Dios no le estaba sugiriendo a Balaam que se esperase hasta recibir una oferta mejor! Así que si Balaam no necesitaba orar por ello la primera vez, ¡mucho menos la segunda vez! Y Dios lo había dejado claro con los primeros embajadores: "No irás con ellos".

Aún así, Balaam decidió orar esa noche. Sin embargo, escucha la respuesta de Dios:

> *Ya que estos hombres vinieron por ti, levántate y ve con ellos, pero solo haz lo que yo te indique.* (Números 22:20)

¡Espera un momento! Dios ahora dice "ve con ellos". ¿Hemos leído correctamente? ¿Qué está pasando? Sorprendentemente, ¡se han cambiado las reglas! Balaam ahora tiene la palabra del Señor de ir con estos príncipes y ancianos de Moab. Así que hace exactamente lo que Dios le dijo. Ensilla su burra, y va con los príncipes de Moab. Es obediente al mandato divino. Sin embargo, mira lo que ocurre después:

> *Y la ira de Dios se encendió porque él iba.*
> (Números 22:22 RVR 60)

¿Qué está pasando? ¿Acaso Dios se ha vuelto loco? Balaam está haciendo exactamente lo que Dios le dijo la noche antes, y sin embargo Dios está enojado con él por hacerlo. ¿Cómo podemos explicar esto?

Hay una respuesta lógica que encontramos en las Escrituras y que es bastante reveladora. Tiene que ver con la idea de que *el pecado recibe su fuerza de la ley*. Descubriremos por qué en el siguiente capítulo.

PONTE EN ACCIÓN

Muchos creyentes necesitan oír este mensaje de esperanza: puedes ser totalmente libre del poder del pecado.

Sí, has leído bien. Es posible que los cristianos estén por encima del pecado. Jesús no murió solo para darte una entrada para el cielo. Cuando murió, te liberó del poder del pecado y de la muerte. El pecado no tiene poder sobre ti, sino que ahora tú tienes poder sobre el pecado.

Esto solo es posible mediante la gracia de Dios, su poder divino para conseguir algo que es imposible en nuestra fuerza humana. Tenemos libre acceso a la gracia y a poseer este poder, pero perdemos sus beneficios si no lo ejercitamos. Una de las formas más comunes en que los creyentes no usan este poder es al no darse cuenta de que lo tienen.

Fortalécete contra el pecado hoy meditando en los versículos que revelan que verdaderamente tienes poder sobre el pecado. Medita en esta verdad hasta que se haga una realidad en ti. Conecta con Dios sobre esto, arrepiéntete de cualquier forma en que le hayas dado poder al pecado sobre ti, y dale gracias por liberarte de ello hoy. Perdónate por tus errores pasados y pídele a Dios que te muestre cómo ve Él tu futuro. Escribe lo que Él te muestre o te diga.

16

LA FUERZA DEL PECADO (PARTE 2)

Sigamos donde lo dejamos en el capítulo anterior, con el profeta Balaam.

Tras recibir el mandato de Dios de no ir con el primer grupo de embajadores de Moab y Madián, Balaam acude de nuevo al Señor con el segundo grupo de representantes, que era más prominente. Tiene la esperanza de recibir una respuesta distinta.

¿Has estado alguna vez en esta situación? ¿Alguna vez sabías en tu corazón lo que Dios te estaba diciendo, pero aún así fuiste a Él en oración con la esperanza de encontrar un cambio en su respuesta? Quizá encubriste el deseo inapropiado diciendo: "Déjame orar por ello" o "Déjame orar por ello una vez más".

No sé tú, pero yo he sido culpable de esto, y compartiré más adelante en este capítulo un par de experiencias tristes que he tenido en esta área.

Balaam codiciaba tanto la ofrenda como el honor de ese rey poderoso, pero no se atrevía a salirse de los "límites" del mandato de Dios. Era lo suficientemente listo para saber que no podría ser bendecido si deliberadamente desobedecía. A veces este conocimiento es suficiente para abrir la puerta a un engaño mayor.

Así que te podrás imaginar la sorpresa de Balaam cuando Dios dice: *"Levántate y ve con ellos".* Balaam quizá pensó: *¡Asombroso! ¡Qué bien que he orado por esto otra vez!*

Así que Balaam se levanta a la mañana siguiente y hace exactamente lo que Dios le había dicho que hiciera la noche anterior, y para nuestro asombro leemos: *"Y la ira de Dios se encendió porque él iba".* (Números 22:22 RVR 60)

¿Qué, acaso Dios se ha vuelto loco? Por supuesto que es una pregunta retórica, porque todos sabemos que la respuesta es: *¡de ninguna manera!* Entonces ¿por qué se enojó Dios? Balaam había hecho exactamente lo que Dios le había dicho que hiciera: ir. Entonces Dios se enoja con él solo por ir. ¿Qué está pasando?

Hay una verdad revelada aquí que muchos no conocen ni entienden, y que a mí me costó años de dificultades hasta que la descubrí:

> *Si realmente deseamos (codiciamos) algo, y Dios ha manifestado su voluntad sobre ese asunto (ya sea mediante su Palabra o en oración) y sin embargo seguimos deseándolo, Dios a menudo nos lo dará, aunque sabe que no será lo mejor para nosotros y que finalmente seremos juzgados por ello.*

Esta afirmación quizá te asombre, pero es cierta. Permíteme demostrarlo con algunos ejemplos bíblicos.

Peticiones cumplidas

Israel quería un rey. Los líderes se acercaron al profeta Samuel y le dieron a conocer su deseo. Dijeron: *"Danos un rey para que nos juzgue así como lo tienen las demás naciones"* (1 Samuel 8:5).

Samuel le preguntó al Señor sobre su petición, y Dios dio una respuesta a los líderes mediante el profeta, advirtiéndoles del porqué tener un rey no sería bueno para ellos. Él les anticipó que el rey reclutaría a sus hijos para el ejército. El rey también tomaría a sus hijos para arar sus campos, recoger su cosecha y hacer armas y equipamiento para él. También tomaría a sus hijas y les obligaría a cocinar, limpiar, hacer perfumes, y otros trabajos. Además, el rey se quedaría con sus mejores campos, viñas, olivares, ganado y ovejas, y se lo daría todo a sus oficiales. Dios después dijo que el pueblo finalmente rogaría ser librado del rey que habían deseado, pero Él no les ayudaría.

Después leemos: *"Sin embargo, el pueblo se negó a escuchar la advertencia de Samuel. —Aun así, todavía queremos un rey —dijeron ellos—. Nuestro deseo es ser como las naciones que nos rodean".* (1 Samuel 8:19-20)

Así que Samuel repitió al Señor lo que el pueblo deseaba con tantas ganas. La respuesta de Dios a Samuel fue contraria a su voluntad. Dijo: *"Haz lo que te piden y dales un rey".* (1 Samuel 8:22) Dios les dio lo que habían codiciado, a pesar de que no era lo mejor. Ellos tuvieron su monarca, y él y los reyes que siguieron hicieron todo aquello de lo que Dios había advertido al pueblo.

Este es otro ejemplo. Israel salió de Egipto y Dios les alimentaba con comida que no era de este mundo. Se llamaba maná, pan del cielo, una comida a la que en otros lugares de las Escrituras se hacía referencia como "comida de ángeles" (ver Salmos 78:25). Era tan nutritiva que Elías después comió solo dos tortas de ello y estuvo cuarenta días sin parar con la fuerza que le dio. ¡Hay veces que me encantaría tener una comida así!

Sin embargo, Israel se cansó de este pan y quiso carne, así que hicieron su petición. El salmista escribe: *"Ellos le pidieron carne, y él les envió codornices"* (Salmos 105:40). Dios respondió a su petición de la forma más asombrosa. Leemos:

> *Soltó el viento del oriente en los cielos y guió al viento del sur **con su gran poder**. ¡Hizo llover tanta carne como si fuera polvo y cantidad de aves como la arena a la orilla del mar! Hizo caer las aves dentro del campamento y alrededor de sus carpas.* (Salmos 78:26-28)

Dios no solo respondió a la petición, ¡sino que lo hizo de manera milagrosa! Con su *gran poder* llevó cientos de miles de aves al campamento.

Los israelitas no tuvieron que cazarlas ni necesitaron perros, armas, jaulas ni ningún otro aparato para atraparlas. Las codornices solo llegaron al campamento, y el pueblo simplemente las recogió del aire o del suelo. Si eso sucediera hoy, la historia explotaría en las redes sociales y acapararía los titulares de los noticieros. Dios intervino de forma espectacular, y sin embargo mira lo que escribe después el salmista:

> *Comieron, y se saciaron; Les cumplió, pues, su deseo. No habían quitado de sí **su anhelo**, Aún estaba la comida en su boca, Cuando vino sobre ellos el furor de Dios, e hizo morir a los más robustos de ellos, y derribó a los escogidos de Israel.* (Salmos 78:29-31 RVR 60)

Dios, y no un falso dios o demonio, les dio lo que *deseaban*, y lo hizo de forma milagrosa, pero antes de que terminaran de comer, ¡el juicio de Dios cayó sobre ellos!

Debemos tener en mente que Dios decidió antes de crear a la humanidad darnos la libertad de escoger, aunque Él sabía que era posible que escogiéramos algo que a últimas sería contrario a su deseo, e incluso perjudicial para nosotros.

Por ejemplo, ¿te acuerdas del hijo pródigo? Él pidió su herencia, y su padre sabía que no tenía la madurez para manejarla correctamente. Sin embargo, como su hijo la deseó tan intensamente, su padre se rindió y le entregó la herencia. El resultado fue que el hijo terminó con un profundo dolor en una pocilga.

Hay otros ejemplos en las Escrituras, pero creo que puedes ver la verdad. *Estamos en una posición desfavorable y perjudicial cuando pedimos algo apasionadamente que no es la voluntad de Dios.*

Una burra inteligente

Con este conocimiento, regresemos a la historia de Balaam.

Ahora iba de camino a encontrarse con el rey de Moab. Los ayudantes del rey le acompañaban, pero Dios estaba enojado con su decisión. De repente, un ángel se opuso a Balaam. Por favor, recuerda que los ángeles no son bebés gorditos con arcos y flechas, sino seres enormes con gran fuerza. Estoy especulando, pero creo que este debería tener unos dos o tres metros de altura.

El ángel se interpuso en el camino delante de Balaam con su espada desenvainada, y Dios abrió milagrosamente los ojos de la *burra*. Cuando el animal vio a ese gran ser con un arma lista para golpear, se apartó del camino a un campo para evitarlo. Balaam, enojado, golpeó a su burra y la guió de nuevo al camino.

El ángel entonces se movió a un lugar del camino en el que había una pared a ambos lados. La burra de nuevo, al ver al ángel, intentó avanzar alejándose de él todo lo posible y aplastó el pie de Balaam entre su lomo y la pared. Balaam se enojó incluso más con la burra y la volvió a golpear.

Después el ángel fue a un lugar del camino donde el paso era tan estrecho que no había forma de dar la vuelta. Esta vez, cuando la burra vio al ángel con su espada desenvainada, se tumbó en el suelo. Ahora Balaam se enojó muchísimo y la volvió a golpear.

Dios entonces abrió la boca de la burra, y le dijo a Balaam: "*¿Qué te he hecho, que me has azotado estas tres veces?*". (Números 22:28 RVR 60).

Balaam y la burra tuvieron un acalorado intercambio de palabras, y finalmente Dios abrió los ojos de Balaam para que viera al ángel. Inmediatamente se postró rostro en tierra.

Hasta este momento me he referido al ángel como simplemente uno de los millones de ángeles que sirven delante de Dios. Sin embargo, es obvio que los traductores de la RVR 60, al igual que yo, creen que este ángel realmente era el Señor mismo. Pero dejaré eso para que tú mismo decidas, ya que no tengo intención alguna de querer convencerte de ello.

El ángel confrontó a Balaam diciendo: "*He aquí yo he salido para resistirte, porque tu camino es perverso delante de mí. El asna me ha visto, y se ha apartado luego de delante de mí estas tres veces; y si de mí no se hubiera apartado, yo también ahora te mataría a ti, y a ella dejaría viva"* (Números 22:32-33 RVR 60).

¡Aquella asna salvó la vida de Balaam! Habría sido hombre muerto si el animal no hubiera evitado al Señor. Pensarás que Balaam les diría a los líderes de Moab y de Madián: "Chicos, me voy. Díganle a su rey que se puede quedar con su dinero". Pero no fue eso lo que dijo. En cambio, Balaam confesó al Señor:

> *He pecado, porque no sabía que tú te ponías delante de mí en el camino; mas ahora, si te parece mal, yo me volveré.* (Números 22:34 RVR 60)

Balaam admitió su pecado, pero lo dijo con la boca pequeña, al decir *"si te parece mal".*

¿De verdad, Balaam? ¿Qué tiene que suceder? Aunque el Señor mismo había salido para oponerse a él de una forma rotunda, Balaam siguió intentando conseguir lo que él quería. Codiciaba tanto el dinero y la honra que el rey le ofrecía, que no se daba cuenta de la disciplina divina. Su idolatría le había cegado completamente al corazón de Dios.

Esto es exactamente lo que ocurre cuando nuestro deseo pesa más que obedecer a Dios, cuando nos sentimos restringidos por lo que Él manda. El pecado crece en fuerza mediante el engaño. Ahora, lo que obviamente no está sincronizado con Dios deja de ser obvio. El obediente lo ve con claridad, pero debido a la acción de la idolatría, incluso sigue intentando conseguir la aprobación de Dios de lo que deseaba con tanta intensidad.

Mis defectos

Cuando tenía treinta y pocos años, Dios nos mostró claramente a Lisa y a mí que entablar un acuerdo con cierta editorial muy reconocida no era su voluntad. Yo dije "no" después de que el editor de adquisiciones se acercara a mí la primera vez, pero no de una forma similar a la del primer encuentro de Balaam con los líderes de Balac.

El editor continuó llamándome casi todos los días. Me dijo que mi mensaje era importante para el cuerpo de Cristo, y compartió conmigo que otros autores relativamente conocidos habían firmado con su editorial y ahora eran famosos. Yo me tragué su anzuelo cargado de elogios, el hilo y el plomo. En ese entonces, los dos libros que tenía los había publicado yo mismo y habían conseguido muy pocos lectores. Yo quería el alcance y la influencia nacional que tenía esa editorial. Aunque Dios también quería que los mensajes avanzaran, no era su momento, el mensaje en particular, o la editorial. Además de eso, mis motivaciones no eran correctas; quería ser conocido, lo cual se identifica como *la vanagloria de la vida*: buscar estatus o reputación.

Mi deseo de que esta renombrada empresa publicara mis libros se hizo tan intenso que ignoré la clara dirección del Señor, el consejo de mi esposa, y las señales de muchas cosas que iban mal. La guía interior de los avisos del Espíritu Santo se desvanecieron y fueron reemplazados por el engaño de un deseo mayor.

La editorial estaba en otro estado. Tomamos la decisión de que Lisa volara y firmara el contrato en nombre de nuestra organización porque mi agenda no me lo permitía. La mañana de su partida, uno de nuestros hijos fue vomitando todo el recorrido de la escalera enmoquetada hasta el piso de nuestra casa. Mientras estábamos limpiándolo, ella dijo con exasperación: "¡John, ¿no ves que Dios no quiere que hagamos esto?!".

Yo repliqué firmemente: "No, es el enemigo que intenta desanimarnos y detenernos". Si eso hubiera sido lo único que fue mal, yo podría haber tenido razón. Pero había tantas cosas que iban mal que era sorprendente, y yo no podía verlo. Fui engañado por la fuerza de mi pecado.

Lisa voló y firmó el contrato ese día. Durante los tres meses siguientes, el caos invadió mi vida. La paz me abandonó y la lucha y las complicaciones se apoderaron de mí. Me enfermé con tres virus distintos, resfriados y otras enfermedades físicas durante tres meses enteros. Tuvimos un tiempo muy difícil con la editorial, no nos poníamos de acuerdo en nada, y nuestro ministerio perdió miles de dólares.

Mi historia se distingue de la de Balaam en un aspecto; yo finalmente vi cómo mi intenso deseo había cegado mis ojos a la voluntad de Dios. Había estado bajo el juicio (*disciplina*) de Dios. Recuerda las palabras de Pablo: "*Esa es la razón por la que muchos de ustedes son débiles y están enfermos y algunos incluso han muerto. Si nos examináramos a nosotros mismos, Dios no nos juzgaría de esa manera. Sin embargo, cuando el Señor nos juzga, nos está disciplinando para que no seamos condenados junto con el mundo*". (1 Corintios 10:30-32) Pasé por muchos problemas innecesarios hasta que finalmente vi el ídolo que había creado. Me arrepentí de mi obstinación y todo cambió, casi de forma inmediata. La editorial poco después nos informó de que querían que terminara nuestra relación contractual.

Aproximadamente un año después, otra editorial muy conocida me ofreció publicar otro de mis mensajes sobre la libertad de la ofensa. Dios me habló y dijo: "La editorial anterior fue idea tuya; esta editorial es idea mía". Mis motivaciones también habían cambiado desde la corrección que había recibido hacía un año. Ahora estaba apasionado por obedecer a Dios, para que las personas pudieran ser genuinamente libre.s Este fue el mensaje que Dios deseaba, y ahora ese libro, *La Trampa de Satanás*, ha vendido cerca de dos millones de ejemplares.

Me encantaría decir que aprendí la lección y que nunca más repetí una necedad así. Sin embargo, cuando llegué a los cuarenta ignoré de nuevo la voluntad de Dios claramente revelada, así como la de mi esposa y el fuerte consejo de un miembro nuestro equipo directivo. Esta vez el engaño fue más fuerte y la disciplina de dificultades, dolor y agonía fue incluso mayor, y duró casi dieciocho meses. De nuevo me di cuenta del ídolo que había creado y me arrepentí, pero no sin el costo de muchos dolores de cabeza.

Estoy completamente seguro de que si Balaam hubiera aceptado el corazón de Dios, le habría ido muchísimo mejor a la larga. Sin embargo, nunca se apartó verdaderamente de su idolatría, y por eso murió bajo el juicio de Dios (ver Josué 13:22).

Querido, no deseo que aprendas esto por las malas como me pasó a mí. Espero que este fuerte mensaje te haga evitar el dolor y las dificultades que yo viví de forma innecesaria.

PONTE EN ACCIÓN

Si no sometemos nuestros deseos a Dios, estos nos apartarán de Él, y Dios incluso puede que nos entregue a ellos. Muchas veces en las Escrituras vemos que Dios ya había dejado clara cuál era su voluntad, pero cuando su pueblo deseó algo contrario a ella, Él se lo concedió aunque les produjo problemas.

Dios sigue haciendo lo mismo en nuestras vidas hoy. Él nos dará nuestros deseos incluso aunque contradigan los suyos, pero no nos llevarán a las bendiciones que queríamos. Conducirán a la disciplina que será dolorosa y desagradable.

Pero no tenemos que experimentar eso. En cambio podemos confiar en que Dios nos haga bien. A menudo, Él tiene un camino establecido para darnos las cosas que deseamos, pero de una forma correcta. Si lo seguimos, Él nos llevará por un camino de bendición, pero el fin deseado llegará a su tiempo. Encomienda al Señor tu camino hoy. Invítalo a dirigirte según sus deseos y no los tuyos. Pregúntale qué pasos puedes comenzar a dar hoy para seguirle más de cerca. Escríbelos, y después ponlos en práctica.

17

EQUIVOCADO

Para mantener nuestro enfoque, recapitulemos brevemente cuál es el corazón de la idolatría, que es cuando la humanidad, creyentes o incrédulos, dejan de lado lo que Dios revela claramente para satisfacer anhelos o deseos contrarios a los caminos de Dios. Por esta razón, Pablo dice:

> *Porque sabéis esto, que ningún fornicario, o inmundo, o **avaro, que es idólatra**, tiene herencia en el reino de Cristo y de Dios. Nadie os engañe con palabras vanas, porque por estas cosas viene la ira de Dios sobre los hijos de desobediencia. No seáis, pues, partícipes con ellos.* (Efesios 5:5-7 RVR 60)

La ira de Dios vendrá sobre el incrédulo, pero Dios también disciplina al creyente que participe de la idolatría (codicia, avaricia), para llevarlo de vuelta a su corazón. Sin embargo, si el creyente tozudamente continúa en desobediencia, como hizo Balaam, las consecuencias pueden ser tan severas como la muerte. Pablo advierte a los creyentes: *"porque si vivís conforme a la carne, moriréis"* (Romanos 8:13 RVR 60). El apóstol Santiago también nos advierte: *"Entonces la concupiscencia, después que ha concebido, da a luz el pecado; y el pecado, siendo consumado, da a luz la muerte. Amados hermanos míos, no erréis"* (Santiago 1:15-16 RVR 60).

La idolatría debería verse como un veneno que mata lentamente; es kriptonita espiritual. No podemos permitirnos coquetear con él. La tela de araña de la idolatría es a la vez sutil y fuerte, ya vimos un destello de su poder al mirar a Balaam, pero demos un paso más. Leamos atentamente la advertencia de Dios a los líderes de Israel:

> *Y vino a mí palabra de Jehová, diciendo: Hijo de hombre, estos hombres* **han puesto sus ídolos en su corazón,** *y han establecido el tropiezo de su maldad delante de su rostro. ¿Acaso he de ser yo en modo alguno consultado por ellos?* (Ezequiel 14:2-3 RVR 60)

De nuevo vemos claramente que la idolatría no está limitada a estatuas, altares o templos. Dios no deja espacio para la duda diciendo claramente que han *"puesto sus ídolos en su corazón"*. No son figuritas debajo de los árboles, en los centros urbanos o en los templos. No, estos eran ídolos levantados en sus corazones. Estaban albergando deseos que eran contrarios a la voluntad de Dios. Dios continúa:

> *Háblales, por tanto, y diles: Así ha dicho Jehová el Señor: Cualquier hombre de la casa de Israel que hubiere puesto sus ídolos en su corazón, y establecido el tropiezo de su maldad delante de su rostro, y viniere al profeta, yo Jehová responderé al que viniere conforme a la multitud de sus ídolos.* (Ezequiel 14:4 RVR 60)

Cuando una persona está enredada en la idolatría (aferrándose a deseos contrarios) y acude a un ministro pidiendo dirección, consejo o enseñanza bíblica de algún tipo, él o ella quizá reciba la respuesta, pero no será conforme a la voluntad de Dios. Será una respuesta similar a la que recibió Balaam. La *Nueva Traducción Viviente* traduce así este versículo de Ezequiel: "*Así que yo, el Señor, les daré la clase de respuesta que merece su gran idolatría*".

Ahora escuchemos la advertencia al líder ministerial que evita confrontar la idolatría de la persona que acude a él, y en su lugar le habla como si no pasara nada (profetas y sacerdotes eran los líderes ministeriales en el Antiguo Testamento; a partir de este punto usaré términos relevantes para los líderes ministeriales de hoy):

> *Pero si el profeta le da al hombre la respuesta que desea [permitiéndose así ser partícipe del pecado del que vino a preguntarle*

(idolatría)], yo el Señor me aseguraré de que el profeta sea engañado en su respuesta. (Ezequiel 14:9 AMPC, traducción libre)

En oración yo he llorado o me he entristecido mucho al meditar en la mayoría de las enseñanzas que propagan los ministros modernos de hoy, especialmente en Occidente. He clamado pidiendo respuestas para lo que hay detrás de los débiles mensajes del evangelio que se proclaman y escriben. Como respuesta, el Espíritu de Dios me llevó a los capítulos 13 y 14 de Ezequiel. Estos capítulos revelan qué hay detrás de las diluidas enseñanzas que se niegan a confrontar el pecado habitual: es la *idolatría*. Si el ministro presenta un evangelio incompleto porque no quiere perder seguidores o fama, no es otra cosa que codicia camuflada. Por esta misma razón en un periodo de tiempo en el que aumentaba el ministerio falso, Jeremías clama:

> *Porque desde el más chico de ellos hasta el más grande, cada uno sigue la avaricia. Los profetas y sacerdotes y todos los que quedan entre medias tuercen las palabras y alteran la verdad.* (Jeremías 6:13 RVR 60 la primera frase, y traducción del autor de The Message la segunda frase)

Comencé a ver las obras más profundas de la evidente debilidad espiritual, la kriptonita, en gran parte de la iglesia moderna. Pude ver el descontento de muchos que profesan ser creyentes, y de esta condición del corazón han surgido deseos de lo que "falta en la vida" (la mayoría de ellos no son necesidades reales, sino tan solo antojos o anhelos).

Los líderes equivocados, también desviados por deseos avaros, han proclamado versículos que aparentemente pasan por alto y afirman el estilo de vida pecaminoso de los buscadores y a la vez evitan convenientemente cualquier versículo que confronte la conducta impía. Esta idolatría abre tanto al ministro como al creyente para que reciban mensajes o consejos que apelan directamente a esos deseos o lujurias y fortalecen esos deseos o ídolos.

En el Nuevo Testamento Pablo profetiza, de modo parecido a Jeremías y Ezequiel, acerca de un periodo de tiempo en el futuro:

*Llegará el tiempo en que la gente no escuchará más la sólida y sana enseñanza. Seguirán **sus propios deseos** y buscarán maestros que les digan lo que sus oídos se mueren por oír.* (2 Timoteo 4:3)

¡Bienvenido a ese periodo de tiempo! Lo único que se necesita para que los buscadores oigan lo que quieren es encontrar "ministros" que también estén en ese estado de avaricia.

Por otro lado, un líder piadoso y temeroso de Dios no se desviará del consejo de la Palabra de Dios. Se adhiere en su totalidad a las Escrituras, y no a partes seleccionadas. Este líder no tiene miedo de corregir y confrontar, así como de animar.

Estos ministros de los que Pablo habla se preocuparán de su reputación, apariencia, crecimiento y agendas. Pueden ser persuadidos con el resultado o la recompensa adecuada, y así hablarán y enseñarán a la luz de los deseos del oyente, en vez de declarar fielmente la Palabra de Dios, ya sea bienvenida o no.

Solo un ministro declaró la verdad

Josafat, rey de Judá, se había aliado con Acab, rey de Israel, mediante el matrimonio de sus hijos. Esta no fue una buena jugada para Josafat, porque él temía a Dios pero Acab era un idólatra. Tras un tiempo, Josafat fue a Samaria a visitar al rey de Israel.

Acab pidió a Josafat que reuniera a Judá para ir a pelear junto a Israel para ir a atacar a Siria. Josafat respondió: "¡Sí, claro! Tú y yo somos hermanos, y mis tropas son tus tropas para que las dirijas. Sin duda nos uniremos a ti en la batalla". Pero después Josafat añadió: "Pero primero veamos qué dice el Señor" (ver 2 Crónicas 18).

Así que el rey Acab juntó a los cuatrocientos ministros y líderes de Israel más destacados. Estos *no* eran ministros de Baal, Asera, Quemos, ni ningún otro dios falso, sino ministros del Señor Dios (hablaban en nombre de *Yahvé*). Acab les preguntó si debía ir a la guerra o desistir.

Todos los ministros dijeron unánimemente: "¡*Sí, adelante!... Dios dará la victoria al rey*" (2 Crónicas 18:5). Estos líderes estaban entrenados para hablar solo cosas positivas y mensajes de ánimo a los oyentes, especialmente a los que eran importantes. Aunque eran ministros de *Yahvé*, estaban entregados a la codicia, siendo idólatras.

Aunque estos ministros eran los más respetados de la tierra de Israel y sus mensajes eran impresionantes, Josafat no estaba cómodo con el consejo. El temor de Dios en su vida había mantenido intacto su discernimiento. Él preguntó: "*¿Hay aún aquí algún profeta de Jehová, para que por medio de él preguntemos?*" (versículo 6, RVR 60). Él sabía que los que hablaron eran profetas de *Yahvé*, pero algo no le cuadraba.

Acab replicó: "*Hay un hombre más que podría consultar al Señor por nosotros, pero lo detesto. ¡Nunca me profetiza nada bueno, solo desgracias! Se llama Micaías*" (versículo 7). Para un idólatra, o una comunidad de creyentes que se han acostumbrado a la adulación, un verdadero ministro del evangelio a menudo parece negativo y desalentador.

Micaías era distinto a los demás, porque no quería un gran seguimiento ni nada de Acab. Él temía a Dios más que al hombre y deseaba la aprobación de Dios antes que el éxito. Él sabía que *Yahvé* era su fuente, y que era mejor agradarlo a Él que a un rey bajo la influencia de la kriptonita. Esto le mantuvo puro y libre del engaño bajo el que los demás ministros operaban.

Acab entonces mandó buscar a Micaías. Mientras esperaban al auténtico hombre de Dios, los ministros continuaban profetizando delante de los dos reyes. Uno de ellos, un hebreo llamado Sedequías de la tribu de Benjamín, hizo cuernos de hierro para sí mismo y dijo: "*Esto dice el Señor (Yahvé): ¡Con estos cuernos cornearás a los arameos hasta matarlos!*" (versículo 10).

Después todos los ministros aconsejaron al rey al unísono, diciendo: "*Sí —decían—, sube a Ramot de Galaad y saldrás vencedor, porque ¡el Señor (Yahvé) dará la victoria al rey!*" (versículo 11). Seguro que hay seguridad en la multitud de líderes, ¿verdad? ¡Y lo que realmente animaba y parecía seguro era que todos los mensajes concordaban y eran confirmaciones! Sí, confirmaban los *deseos* exactos del corazón de Acab y hablaban directamente a su deseo de ganancia: ¡idolatría!

Ahora bien, mientras los ministros estaban todos a una voz aconsejando a los dos reyes, el mensajero encontró a Micaías y le habló diciendo: "*He aquí las palabras de los profetas a una voz anuncian al rey cosas buenas; yo, pues, te ruego que tu palabra sea como la de uno de ellos, que hables bien*" (2 Crónicas 18:12 RVR 60).

He escuchado palabras similares cuando me han invitado a algunas iglesias muy reconocidas. "John, anima a las personas. Predica mensajes positivos. Edifícalos y consuélalos. Terminaremos nuestro servicio con una canción con ritmo rápido para que puedas terminarla en una nota optimista. Queremos que se vayan sintiéndose bien". ¡Como si el mero mensajero pudiera corromper el mensaje del Rey! Si nos corrompemos, ya no somos embajadores que hablan los oráculos de Dios, sino meros hombres usando las palabras positivas de Dios que se encuentran en varios lugares del Nuevo Testamento para llevar adelante lo que deseamos.

La respuesta de Micaías fue directa, porque no podía ser comprado con halagos: "*Vive Jehová, que lo que mi Dios me dijere, eso hablaré*". (versículo 13)

¡Oh, Padre, envíanos líderes que hagan lo mismo en nuestros días!

Cuando Micaías compareció delante de Acab, le hicieron la misma pregunta a la que ya habían dado respuesta los demás ministros. "*Micaías le respondió con sarcasmo: —¡Sí, sube y saldrás vencedor, tendrás la victoria sobre ellos!*". (versículo 14)

Acab se enojó con Micaías por burlarse de él. Entonces Micaías declaró la palabra de Dios con respecto a la situación: "*En una visión, vi a todo Israel disperso por los montes, como ovejas sin pastor, y el Señor dijo: 'Han matado a su amo. Envíalos a sus casas en paz'*". (versículo 16)

Acab se volvió a Josafat y dijo: "*¿No te dije? —exclamó el rey de Israel a Josafat—. Nunca me profetiza otra cosa que desgracias*". (versículo 17)

Entonces Micaías procedió a decirle a Acab lo que realmente estaba ocurriendo y lo que en verdad sucedería:

> Entonces él dijo: Oíd, pues, palabra de Jehová: Yo he visto a Jehová sentado en su trono, y todo el ejército de los cielos estaba a su mano derecha y a su izquierda. Y Jehová preguntó: ¿Quién inducirá a Acab rey de Israel, para que suba y caiga en Ramot de Galaad? Y uno decía así, y otro decía de otra manera. Entonces salió un espíritu que se puso delante de Jehová y dijo: Yo le induciré. Y Jehová le dijo: ¿De qué modo? Y él dijo: Saldré y seré espíritu de mentira en la boca de todos sus profetas. Y Jehová dijo: Tú le inducirás, y lo lograrás; anda y hazlo así. Y ahora, he aquí Jehová ha puesto espíritu de mentira en la boca de estos tus profetas; pues Jehová ha hablado el mal contra ti. (versículos 18-22 RVR 60)

Dios respondió a Acab conforme a la idolatría (codicia) de su corazón. La verdad sobre la que escribe Ezequiel se ilustra aquí. No solo Dios habla directamente a la idolatría en el corazón de Balaam, como vimos en el capítulo anterior y en el de Acab en este capítulo, sino que lo hace también con aquellos que dan el mensaje.

Acab recibió el mensaje que quería oír, pero rehusó las palabras veraces de Dios que le hubieran producido protección y liberación. Acab salió a la batalla. Aunque se protegió disfrazándose para que los sirios no lo reconocieran, fue alcanzado por una flecha suelta y murió antes de acabar ese día. Es posible esconderse de un hombre, ¡pero nunca te puedes esconder de Dios!

¿Y qué ocurre hoy? ¿Deseamos la protección, provisión y liberación que Dios promete? ¿O deseamos los halagos? ¿Queremos oír "paz" cuando en realidad se atisban algunos problemas por el engaño en el que hemos caído?

¿Podemos ver todo esto a la luz de las Escrituras? ¿Qué es mejor, la protección a largo plazo por someternos a todo el consejo de la palabra de Dios, o la bendición superficial a corto plazo mientras la disciplina inminente o el juicio está a la vuelta de la esquina?

PONTE EN ACCIÓN

Muchos de quienes profesan ser cristianos solo quieren oír palabras que les hagan sentir bien, y debido a la codicia y el temor del hombre, muchos ministros están dispuestos a hablar solo palabras de ánimo a sus seguidores. En estos casos, todas las palabras dulces suenan muy bien, pero no son suficientes y llevarán a un lugar indeseable tanto a los líderes como a los seguidores.

Tenemos que oír la verdad, aunque nos duela al principio. Por muy doloroso que sea oír la verdad, es mucho menos doloroso que las dificultades que experimentamos cuando vivimos en el engaño.

Tú puedes ser una persona que persigue la verdad.

Comienza pidiéndole a Dios que te declare su verdad acerca de tu vida, invitándolo a revelar cualquier lugar donde hayas sido engañado inconscientemente. Escribe las verdades que Él te diga para que puedas meditar en ellas en los días y semanas venideros. Después pídele a Dios que te fortalezca para decir la verdad, aunque no sea lo popular o políticamente correcto. No tienes que ir en busca de peleas, sino estar dispuesto a decir, como lo hizo Micaías: *"Tan cierto como que el Señor vive, solo diré lo que mi Dios diga"*.

18

UN JESÚS FALSO

¿Estás pensando, *Un Jesús Falso, ¿de qué se trata esto?* Este capítulo contiene el sutil elemento clave que atrae a los creyentes a la idolatría. Cubrir este aspecto nos ayudará a descifrar el misterio de por qué tantas personas en el cristianismo moderno caen presa fácil de la kriptonita espiritual, la cual roba nuestra fortaleza como iglesia y como individuos.

Os he traído a mí

Como ya he mencionado, la salida de Israel de Egipto es simbólica de nuestra salvación: nuestra salida del mundo. Moisés guió a los israelitas hasta el Sinaí, donde se encontró con Dios en la zarza ardiente. Moisés quería que su pueblo experimentase un encuentro similar. ¿Por qué iba a querer llevarlos inmediatamente a la Tierra Prometida sin antes presentarles a Aquel que hizo la promesa? Cuando llegaron a Sinaí, leemos:

> *Y Moisés subió a Dios; y Jehová lo llamó desde el monte, diciendo: Así dirás a la casa de Jacob, y anunciarás a los hijos de Israel: Vosotros visteis lo que hice a los egipcios, y cómo os tomé sobre alas de águilas, y **os he traído a mí**.* (Éxodo 19:3-4 RVR 60)

Observa sus palabras, *"os he traído a mí"*. Esta frase resume la motivación de Dios para salvarnos del mundo. Dios te ha traído a Él. Él te desea, anhela tu comunión con Él, y quiere tener una relación Padre-hijo.

¿Te imaginas lo emocionado que estaba Dios de reunirse con este pueblo que había estado en cautividad durante cientos de años? Recuerdo cuando Lisa estaba embarazada de cada uno de nuestros cuatro hijos. Yo estaba deseando que nacieran. Había esperado durante nueve largos meses. Quería tenerlos en mis brazos, verlos crecer, oír sus voces, experimentar sus personalidades, y desarrollar una relación padre-hijo con ellos. En pocas palabras, los anhelaba.

Esta fue la actitud de Dios, ¡salvo que Él había esperando mucho más de nueve meses!

El pueblo necesitaba hacer ciertos preparativos para tener una reunión exitosa. *"Después el Señor le dijo a Moisés: Desciende y prepara al pueblo para mi llegada. Conságralos hoy y mañana, y haz que laven sus ropas. Asegúrate de que estén preparados para el tercer día, porque ese día el Señor descenderá sobre el monte Sinaí a la vista de todo el pueblo"* (Éxodo 19:10-11).

El Señor le estaba diciendo a su pueblo: "Les anhelo, pero para que puedan tener un encuentro auténtico conmigo, deben lavar la suciedad de Egipto de su ropa. Yo soy su Padre, pero también soy un Dios santo y no tendré una relación superficial con ustedes".

Es imposible tener una relación profunda y significativa con personas egocéntricas. Dios se ha entregado por completo a nosotros; Él no puede dejarnos hacer lo que hace el mundo, usar a las personas con las que tenemos una relación para satisfacer nuestros propios deseos o egos.

En el Sinaí pasaron dos días, y al comienzo del tercer día el Señor descendió para presentarse. Cuando lo hizo, el pueblo se retiró y tembló de miedo. Le dijeron a Moisés: *"¡Háblanos tú y te escucharemos, pero que no nos hable Dios directamente, porque moriremos!"* (Éxodo 20:19).

Moisés se quedó consternado. ¿Cómo podían alejarse de Aquel que les había salvado y rescatado de la esclavitud? ¿Cómo podían no querer oír la voz de su Creador? Pero ¿te imaginas la decepción de Dios? Él había anhelado este momento. Deseaba conocerlos de la forma en que estaba conociendo a Moisés, pero ellos rechazaron su presencia.

No me puedo imaginar cómo me sentiría yo si uno de mis hijos me dijera: "Papá, no quiero que me hables directamente. Solo quiero oír tus mensajes a través de uno de mis hermanos". ¡Sería devastador!

Se establece un sacerdocio

Dios decidió que habría que establecer un sacerdocio dado el hecho de que el pueblo no quería una interacción directa con Él. Un sacerdote es alguien que habla a Dios por las personas. Los judíos ya tenían un profeta, Moisés, que hablaba de Dios a las personas. Sin embargo, Dios tendría que establecer un sacerdocio para mantener una similitud de comunión continua con el pueblo.

Dios después dijo: *"Baja ahora y trae a Aarón cuando vuelvas"* (Éxodo 19:24). Aarón se convertiría en su primer sacerdote, aunque este no era el plan original de Dios. Inicialmente Él quería que todos ellos fueran sacerdotes. Cuando llegaron por primera vez al Sinaí, Él dijo: *"Ustedes serán mi reino de sacerdotes, mi nación santa. Este es el mensaje que debes transmitir a los hijos de Israel"* (Éxodo 19:6). Él quería que todos en Israel tuvieran la capacidad de comunicarse con Él.

Dios le dijo a Moisés que llevara con él a Aarón cuando volviera a subir la montaña. Sin embargo, no tenemos constancia de que Aarón llegara hasta la cima. Por alguna razón, termina abajo en el campamento con el pueblo, y Moisés termina en la cima de la montaña durante cuarenta días y cuarenta noches. ¿Por qué no fue Aarón? ¿Encontró más consuelo en la presencia del pueblo en vez de Dios? ¿Tuvo él más miedo de estar a solas con Dios? No sabemos la respuesta, pero sabemos que lo que Aarón estaba a punto de hacer es poco menos que alucinante.

Un Yahvé falso

Cuando los israelitas vieron que Moisés tardaba tanto en bajar del monte, se juntaron alrededor de Aarón. (Éxodo 32:1)

¿Qué está ocurriendo? Primero, el pueblo tenía deseos de lo que querían ver cumplido, y necesitaban a un hombre de Dios que los tuviera en cuenta. Segundo, Aarón tenía un don de liderazgo en su vida, y este don atrae a las personas. Este es un punto importante, porque las personas se ven atraídas a un líder fuerte, ya sea que el líder esté obedeciendo a Dios o no. Solo porque un líder atraiga a un grupo significativo de personas no quiere decir necesariamente que esté en sincronía con Dios. Escuchemos lo que el pueblo le dice a Aarón:

Levántate, haznos dioses que vayan delante de nosotros; porque a este Moisés, el varón que nos sacó de la tierra de Egipto, no sabemos qué le haya acontecido. (Éxodo 32:1 RVR 60)

Lo primero a destacar es que el pueblo no dice: "*Porque a este Dios, no sabemos qué le haya acontecido*". Este es un punto importante que discutiremos en breve.

Segundo, observemos que dicen: "*haznos dioses*". La palabra hebrea para *dioses* es *elohiym*. Esta palabra se encuentra poco más de 2.600 veces en el Antiguo Testamento. Mas de 2.250 veces, esta palabra hace alusión al Dios Todopoderoso. Por ejemplo, aparece treinta y dos veces solo en el primer capítulo de Génesis. El primer versículo de la Biblia dice: "*En el principio, elohiym creó los cielos y la tierra*".

Otro ejemplo sería Deuteronomio 13:4: "*En pos de Jehová (Yahvé) vuestro Dios (elohiym) andaréis; a él temeréis, guardaréis sus mandamientos y escucharéis su voz, a él serviréis, y a él seguiréis*" (RVR 60). Puedes ver en este versículo que se da el nombre del Señor, "Yahvé", y después se alude a Él como nuestro *elohiym*. Él es Dios, la autoridad absoluta y fuente suprema.

Sin embargo, un poco más de 250 veces en el Antiguo Testamento, *elohiym* se usa para indicar un dios falso, como Dagón (1 Samuel 5:7) o Baal (1 Reyes 18:21). Así que debemos leer siempre esta palabra en contexto para saber a cuál se está refiriendo.

Aarón responde a la petición del pueblo pidiéndoles oro de sus zarcillos. Él derrite el oro y después da forma al infame becerro. Una vez terminado, el pueblo dice: *"Israel, **estos son tus dioses,** que te sacaron de la tierra de Egipto"* (Éxodo 32:4 RVR 60). La palabra hebrea para *dioses* es de nuevo *elohiym*. Sin embargo, estamos comenzando a tener una pista de a quién se está refiriendo aquí con sus palabras: *"que te sacaron de la tierra de Egipto"*. Ellos sabían quién les había sacado, no eran estúpidos. Se confirman nuestras sospechas, sin embargo, en el siguiente versículo:

> **Y viendo esto** Aarón, edificó un altar delante del becerro; y pregonó Aarón, y dijo: Mañana será fiesta para Jehová. (Éxodo 32:5 RVR 60)

La palabra "Jehová" en este versículo es *Yahvé*. El CWSB dice:

> La palabra hace referencia al nombre adecuado del Dios de Israel, particularmente el nombre por el que Él se reveló a Moisés (Éxodo 6:2, 3). El nombre divino tradicionalmente no se ha pronunciado, principalmente por respeto a lo sagrado que es. Hasta el Renacimiento, se escribía sin vocales en el texto hebreo del Antiguo Testamento, y se representaba como *YHWH*.

Esta palabra, salvo en este versículo, nunca se usa para hacer referencia o nombrar a un dios falso en toda la Biblia. No hay error alguno en lo que está sucediendo. De forma casi increíble, Aarón y el pueblo miran al becerro y lo llaman *Yahvé*. No llaman a este becerro Baal, Dagón, Asera, Ra, Neftis ni ningún nombre de otro dios egipcio. No dicen, "Este es Ra, que nos sacó de Egipto".

Recuerda que habían dicho: *"Porque a este Moisés… no sabemos que le haya acontecido"*. No habían dicho: "A este Dios no sabemos qué le haya acontecido". No estaban negando la existencia de *Yahvé* o la participación de Él en sus vidas. Seguían reconociendo que era Jehová (o *Yahvé*) quien los salvó, liberó, sanó, y proveyó para ellos. Tan solo cambiaron su verdadera imagen por otra imagen más manejable de *Yahvé* que les diera lo que ellos querían.

Este es un ejemplo actual de lo mismo: Lisa y yo viajamos mucho y tenemos un excelente equipo en nuestro ministerio, Messenger International. Así que lo que estoy a punto de escribir es estrictamente hipotético, porque los miembros de nuestro equipo nunca harían esto. Como líderes, hay varios principios operativos y culturales que Lisa y yo sistemáticamente cumplimos, porque son importantes para nosotros. Algunos son: pedimos a nuestro equipo nueve horas de productividad en ocho horas. Queremos un entorno de trabajo divertido, hacer todo con excelencia, amar y servir a cualquier persona, colaborador o líder que contacte con nosotros, suplir ciertas cuotas diarias y semanales, y la lista continúa. Nuestro Oficial Jefe de Operaciones (COO), al que daré el nombre ficticio de Tim, es responsable de asegurarse de que los estándares operativos y culturales que hemos pedido se cumplan.

Supongamos que Lisa y yo estamos de viaje, pero no solo nosotros dos, sino también nuestro COO está de viaje. El siguiente a cargo sería nuestro Oficial Jefe de Finanzas (CFO), Jordan (también ficticio). Cuando Tim se va, poco después Jordan le dice al equipo: "Oigan, chicos, John y Lisa quieren que tengamos una atmósfera divertida. Contratemos a un DJ y pongamos una pista de baile con algo de humo y luces, y hagamos una fiesta durante los próximos días".

Durante todo el tiempo que dura la fiesta, el equipo "confiesa" que están haciendo exactamente lo que les hemos pedido. Varias veces nos reconocen diciendo: "Este es el deseo de John y Lisa; quieren que tengamos un entorno divertido". Entonces uno de los miembros del equipo grita: "¡Oigan! John está al teléfono. Le estoy contando lo de la fiesta; está contento con nosotros". Eso por supuesto sería una mentira, porque si yo estuviera al teléfono y supiera lo que está ocurriendo, estaría muy enojado con mi equipo.

Digamos ahora que nuestro COO regresa a la oficina antes que Lisa o yo. Él también estaría muy enojado. Apagaría la música, devolvería las luces y la máquina de humo, y diría al equipo: "Esto no es lo que quieren John y Lisa. ¡Les han representado mal!". Después despediría a los cabecillas que crearon esa cultura falsa.

Ahora veamos la conducta de Israel tras crear a este *"Yahvé"* manejable:

> *Y al día siguiente madrugaron, y ofrecieron holocaustos, y presentaron ofrendas de paz; y se sentó el pueblo a comer y a beber, y se levantó a regocijarse.* (Éxodo 32:6 RVR 60)

Este es el día de fiesta para *Yahvé*. Los líderes y el pueblo le llevan ofrendas, y después se vuelven locos. Todos se han convencido de que están haciendo algo que su *"Yahvé"* aprueba o le agrada. Creen que Él no tiene problema con su codicia, fiesta y juerga (la cual imaginamos que incluiría inmoralidad sexual). Tienen una conducta atribuida como aceptable para Dios (*Yahvé*) que no es agradable en modo alguno para Él.

Ahora han entrado en la forma más engañosa de idolatría. Han creado un *Yahvé* falso, uno distinto al que realmente es. Eso ahora les da permiso para vivir como quieran y tener su aprobación. Esto es fundamentalmente igual que lo que hacen las naciones paganas que rehúsan adorar (obedecer) a Dios. De nuevo Pablo dice: *"En cambio, comenzaron a inventar ideas necias sobre Dios"* (Romanos 1:21). La única diferencia es que las naciones paganas ponen a sus dioses nombres como Dagón, Baal, Hapi, Ammit, Sopdu, etc., mientras que Israel llamó a su deidad *Yahvé*.

Después Dios le dice al COO, Moisés: *"¡Baja ya de la montaña! Tu pueblo, el que sacaste de la tierra de Egipto, se ha corrompido. ¡Qué pronto se apartaron de la forma en que les ordené que vivieran!"* (Éxodo 32:7-8).

Moisés regresó, y había varias explicaciones que dar. Primero Aarón, que se había quedado al mando, después los líderes, y finalmente el pueblo. Leemos: *"Moisés vio que Aarón había permitido que el pueblo se descontrolara por completo y fuera el hazmerreír de sus enemigos. Así que se paró a la entrada del campamento y gritó: «Todos los que estén de parte del Señor, vengan aquí y únanse a mí»* (Éxodo 32:25-26). Ellos, al igual que nosotros, no se ponen de parte del Señor solamente por confesar su nombre o cantarle canciones. Nos ponemos de su lado cuando decidimos vivir según lo que Él declara.

Esto nos lleva a hacernos varias preguntas muy importantes:

En nuestros tiempos, ¿hemos creado un "Jesús" que nos dará lo que nuestras pasiones erróneas deseen?

¿Estamos reconociendo que Él derramó su sangre por nosotros, nos salvó y liberó del mundo?

¿Estamos cantando canciones a Él y acerca de Él y que puso a nuestra disposición el cielo, pero en verdad "nuestro Jesús" no es el verdadero Jesús sentado a la diestra del Padre?

¿Hemos creado un Jesús falso?

¿Hay muchas personas en la iglesia engañadas, como lo estaban los israelitas que salieron de Egipto?

Y una pregunta más: ¿Quiénes son los COO como Moisés que descenderán de la montaña de Dios y confrontarán a los engañados con un corazón lleno de fuego y amor?

Si ellos no se levantan, nuestro engaño será más fuerte. Y la kriptonita seguirá pronunciando nuestra debilidad, incluso hasta el punto de la muerte.

PONTE EN ACCIÓN

Es fácil para el mundo occidental decir que cree en Jesús. Sin embargo, gran parte de Occidente está hastiado del cristianismo porque hay poca diferencia entre los cristianos y el mundo. Los cristianos proclaman el nombre de Jesús y después dicen que honran a Dios mientras llevan una vida pecaminosa que Jesús claramente desaprueba. Como declaró

Moisés cuando pidió cuentas a Israel: *"Todos los que estén de parte del Señor, vengan aquí"*. Es el tiempo de que los verdaderos cristianos se levanten y llamen a sus hermanos y hermanas a ir a la verdad.

Seguir a Jesús nos cuesta todo. Nuestra vida no es nuestra. Nuestra voluntad está sometida a Dios, o de lo contrario Él no es verdaderamente nuestro Señor. Nuestra fe debe estar en Él como proveedor de todo lo que necesitamos. Este es el llamado del cristianismo: sí, ven y sé salvo, pero debes morir a tu vieja naturaleza y nacer de nuevo.

Medita en el verdadero llamado del cristianismo. Escribe tus ideas sobre cómo es igual o distinto de lo que te han enseñado. Después encuentra a alguien en tu familia y tu iglesia con quien hablar de esto. Dales esta verdad.

19

EL LUGAR DE INICIO

Es evidente que cuando Moisés desciende del monte de Dios, Israel ya está sumida en la idolatría, aunque aún reconocen que es *Yahvé* quien los salvó y sacó de Egipto. Como discutimos ya, la idolatría está arraigada en la desobediencia a lo que Dios nos ha revelado claramente. Si confesamos a Jesucristo como nuestro Señor y Salvador, pero somos claramente desobedientes a su autoridad, eso se convierte en la forma más engañosa de idolatría.

Regresemos al hipotético ejemplo de nuestro equipo en Messenger International. Una vez que nuestro COO Tim regresa a nuestra oficina y ve la desbocada fiesta, se enfurece con nuestro CFO Jordan. Sin embargo, Jordan le dice tranquilamente a Tim: "¡Pero si estamos haciendo exactamente lo que John y Lisa nos pidieron hacer! ¡Hemos creado una atmósfera divertida!".

¿Cómo respondería Tim? "Sí, John y Lisa quieren un entorno divertido, pero ¿qué pasa con las demás instrucciones que nos han dado, como nueve horas de trabajo de una jornada de ocho, disponibilidad para cualquier persona que nos llame, cumplir las cuotas diarias, y todo lo demás? Ustedes han aislado y se han enfocado en ese único aspecto de lo que nos habían pedido, y han sido negligentes con todas las demás instrucciones".

¿Hemos hecho algo parecido en la iglesia moderna? Creo que hemos encontrado ciertas instrucciones en el Nuevo Testamento que nos parecen atractivas. Hemos proclamado que somos salvos por gracia mediante la fe, y que no podemos ganarnos esta gracia porque es un favor de Dios. Hemos subrayado el hecho de amarnos unos a otros, disfrutar la vida, servirnos unos a otros, cantar nuevas canciones de alabanza y adoración, ser relevantes, ejecutar un buen liderazgo y crear una comunidad saludable. Proclamamos todo esto con mucha pasión. Todas ellas son buenas prácticas y tienen base en el Nuevo Testamento.

Sin embargo, ¿estamos pasando por alto la importancia de la mansedumbre, santidad, pureza sexual y abstinencia de otros pecados, como la pornografía?

¿Hemos aconsejado a los que amamos que huyan de la homosexualidad, fornicación, borracheras, chistes vulgares, conversaciones vanas, rencor, amargura, chismes y muchos otros mandatos, instrucciones y avisos importantes que se encuentran también en el Nuevo Testamento?

¿Podemos enfocarnos solo en los aspectos de las palabras de Jesús que no chocan con los estándares y perversiones establecidos en nuestra sociedad?

¿Podemos crear un Jesús que no confronta los caminos impíos de nuestra cultura?

¿Podemos evitar tratar lo que Él odia, y solo proclamar las palabras suyas que la sociedad considera admirables?

¿Podemos ensanchar la senda y la puerta que lleva a la vida?

¿Podemos creer que si una persona recita solo unas cuantas palabras mágicas, es automáticamente salva?

¿Hemos creado un Jesús falso, distinto al que revela el mensaje completo de las Escrituras, y estamos ignorando a propósito los asuntos desafiantes del Nuevo Testamento? Pablo hace una declaración que ninguno deberíamos ignorar:

*Declaro hoy que he sido fiel. Si alguien sufre la muerte eterna, no será mi culpa, porque no me eché para atrás a la hora de **declarar todo** lo que Dios quiere que ustedes sepan.* (Hechos 20:26-27)

Pablo no decía solo las palabras agradables del evangelio, sino que se aseguró de *declarar todo* lo que Dios quiere que sepamos. No fue como nuestro CFO, que solo le habló a nuestro equipo del aspecto divertido de los deseos de Lisa y míos. Las palabras de Pablo en la RVR 60 dicen: *"porque no he rehuido anunciaros **todo el consejo de Dios"**.* La versión Ampliada Clásica dice: "Yo nunca me aparté o retiré o me quedé corto al declararles todo el propósito, el plan y el consejo de Dios" (traducción libre).

Si evitamos compartir las enseñanzas incómodas del Nuevo Testamento, no podemos decir como Pablo: *"Si alguien sufre la muerte eterna, no será mi culpa".* De hecho, ¿podría lo opuesto ser verdadero si retenemos partes clave del Nuevo Testamento? Estaba en poder nuestro compartir toda la verdad, pero lo evitamos. ¿Estábamos preocupados con que los simpatizantes no desearan volver a nuestra próxima reunión, servicio o grupo pequeño?

Ahora que ya llevamos años con nuestra cultura cristiana que evita asuntos importantes del carácter mencionados en las Escrituras, estamos recogiendo la cosecha de nuestra negligencia. Tristemente, muchos están en un camino desviado. Se podrían dar innumerables ejemplos con respecto a este punto. Uno que viene a mi mente es una ministra con mucha influencia, autora leída extensamente, y oradora y conferencista popular. En 2016 declaró que su matrimonio se había completado (no sabemos bien lo que significa eso). Se divorció de su esposo y, mientras escribo esto, se ha comprometido con otra mujer y están viviendo juntas.

Regularmente informa a sus seguidores sobre su vida juntas. En uno de sus escritos, comparte una foto besando afectivamente a su compañera, y comenta cómo el viaje de su vida le ha llevado a esta relación y que cada parte de esta relación es "santa". No es así como las Escrituras lo describirían. Mi corazón se rompe por ella. Aquí tenemos a una "ministra del evangelio" que realmente cree que está bien con Dios y que tiene el deseo de ayudar, servir y amar a las personas, pero está engañada genuinamente.

Lo que es aún más desconcertante son los innumerables comentarios favorables y de apoyo que han hecho sus cientos de miles de seguidores. Los comentarios que ella hace indican que está representando a Dios, y sus seguidores lo creen. Mediante todo este viaje su popularidad ha crecido, no ha disminuido. Esto es doloroso, desgarrador, trágico y da miedo, todo a la vez.

En otra trágica situación, uno de los líderes evangélicos más reconocidos en América ha anunciado recientemente a todos sus seguidores y la iglesia en general que deberíamos aceptar plenamente a las parejas homosexuales como seguidores genuinos de Jesús. Dijo que su decisión ha venido de pasar mucho tiempo con parejas homosexuales, y de descubrir que su relación funciona casi igual que la de un hombre y su esposa. La única posibilidad de llegar a esta conclusión es eliminar concienzudamente pasajes del Nuevo Testamento e ignorar toda la narrativa bíblica. Como en el caso de Aarón y el becerro de oro, multitudes serán desviadas de la verdad por el anuncio de este líder.

Este es un engaño trágico. Debido al falso Jesús que ha surgido de nuestra filosofía occidental del ministerio, el auténtico Salvador es cada vez más difícil de encontrar para el mundo perdido. Debemos preguntar: "¿Es este el verdadero Jesús? ¿Es este el amor de Dios? ¿Está el amor genuino definido únicamente por bondad, paciencia y dar a otros?". Todos estos atributos son ciertos y también populares en nuestra sociedad. Sin embargo, ¿podemos ignorar tan fácilmente cómo se define el amor de forma definitiva en las Escrituras: *"Pues este es el amor a Dios, que guardemos sus mandamientos"*. (1 Juan 5:3 RVR 60).

¿Nos hemos conformado con tan solo un consejo parcial del Nuevo Testamento para encontrar nuestra definición de amor?

La necesidad de arrepentirse

¿Es este evangelio desviado un resultado de la ausencia de arrepentimiento? ¿Se les dijo alguna vez a la ministra autora, al pastor y a muchos otros que se alejaran del pecado para seguir a Jesús? ¿O solo les dijeron que hicieran esa oración que se ha convertido en nuestro estándar: *"Jesús, ven a mi vida y hazme cristiano"?*.

Escuchemos las palabras de Pablo:

> *Nunca me eché para atrás a la hora de decirles lo que necesitaban oír, ya fuera en público o en sus casas. He tenido un solo mensaje para los judíos y los griegos por igual: la necesidad de arrepentirse del pecado, de volver a Dios y de tener fe en nuestro Señor Jesús.* (Hechos 20:20-21)

¡Solo un mensaje! ¡El primer paso es la *necesidad* de arrepentirse del pecado! El arrepentimiento es *obligatorio* para convertirse en un hijo de Dios, no es opcional. Sin embargo, no se menciona a menudo en nuestra típica explicación e invitación a la salvación.

Hace unos años el primer día de un ayuno, oí al Espíritu Santo decir: "Lee Marcos capítulo uno". Con mucho interés leí todo el capítulo y no obtuve ninguna idea distinta de las de otras veces. El Espíritu Santo dijo: "Vuelve a leerlo". Lo leí, y no saqué nada nuevo. Él dijo las mismas palabras una tercera, cuarta y quinta vez. Lo leí varias veces… y aúnun así no pasó nada. Esto ocurrió aproximadamente siete veces. Finalmente, lo leí a paso de tortuga, y esta vez la frase de inicio saltó de la página:

> *"Principio del evangelio de Jesucristo(…)".* (Marcos 1:1 RVR60)

Las siguientes palabras fueron la clave: "(…)*He aquí yo envío mi mensajero delante de tu faz, El cual preparará tu camino delante de ti".* El mensajero era Juan el Bautista. Su ministerio fue el del "bautismo de arrepentimiento". Bautismo significa plena inmersión, no parcial. El mensaje de Juan de pleno arrepentimiento es el comienzo, o el lugar de inicio, del evangelio.

Nadie puede tener una auténtica relación con Jesús sin empezar con un arrepentimiento genuino.

El Espíritu Santo después me habló: "El ministerio de Juan está al comienzo de cada uno de los Evangelios. La historia de Juan no está en un libro del Antiguo Testamento, porque su mensaje es una parte vital del evangelio del Nuevo Testamento".

Después el Espíritu me guió a las palabras de Jesús:

> *"Porque todos los profetas y la ley profetizaron hasta Juan".*
> (Mateo 11:13 RVR 60)

Salté de mi asiento y grité: "¡Caramba, es verdad!". Jesús no dijo: "Porque todos los profetas y la ley profetizaron hasta mí (Jesucristo)". No, porque el mensaje de Juan de arrepentimiento completo es el punto de inicio del evangelio del Nuevo Testamento. No habrás entrado en una relación con Jesús a menos que te hayas arrepentido totalmente de patrones de pecado conocidos.

¡El arrepentimiento es la puerta principal!

Recuerda nuestra historia de Justin y Angela, y su extraña idea del matrimonio. Ella nunca abandonó a sus antiguos novios. Amaba profundamente a Justin, era su favorito, y planeaba pasar la mayor parte del tiempo con él. Sin embargo, nunca le informaron que para entrar en un pacto matrimonial con Justin, sería *necesario* cortar lazos, mentalmente, emocionalmente y físicamente, con todos sus antiguos novios. Esta decisión sería el *lugar de inicio* o *comienzo* de su capacidad de entrar en un pacto con Justin.

Ella se asombró de que él se enojara por sus planes de salir con Tony. "*¿Por qué se enoja tanto?*", seguía pensando ella: "*¿Estará celoso?*". Sí, estaba muy celoso, y debería estarlo. Dios es celoso por nosotros, y está bien que lo sea. Hemos entrado en un pacto con Él, ¿cómo es posible que llevemos a otros amantes a ese pacto?

¿Es una casualidad que las primeras palabras de Juan en las Escrituras sean: *"**Arrepentíos**, porque el reino de los cielos se ha acercado".* (Mateo 3:2 RVR 60).

¿Es Juan el único que dice esto? ¿Su mensaje es un mensaje aislado, que no hayan dicho otros mensajeros del Nuevo Testamento? ¡De ninguna manera! Las primeras instrucciones de Jesús son:

> *"**Arrepentíos**, porque el reino de los cielos se ha acercado".*
> (Mateo 4:17 RVR 60)

Nuestro Señor y Rey sabía que el arrepentimiento es el paso necesario y crítico para tener una relación duradera con Dios. Sorprendentemente, este es el criterio que Él usó para decidir si las personas pertenecían o no a Dios.

Después Jesús comenzó a denunciar las ciudades donde había hecho tantos milagros, porque no se habían *arrepentido de sus pecados* para volverse a Dios (ver Mateo 11:20).

Si lo único que una persona tiene que hacer para ser salvo es "volverse a Dios", entonces eso habría sido lo único que Jesús habría señalado. Sin embargo, así como Angela tuvo que olvidarse de sus antiguos novios para entregarse por completo a Justin, así debemos arrepentirnos de nuestros pecados para entregarnos a Jesús.

Vemos este mensaje repetidamente, porque es la misión clave del ministerio de Jesús. Él declara: *"No he venido a llamar… sino a los que saben que son pecadores y **necesitan arrepentirse".*** (Lucas 5:32) Piensa en la palabra *"necesitan".* El arrepentimiento no es opcional. Jesús también le dijo esta frase a un grupo de personas: *"Y ustedes también perecerán a menos que **se arrepientan de sus pecados** y vuelvan a Dios".* (Lucas 13:3)

Esta es la verdad: *No podemos volvernos a Dios sin arrepentimiento.*

Avancemos para ver cómo los discípulos de Jesús veían el compartir el evangelio. Esto es lo que dijeron en su primera tarea de misiones en

solitario: *"Entonces los discípulos salieron y decían a todos que se **arrepintie-**
ran de sus pecados y volvieran a Dios".* (Marcos 6:12)

Piensa en las palabras *decían a todos.* Como no hay salvación sin arrepentimiento, ¡es necesario decírselo a todos! Incluso el rico que estaba en el
infierno sabía la importancia del arrepentimiento de los pecados:

> *El hombre rico respondió: "¡No, padre Abraham! Pero si se les envía
> a alguien de los muertos ellos **se arrepentirán de sus pecados** y vol-
> verán a Dios".* (Lucas 16:30)

¿Y después de la resurrección? ¿Acaso cambió el mensaje? Lucas registra
que Jesús se aparece a sus discípulos. Les reprende por su dureza de corazón y después abre su entendimiento. Después recita lo que los profetas
habían anunciado acerca de Él:

> *También se escribió que este mensaje se proclamaría con la auto-
> ridad de su nombre a todas las naciones, comenzando con Jerusa-
> lén: "Hay perdón de pecados para **todos los que se arrepientan".**
> (Lucas 24:47)

Los profetas anunciaron que el perdón solo se podría encontrar en el
Salvador si primero hay arrepentimiento, y el apóstol Pedro lo imita.
Escuchemos sus primeras palabras enseñando a los fervientes oidores
cómo ser salvos el día de Pentecostés:

> *Cada uno de ustedes **debe arrepentirse de sus pecados** y volver a
> Dios, y ser bautizado en el nombre de Jesucristo para el perdón de
> sus pecados.* (Hechos 2:38)

De nuevo, no es posible volverse a Dios sin arrepentirse primero. ¿Qué
dijo Pablo? ¿Alteró él su mensaje para los gentiles? Claro que no:

> *Obedecí esa visión del cielo. Primero les prediqué a los de Damasco,
> luego en Jerusalén y por toda Judea, y también a los **gentiles:** que
> todos **tienen que arrepentirse de sus pecados** y volver a Dios, y de-
> mostrar que han cambiado, por medio de las cosas buenas que hacen.*
> (Hechos 26:19-20)

Mira las palabras "todos tienen", no "deberían", ni "es una buena idea". ¡De ningún modo! Lo que dice es que *todos tienen que arrepentirse de sus pecados*.

Pablo explicó cómo Dios mismo lo estableció como un requisito para todos, ya sean judíos o gentiles, a fin de obtener la salvación:

> *En la antigüedad Dios pasó por alto la ignorancia de la gente acerca de estas cosas, pero ahora él manda que todo el mundo en todas partes **se arrepienta de sus pecados** y vuelva a él. (Hechos 17:30)*

Si miras las enseñanzas fundamentales de Jesucristo, no te sorprenderá ver que lo primero en la lista es, ¿te lo imaginas?

> *Así que dejemos de repasar una y otra vez las **enseñanzas elementales** acerca de Cristo. Por el contrario, sigamos adelante hasta llegar a ser maduros en nuestro entendimiento. No puede ser que tengamos que comenzar de nuevo con los importantes cimientos acerca del **arrepentimiento de las malas acciones** y de tener fe en Dios. (Hebreos 6:1)*

No he cubierto todos los sitios del Nuevo Testamento donde se da esta orden, pero he escrito los suficientes como para mostrar la importancia del arrepentimiento de pecado. No es posible tener fe en el Señor Jesucristo a menos que haya primero un arrepentimiento de la desobediencia conocida a Dios.

Así que no podemos ser cristianos si permanecemos obstinadamente en la pornografía.

No podemos ser cristianos si rehusamos dejar de tener relaciones sexuales con nuestro novio o novia.

No podemos ser cristianos si rehusamos apartarnos de la homosexualidad.

No podemos ser creyentes si rehusamos abstenernos de engañar en nuestros impuestos.

No podemos ser seguidores de Jesús si nos adherimos a la perversión del género.

No podemos ser cristianos si rehusamos alejarnos del rencor. Y esta lista dista mucho de ser exhaustiva.

Si insistimos en aferrarnos a partes limitadas de lo que el Nuevo Testamento ordena, entonces hemos creado un "Jesús falso". Hemos sido engañados en nuestro corazón, y nuestra fe es solo una imaginación. Y se nos advierte: *"No solo escuchen la palabra de Dios; tienen que ponerla en práctica. De lo contrario, solamente se engañan a sí mismos"* (Santiago 1:22).

¿Cómo van a saber esto las personas que están buscando a Dios, a menos que lo proclamemos? Como líderes, ¿suponemos que de algún modo lo averiguarán? Si nuestra única solicitud para los que buscan es: "¿Estás lejos de Dios? Él está esperando que regreses a casa. Solo haz esta oración conmigo", ¿en verdad les estamos amando?

Si ese es nuestro enfoque, estamos haciendo lo que la familia de Angela y otros hicieron al enseñarle acerca del matrimonio. Descuidaron decirle que para casarse con Justin tenía que alejarse de sus antiguos novios. ¿Supusieron que ella finalmente lo averiguaría? Ahora Angela está confundida y desconcertada. Y Justin, el que la ama y está en verdad comprometido con su pacto, está bastante enojado.

Al margen de la audiencia, hay solo un evangelio verdadero que se debe presentar así: primero, *arrepentimiento* de todos los pecados conocidos y después volverse a Dios. No hay una fe verdadera a menos que haya primero un *arrepentimiento*.

El modo contemporáneo de comunicar el evangelio es hacer que los que buscan crean y oren, después que se alejen de los pecados conocidos, unas semanas, meses o incluso años después de haber creído. Pero ¿es posible que no haya una motivación después para arrepentirse, debido a que el que busca crea que ya es salvo?

Angela lamentó que no le hubieran dicho la verdad antes de tomar la decisión de casarse con Justin. Nosotros también solo desarrollamos asistentes a iglesias en conflicto, cuando no les contamos la verdad acerca de lo que se requiere para ser salvo.

PONTE EN ACCIÓN

El Nuevo Testamento presenta un mensaje claro: no hay salvación sin arrepentimiento de los pecados. No te puedes casar con Jesús si sigues en una relación con el mundo. Tienes que morir a tu vieja vida para comenzar una nueva.

Si pasas algo de tiempo como comunicador, aprendes rápidamente que necesitas dejar muy claros tus puntos más importantes. Si no lo haces, tu audiencia probablemente no te entenderá bien, y el propósito de tu comunicación se perderá. Dios sabe esto. Por eso ha dejado esto tan claro: ¡debemos arrepentirnos!

A estas alturas, probablemente te hayas arrepentido varias veces mientras leías este libro, pero ¿cómo refuerza este capítulo lo importante que es el arrepentimiento? ¿Qué diferencia marca esto en tu vida ahora que lo sabes? ¿Cómo cambia la forma en que interactúas con el mundo, con tus seres queridos o con los perdidos? Pídele a Dios que te muestre una acción específica que puedas introducir en tu vida como respuesta a lo importante que es arrepentirse. Como siempre, escribe lo que Él te diga, incluyendo tu plan para cómo cumplirás estas acciones.

20

ARREPENTIMIENTO

En el capítulo anterior escuchamos varias veces de las Escrituras: "Arrepiéntanse de sus pecados y vuelvan a Dios". Como el arrepentimiento no es opcional, sino *necesario* para recibir la vida eterna, hablemos de él con un poco más de detenimiento. Al desarrollar esta verdad, también descubriremos (en otro capítulo posterior) que, como cristianos, el *arrepentimiento* es esencial para mantener una comunión íntima con Dios.

Primero, es crucial entender que el arrepentimiento en el Nuevo Testamento es distinto al arrepentimiento en el Antiguo Testamento. Cuando el pueblo de Dios se arrepentía en el Antiguo Testamento, se vestía de cilicio y cenizas. Lloraban, se tiraban al suelo y a menudo vertían muchas lágrimas para mostrar su arrepentimiento. Era una muestra externa de remordimiento y un regreso a la obediencia piadosa. No obstante, descubriremos que, en el Nuevo Testamento, el énfasis no está en nuestra muestra externa, sino que se centra en el corazón.

El arrepentimiento en el Nuevo Testamento

En el Nuevo Testamento, el sustantivo "arrepentimiento" (*metanoia*) y el verbo "arrepentirse" (*metanoeo*) se encuentran veinticuatro y treinta y cuatro veces respectivamente. Las definición más común y ampliamente aceptada es "un cambio de mente". Sin embargo, si lo dejamos solamente en eso, perdemos la fuerza de su verdadera definición.

El diccionario *Baker Encyclopedia of the Bible* dice que arrepentimiento es "literalmente un cambio de mente, no sobre planes individuales, intenciones o creencias, sino más bien un cambio en *toda la personalidad*, desde un curso pecaminoso de acción a Dios" (énfasis añadido).

Me encantan las palabras *toda la personalidad*. Puedo cambiar mi mente, y sin embargo no estar persuadido del todo. Al usar estas palabras, los eruditos muestran que hay algo más que un simple cambio de mente o intelecto. El *Lexham Theological Wordbook* profundiza algo más al decir que el arrepentimiento es "un proceso en el que el individuo reorienta la mente y la voluntad, alejándolos del pecado y dirigiéndolos hacia Dios".

El arrepentimiento ciertamente involucra la mente, pero profundiza aún más; conlleva nuestra voluntad y nuestras emociones. Penetra hasta lo profundo de nuestro corazón donde somos firmemente persuadidos desde el centro de nuestro ser. Jesús dice:

> *Pues del corazón salen los malos pensamientos, el asesinato, el adulterio, toda inmoralidad sexual, el robo, la mentira y la calumnia. Esas cosas son las que los contaminan.* (Mateo 15:19-20)

La conducta, ya sea espontánea o habitual, surge de lo más profundo de nuestro ser. Si lo único necesario para el verdadero arrepentimiento fuera cambiar solamente nuestro intelecto, entonces Jesús habría dicho que estas conductas salen de nuestra mente. La Escritura dice: "*Porque cual es su pensamiento en su corazón, tal es él*". (Proverbios 23:7 RVR 60) La forma en que percibimos la vida en lo más hondo de nuestro ser dicta nuestras acciones o respuestas, y estas nos definen.

Quizá estés pensando: *Yo no quiero que mi conducta me defina*. Estoy de acuerdo, no es una verdad agradable, pero no podemos ignorar las palabras de Jesús: "*Puedes identificarlos por su fruto, es decir, por la manera en que se comportan*". (Mateo 7:16) La verdad es que nuestras acciones nos definen, no nuestras intenciones.

Este conocimiento por sí solo ilustra el poder del evangelio, porque contiene la capacidad de cambiar estos pensamientos internos, alterando así nuestra conducta. Ser verdaderamente impactado por el evangelio no es tener una nueva manera de pensar ni una respuesta emocionalmente cargada, sino un cambio profundo de percepción y creencia acompañado por una conducta genuinamente reformada.

El arrepentimiento se produce cuando despertamos a la verdad y somos totalmente persuadidos hasta lo más hondo de nuestro ser de que nuestra filosofía o conducta es contraria a la de nuestro Creador. Esta comprensión sentida tiene como resultado no solo un cambio de perspectiva, sino también de nuestros deseos y conducta. Lo que deseamos y amamos que es contrario a Dios, decidimos cambiarlo firmemente en lo más hondo, para alejarnos de esas cosas o incluso para aborrecerlas. El arrepentimiento es una verdadera humildad, y la humildad abre la puerta a la gracia inmerecida de Dios, que nos capacita para vivir vidas piadosas.

El incrédulo

El arrepentimiento se aplica al incrédulo y también al creyente, pero de formas ligeramente distintas. Hablemos primero del incrédulo.

En el capítulo anterior oímos regularmente a Juan el Bautista, a Jesús y a sus discípulos decir: "Arrepiéntanse del pecado y vuelvan a Dios". Estos dos mandatos están en realidad íntimamente conectados y no son independientes el uno del otro. En otras palabras, no se puede tener el uno sin el otro, porque son como las dos caras de una misma moneda. El arrepentimiento bíblico es volverse a Dios en todos los aspectos. El que verdaderamente acude a Cristo declara:

> "He vivido juzgando por mí mismo qué es lo mejor para mí, pero ahora sé que estoy completamente equivocado. A partir de este momento, cualquier cosa que Dios diga que es lo mejor lo creeré y aceptaré con todo mi corazón, con toda mi mente y mi conducta".

Esta persona decide con el corazón (el cual incluye el intelecto, las emociones y la voluntad) hacer la voluntad de Dios. La bendición acompañante es que él o ella seguirá oyendo la voz de Dios. De nuevo, como recordatorio, Jesús dice: *"Todo el que quiera (tenga la voluntad) hacer la voluntad de Dios sabrá si lo que enseño proviene de Dios"* (Juan 7:17). Al arrepentirse, el incrédulo pasa del autogobierno a la absoluta sumisión a Dios, y esto abre su corazón a escuchar su voz.

Cuando los incrédulos se arrepienten de verdad, se alejan de la idolatría y adoptan una postura de total sumisión y obediencia a la autoridad de Dios. Esencialmente están declarando: "Ya no quiero tener los pensamientos, creencias, razonamientos o argumentos que se exaltan por encima de la Palabra de Dios". Pablo declara valientemente:

> *Usamos las armas poderosas de Dios, no las del mundo, para derribar las fortalezas del razonamiento humano y para destruir argumentos falsos. Destruimos todo obstáculo de arrogancia que impide que la gente conozca a Dios. Capturamos los pensamientos rebeldes y enseñamos a las personas a obedecer a Cristo.* (2 Corintios 10:4-5)

Las armas de Dios son su Palabra, su sabiduría y su consejo. Las armas terrenales son filosofía, cultura, costumbres, leyes o estilos de vida de la sociedad que son contrarias a la Palabra de Dios. Quizá preguntes: "¿El mundo tiene armas?". Sí, claro, hay una continua arremetida del infierno vía el sistema del mundo para comprometer al cristiano y al incrédulo por igual.

En el versículo de arriba, observa los términos *"derribar"* y *"destruir"*. Estas mismas palabras se usan frecuentemente en el Antiguo Testamento cuando las personas se alejaban de la idolatría. Israel *derribaba*, aplastaba, demolía o *destruía* los ídolos erigidos. (Ten en mente lo que en verdad estaban haciendo; la raíz de la idolatría son patrones habituales de pecado conocido. Eso es lo que realmente estaban destruyendo, no solo estatuas).

Este principio del que Pablo habla no es distinto. Usamos la Palabra de Dios para confrontar esos pensamientos idólatras en hombres y mujeres que están separados de Cristo. Al hacerlo, los oyentes se arrepienten de todo razonamiento (derriban y destruyen), argumento o desobediencia humanos a la autoridad de Dios. En esencia, eso es lo que significa arrepentirse del pecado practicado. Al hacerlo, una persona en verdad está volviéndose a Dios, lo cual le hace libre.

Diferencia filosófica

Esto nos lleva a una de las enormes diferencias filosóficas del ministerio en tiempos modernos, especialmente en Occidente. Un gran número de líderes han adoptado la mentalidad de que para alcanzar a los perdidos, tenemos que enfocar nuestros mensajes en los aspectos no polémicos del evangelio. En otras palabras, mantenernos positivos y refrenarnos de identificar pecados que exigen arrepentimiento. Con este enfoque, ya sea consciente o inconscientemente, nos convertimos en comerciales que intentan persuadir al comprador de los beneficios del artículo, dejando de mencionar cualquier lado negativo. Tristemente, esta mentalidad se ha vuelto casi estándar en los métodos para alcanzar a los perdidos.

Hay dos beneficios aparentes en esta filosofía errónea del ministerio. El primero es que eliminamos cualquier probabilidad de darles una paliza a las personas. El legalismo carece de compasión, y está más enfocado en la letra de la ley debido al deseo de algunos de tener la razón, de controlar la conducta y de ser reconocidos como autoridad. Debido a su dureza, el legalismo deja tras su estela almas heridas que no tienen lugar ahora para buscar a Dios, ya que la persona o institución que representaba a Jesús les ha golpeado. El legalismo podría ser la causa de que más personas se alejen de una verdadera relación con Dios, que ninguna otra cosa.

Jesús identificó las consecuencias del "ministerio" legalista: *"Pues le cierran la puerta del reino del cielo en la cara a la gente. Ustedes no entrarán ni tampoco dejan que los demás entren".* (Mateo 23:13)

Así que nuestro deseo de eliminar el legalismo es correcto, pero no podemos irnos al otro extremo. ¿Deberíamos evitar el verdadero ministerio del Nuevo Testamento por temor a volver a lo que en un tiempo dañó a las personas? ¿Evitamos confrontar el pecado y llamar al arrepentimiento para evitar cualquier posible atisbo de legalismo? ¿Arrojamos el bebé con el agua sucia de la bañera?

Tenemos que tratar estas preguntas, porque lo que ahora se ha convertido en la norma en el evangelismo no es bíblico. ¿Cómo podemos ofrecer salvación sin arrepentimiento, si la Biblia claramente muestra que el arrepentimiento es *necesario*? Y también, aquellos a los que estamos alcanzando con un evangelio limitado, ¿verdaderamente son salvos?

El segundo "beneficio" de esquivar el arrepentimiento es que podemos ganar convertidos con más facilidad y así construir un ministerio, iglesia o grupo pequeño más grande. Pero ¿hemos olvidado que los que siguieron el error de Aarón fueron la mayoría? La grandeza o pequeñez de nuestros seguidores no determina si estamos alineados con el corazón de Dios. La verdad, y no los miembros, es el factor determinante.

¿Hemos olvidado el precio de seguir a Jesús? ¿Hemos pasado por alto sus repetidas instrucciones de abandonar el pecado (negarnos a nosotros mismos) y tomar nuestra cruz (completa disposición a obedecerlo a Él)?

Si no confrontamos el pecado practicado, la persona que recibe a Jesús vivirá continuamente según los estándares que marca la sociedad, en vez de según la Palabra de Dios. En nuestra sociedad, es perfectamente normal vivir y dormir con el amante con el que no se está casado, practicar la homosexualidad, incluso hasta el punto de lo que se ha etiquetado incorrectamente como *matrimonio*; beber en exceso, consumir marihuana y otras sustancias, entretenernos con programas, videos o películas lascivas, corruptas o irreverentes, y mucho más. Esta lista está muy lejos de ser exhaustiva. Sin embargo, todas esas cosas se oponen directamente a los mandatos del Nuevo Testamento.

Los estándares del cielo

En realidad, ¿hay mandamientos en el Nuevo Testamento? Sí, claro, de hecho hay más de quinientos mandamientos en el Nuevo Testamento para que nos alejemos de varios pensamientos o conductas. El apóstol Pablo, el hombre que recibió la revelación más grande sobre la gracia de

Dios, escribe: *"La circuncisión nada es, y la incircuncisión nada es, sino el guardar los mandamientos de Dios".* (1 Corintios 7:19 RVR 60).

Por ejemplo, Dios manda claramente que el sexo fuera del matrimonio no solo está prohibido, sino que será juzgado. Estas no son palabras vacías:

> *Pueden estar seguros de que ninguna persona inmoral, impura o avara heredará el reino de Cristo y de Dios (…) No se dejen engañar por los que tratan de justificar esos pecados, porque el enojo de Dios caerá sobre todos los que lo desobedecen.* (Efesios 5:5-7)

Y de nuevo:

> *Con toda seguridad, Dios juzgará a los que cometen inmoralidades sexuales y a los que cometen adulterio.* (Hebreos 13:4)

Lo que acabamos de leer no solo aborda el tema del sexo fuera del matrimonio, sino también incluye ciertamente la pornografía o cualquier otra impureza sexual. Por lo tanto, ¿cómo se enterarán de esto los que buscan si evitamos declararlo? ¿Realmente amamos a quienes queremos alcanzar no diciéndoles estas verdades?

Dios es claro en que los que practican el adulterio, la homosexualidad, el robo, la borrachera (que incluye ciertas drogas) y otras conductas que hoy son socialmente aceptables para muchas personas, no heredarán el reino de Dios:

> *¿No se dan cuenta de que los que hacen lo malo no heredarán el reino de Dios? No se engañen a sí mismos. Los que se entregan al pecado sexual o rinden culto a ídolos o cometen adulterio o son prostitutos o practican la homosexualidad o son ladrones o avaros o borrachos o insultan o estafan a la gente: ninguno de esos heredará el reino de Dios.* (1 Corintios 6:9-10)

Los legalistas han hecho un gran daño con su falta de amor genuino y de compasión. Han usado palabras del Nuevo Testamento, acompañadas de sus propias convicciones y reglas, como instrumentos para conformar a las personas a su conducta aprobada. Pero ¿hemos llegado al punto de que ahora dejamos de declarar los mandatos de Jesús, ya sea directamente de su boca o mediante los escritos de sus apóstoles?

Recientemente hablé de estas palabras de 1 Corintios en una gran iglesia muy conocida. Después de hablar en la primera de varias reuniones, el pastor me dijo que no mencionara el tema de la homosexualidad en ninguno de los servicios restantes. Irónicamente, a la vez, una mujer policía que había estado en una relación lésbica durante más de veinte años se acercó a nuestra mesa de libros y recursos llorando, y dijo: "Necesito este libro del que habló esta noche, ¿*Bueno o eterno*?; John realmente me habló a mí hoy".

¿Cómo se conocerá el estándar del cielo si seguimos con nuestra actual filosofía ministerial? Piensa en el mensaje de Juan el Bautista. Su enseñanza confrontaba los pecados que prevalecían en la sociedad de su tiempo. Les dijo a quienes acumulaban riquezas que dieran a los pobres, a los que robaban que dejaran de robar, a los que intimidaban que dejaran de intimidar, y a los trabajadores que estuvieran satisfechos con sus salarios (ver Lucas 3:10-14). Las personas viajaban hasta el duro desierto para oírle, porque anhelaban oír la verdad. Tras oír lo que él tenía que decir, respondieron y confesaron sus pecados. Ellos no eran distintos a la mujer policía en la reunión de esa iglesia que no era consciente de las graves consecuencias de las decisiones de su estilo de vida.

Juan el Bautista le dijo públicamente a Herodes, el rey de Judea, que estaba quebrantando la Palabra de Dios al dormir con la esposa de su hermano, y después Juan perdió su cabeza mediante ejecución por enseñar esta verdad. Juan no estaba intentando agradar al gobernante influyente, sino que se ganó el respeto. Si Juan hubiera evitado confrontar públicamente el pecado de Herodes, habría vivido más tiempo. Pero piensa en el resultado a largo plazo: más adelante, Jesús honró a Juan delante de una gran multitud (ver Mateo 11:7-15), y solo podemos imaginar las recompensas eternas que recibirá el día del juicio. Juan fue fiel en establecer el estándar del cielo por causa de los perdidos.

Pablo siguió este ejemplo al escribir y predicar las mismas cosas. Su mensaje a los perdidos fue claro: *"que todos tienen que arrepentirse de sus pecados y volver a Dios, y demostrar que han cambiado, por medio de las cosas buenas que hacen"* (Hechos 26:20). Él mandó a Timoteo, diciendo: *"Corrige, reprende y anima a tu gente con paciencia y buena enseñanza"* (2 Timoteo 4:2). Le dijo a otro ministro: *"Tienes la autoridad para corregirlos"* (Tito 2:15).

Pablo no dejó espacio alguno para el compromiso. En una ocasión, tuvo una oportunidad asombrosa de predicar el evangelio a un líder nacional rico e influyente llamado Félix y su esposa Drusila. El gran apóstol no les dio un mensaje edificante y nada polémico. Leemos:

> *Mandó llamar a Pablo, y lo escucharon mientras les habló acerca de la fe en Cristo Jesús. Al razonar Pablo con ellos acerca de la justicia, el control propio y el día de juicio que vendrá, Félix se llenó de miedo. «Vete por ahora —le dijo—. Cuando sea más conveniente, volveré a llamarte».* (Hechos 24:24-25)

La Biblia Amplificada Clásica arroja mayor claridad : "Pero según continuó hablando de rectitud y pureza de vida (el control de las pasiones), y el juicio venidero, Félix se alarmó *y* se aterró, y dijo, 'Vete'".

Al leer toda la historia, descubrimos que Félix mandó llamar a Pablo porque quería oír acerca de Dios y la vida después de la muerte. El gobernante definitivamente quería una relación con su Creador. Se le podría comparar hoy a alguien que busca, alguien interesado que no es creyente y que visita una iglesia. La predicación de Pablo obviamente confrontó los pecados que Félix no estaba dispuesto a soltar, porque se *aterró* y echó fuera a Pablo.

En la actualidad, eso se podría comparar a un incrédulo influyente que sale de una reunión diciendo: "No volveré más, ¡el mensaje me asustó!". ¿Por qué se asustaría? ¿Sería la falta de voluntad para dejar algún pecado que confrontó el mensaje?

Si Pablo hubiera hablado en línea con nuestra filosofía occidental actual, su mensaje habría sido: "Félix, Dios te ama. Él envió a Jesús a morir por ti para que pudieras ser salvo. ¿Te gustaría recibirlo en tu corazón? Si es así, haz esta oración conmigo: 'Jesús ven a mi corazón y hazme un hijo de Dios'". Y eso habría sido todo.

Por el contrario, las palabras de Pablo asustaron a Félix. Pablo sabía que la única forma de que Félix pudiera ser cristiano sería si se arrepentía de sus pecados conocidos. Si Pablo hubiera hecho *la típica oración para recibir al Señor* con Félix, este habría sido *engañado*. Habría creído que había nacido de nuevo, pero en realidad aún sería un *idólatra no salvo*. De hecho, Pablo hubiera abierto un camino para que la kriptonita se infiltrara en la iglesia. Pero Pablo, como fiel ministro de Jesucristo, no tuvo parte en eso.

Sé que todo esto es serio, pero nosotros no deberíamos ser distintos como embajadores del evangelio hoy día.

PONTE EN ACCIÓN

La mayoría de las iglesias de hoy se formaron haciendo que las personas repitieran la "oración del pecador": un simple rezo que reconoce el sacrificio de Jesús por nuestros pecados y le invita a entrar a nuestro corazón. Imagínate cómo sería tu iglesia local si el equipo del liderazgo comenzara a invitar a las personas a arrepentirse de sus pecados y volverse a Dios. ¿Cuántas personas crees que se quedarían?

Este puede ser un concepto discorde de imaginar, especialmente para los líderes de las iglesias. Sin embargo, imagínate cómo serían los que se quedaran. El Primer Gran Despertar se destacó por cómo los predicadores del avivamiento viajaban a *iglesias* para predicar el arrepentimiento, y cómo los que oían el mensaje se aferraban a sus sillas y se caían de los bancos, gritando y llorando en arrepentimiento, rogándole a Dios que les salvara. Fueron aquellos que se arrepintieron, por miles y miles, los que cambiaron el mundo. Ciudades enteras se volvieron de sus pecados a Dios.

Predicar el arrepentimiento podría vaciar nuestras iglesias, o más probablemente podría llenarlas. Pídele a Dios que te muestre el potencial del arrepentimiento, y después haz una oración a Él para liberar eso en tu vida y en tu iglesia.

21

LOS TRES REYES

Una segunda lectura de seis libros del Antiguo Testamento es lo que inspiró que escribiera este libro.

Durante los últimos cuarenta años, he leído y estudiado los libros de Samuel, Reyes y Crónicas en muchas ocasiones. Pero recientemente, oré metódicamente y los leí como nunca lo había hecho. Me sorprendió cuando Dios abrió mis ojos a algo que no había observado previamente.

Lo que viene a continuación puede parecer un tanto académico e incluso tedioso, pero solo afirmar la conclusión de lo que descubrí minimizaría el impacto si no compartiera el breve resumen de los reyes del Antiguo Testamento. Hay una verdad poderosa que se revela al resumir sus vidas, que no es igual de obvia si se leen los seis libros por completo, debido a todas las historias entretejidas en ellos.

En mis anteriores lecturas de estos libros, siempre había supuesto que había básicamente dos categorías de reyes: los que "hicieron lo recto ante los ojos de Jehová" y los que fueron "idólatras". Sin embargo, desde entonces me he dado cuenta de que realmente existen *tres* grupos de reyes.

La verdad es que ninguno de los reyes de Israel verdaderamente hizo lo recto a ojos del Señor, con la excepción de Jehú, pero tristemente incluso él también se torció al final de sus días. Así que vayamos a Judá. Hubo un total de veinte reyes que reinaron sobre Judá, además de Saúl, David y Salomón. Los reyes idólatras fueron Roboam, Abiam, Joram, Ocozías, Atalía (reina), Acaz, Manasés, Amón, Joacaz, Joacim, Joaquín y Sedequías. Bajo el liderazgo de estos reyes, Judá sufrió dificultades únicas y ataques de sus adversarios, que a menudo no pudieron vencer y causaron mucho daño a la nación.

Después estaban los reyes que hicieron lo recto. (David y Salomón hicieron lo recto, aunque Salomón flaqueó en sus años finales). Cuando el reino se dividió, fueron: Asa, Josafat, Joás, Amasías, Uzías, Jotam, Ezequías y Josías. Sin embargo, esta lista de ocho reyes se puede dividir en dos categorías más. La primera son los que hicieron lo recto ante los ojos del Señor en sus vidas personales, pero no confrontaron ni derribaron los lugares altos de adoración de ídolos entre el pueblo que dirigieron.

Por el contrario, en el segundo grupo estarían los que no solo hicieron lo recto ante ojos del Señor en su vida personal, sino que también derribaron y destruyeron los lugares altos de adoración de ídolos entre los que dirigieron. El éxito de la nación bajo estos reyes fue considerablemente distinto al de quienes no confrontaron los lugares altos. Veamos cada uno de ellos.

1. David. No hubo idolatría en la nación durante su reinado. Animó con fervor al pueblo a servir al Señor con todo su corazón, mente, alma y cuerpo. No perdió guerras, y su reino se hizo muy rico. Situó a su hijo bien para comenzar su reinado.

2. Salomón. Durante una buena parte del reinado de Salomón, siguió los pasos de su padre David. Los resultados de su obediencia, no solo en su vida, sino también entre aquellos a los que dirigió, fueron destacados. Leemos: *"Durante la vida de Salomón, los habitantes de Judá e Israel vivieron en paz y con seguridad. Desde Dan, en el norte, hasta Beerseba, en el sur, cada familia tenía su propia casa con jardín"* (1 Reyes 4:25). Piensa en esto: nadie necesitaba ayuda del gobierno, porque la prosperidad abundaba en la nación. Su liderazgo fue tan grande que *"los reyes de todas*

las naciones enviaban a sus embajadores a escuchar la sabiduría de Salomón" (1 Reyes 4:34). De hecho, después leemos: *"Gente de todas las naciones lo visitaba para consultarlo y escuchar la sabiduría que Dios le había dado"* (1 Reyes 10:24). También leemos: *"y tuvo éxito en todo, y todo Israel lo obedeció"*. (1 Crónicas 29:23) La nación era extremadamente exitosa: *"El rey hizo que en Jerusalén la plata y el oro fueran tan abundantes como las piedras. Además, la valiosa madera de cedro era tan común como la higuera sicómoro que crece en las colinas de Judá"*. (2 Crónicas 1:15)

Sin embargo, con el paso del tiempo Salomón desobedeció a Dios y se casó con muchas mujeres extranjeras. Ellas desviaron el corazón del rey hacia otros dioses (pecado practicado conocido) y por consiguiente, el Señor hizo surgir adversarios que obstaculizaron el progreso de Salomón y comenzaron los problemas para su reino (ver 1 Reyes 11:14, 23). El resultado de su conocida desobediencia fue que el reino se dividió, su hijo se quedó con dos tribus y las otras diez tribus se perdieron.

A partir de aquí, solo enumeraré los reyes de Judá:

3. Roboam. No hizo lo recto ante los ojos del Señor.

4. Abiam. No hizo lo recto ante los ojos del Señor.

5. Asa. Siguió a Dios con pasión. No solo hizo lo recto ante los ojos del Señor en su vida personal, sino que también buscó agresivamente y destruyó la idolatría entre el pueblo al que dirigió. Desmanteló templos de prostitutos y prostitutas, se deshizo de todos los ídolos, y depuso a su abuela Maaca de su posición como reina madre, porque había hecho un poste obsceno de Asera (ver 1 Reyes 15:11-13). También eliminó los altares extranjeros y los santuarios paganos, derribó los pilares sagrados, cortó los postes de Asera y quitó los santuarios paganos y los altares de incienso de todas las ciudades de Judá. Básicamente, Asa llamó al pueblo de Judá al arrepentimiento de su pecado practicado.

Les mandó a buscar al Señor y obedecer sus leyes y mandatos (ver 2 Crónicas 14:2-4).

Hubo beneficios por decirle al pueblo que se alejara de los pecados habituales: *"Entonces el reino de Asa disfrutó un período de paz"* (2 Crónicas 14:5). Durante ese periodo de paz, pudo edificar las ciudades fortificadas por todo Judá. Nadie intentó hacer guerra contra él durante ese periodo. Después, un ejército de un millón de hombres atacó Asa y Judá, pero leemos: *"El Señor y su ejército los destruyeron; y el ejército de Judá se llevó un enorme botín"* (2 Crónicas 14:13). No solo fue derrotado el ejército enemigo, sino que Judá se llevó un gran botín de su ataque.

Vemos claramente la bendición de un líder que no solo obedeció personalmente a Dios y se alejó de todo pecado habitual conocido, sino que también llamó al pueblo al que dirigió a hacer lo mismo.

6. Josafat. Él también fue un rey que hizo lo recto ante los ojos del Señor tanto en su vida personal como en su liderazgo. Llamó a su pueblo a arrepentirse de la idolatría (pecado habitual conocido). Eliminó de la tierra lo que quedaba de los santuarios de prostitutos y prostitutas (ver 1 Reyes 22:46). Eliminó los santuarios paganos y los postes de Asera de Judá (ver 2 Crónicas 17:6). En su tercer año de reinado, envió oficiales a enseñar en todas las ciudades de Judá. Ellos tomaron copias de la ley del Señor y viajaron por todas las ciudades de Judá, enseñando a las personas.

¿Cuáles fueron los resultados del liderazgo de Josafat? *"Entonces el temor del Señor vino sobre todos los reinos vecinos para que ninguno de ellos quisiera declarar la guerra contra Josafat. Algunos de los filisteos le llevaron regalos… Entonces Josafat llegó a ser cada vez más poderoso."* (2 Crónicas 17:10-12). Después leemos: *"Josafat disfrutó de muchas riquezas y de gran estima".* (2 Crónicas 18:1) Ejércitos vinieron contra él y Judá, pero Dios hizo que se destruyeran a sí mismos, y Judá recibió enormes cantidades de botín como resultado de ello.

Después leemos: *"Por eso el Señor estableció el dominio de Josafat sobre el reino de Judá (...) llegó a ser muy rico y gozó de gran estima. Estaba profundamente comprometido con los caminos del Señor"* (2 Crónicas 17:5-6).

Su gran error fue hacer una alianza con la familia de Acab, que eran todos idólatras. Esto casi le costó la vida, y terminó corrompiendo a su hijo. Un profeta llamado Jehú le confrontó: *"¿Por qué habrías de ayudar a los perversos y amar a los que odian al Señor?"* (2 Crónicas 19:1-2). Sin embargo, en general Josafat y Judá prosperaron grandemente por su obediencia, lo cual ciertamente incluyó confrontar el pecado habitual del pueblo (idolatría).

7. Joram. No hizo lo recto ante los ojos del Señor.

8. Ocozías. No hizo lo recto ante los ojos del Señor.

9. Atalía (reina). No hizo lo recto ante los ojos del Señor.

10. Joás. Está escrito de él: *"Joás hizo lo que era agradable a los ojos del Señor"* (2 Crónicas 24:2). Sin embargo, con respecto a su liderazgo es otra historia. No derribó los lugares altos idólatras. En otras palabras, no llamó al pueblo al que dirigió al arrepentimiento de su pecado habitual. Finalmente leemos: *"los líderes de Judá (...) lo persuadieron para que escuchara sus consejos. ¡Decidieron abandonar el templo del Señor (...) y, en cambio, rindieron culto a ídolos y a los postes dedicados a la diosa Asera!"* (2 Crónicas 24:17-18).

El pueblo al que supuestamente debía influenciar finalmente lo influenció a él; leemos que *"a causa de este pecado, el enojo divino cayó sobre Judá y Jerusalén"* (versículo 18). Un profeta fue a él y le dijo: *"¿Por qué desobedecen los mandatos del Señor e impiden su propia prosperidad?"*. (versículo 20) Después finalmente: *"En la primavera de ese año el ejército arameo marchó contra Joás(...)*

mataron a todos los líderes de la nación(...)enviaron todo el botín a(...) Damasco(...) los arameos atacaron con solo un ejército pequeño, el Señor los ayudó a vencer al ejército mucho más grande de Judá(...)por eso se llevó a cabo juicio sobre Joás" (versículos 23-24). Él fue herido por los arameos y después asesinado. El reino de Joás es un ejemplo de un líder que no confronta el pecado habitual y las inevitables consecuencias terribles.

11. Amasías. Leemos: *"Amasías hizo lo que era agradable a los ojos del Señor, pero no de todo corazón".* (2 Crónicas 25:2) *"No destruyó los santuarios paganos, y la gente siguió ofreciendo sacrificios y quemando incienso allí".* (2 Reyes 14:4) Las consecuencias tampoco fueron buenas para el reino. Amasías derrotó a Edom y se enorgulleció mucho de ello. Esto le condujo a desafiar al rey de Israel, Joás, en batalla. Joás le advirtió que no se metieran con su nación. Amasías no escuchó y fue "destruido" por el ejército de Israel. Él fue capturado. Después Israel derribó ciento ochenta metros del muro de Jerusalén, y se llevaron todo el oro y la plata y todos los artículos del templo del Señor. Israel se apropió de los tesoros del palacio real, junto a los rehenes. Amasías fue asesinado (ver 2 Crónicas 25:11-28). De nuevo, vemos que no fue bien para el líder que comenzó haciendo lo agradable ante los ojos del Señor, pero no confrontó el pecado habitual del pueblo bajo su liderazgo.

12. Uzías. Hizo lo recto ante los ojos de Dios, y mientras buscó al Señor, Dios le hizo prosperar. Llegó a ser muy poderoso y exitoso. Aunque no hay nada escrito sobre lo que hizo con respecto a los lugares de adoración idólatras, sí sabemos que él personalmente murió siendo leproso debido al orgullo.

13. Jotam. No se ha escrito mucho sobre este rey. Hizo lo recto ante los ojos del Señor, pero el pueblo continuó en sus caminos corruptos. Tristemente, *"no destruyó los santuarios paganos, y la gente seguía ofreciendo sacrificios y quemando incienso allí"* (2 Reyes 15:35). Las consecuencias fueron: *"En esos días, el Señor comenzó*

a enviar contra Judá al rey Rezín de Aram y al rey Peka de Israel".
(2 Reyes 15:37)

14. Acaz. No hizo lo recto ante los ojos del Señor.

15. Ezequías. El padre de Ezequías, Acaz, fue un rey muy perverso. Acaz cerró las puertas del templo y detuvo toda la verdadera adoración. Lo primero que hizo Ezequías fue volver a abrir las puertas del templo del Señor, limpió todos los artículos profanos y reparó el edificio. Se dice de él: *"hizo lo que era agradable a los ojos del Señor, igual que su antepasado David. Él quitó los santuarios paganos, destrozó las columnas sagradas y derribó los postes dedicados a la diosa Asera. Hizo pedazos la serpiente de bronce que Moisés había hecho, porque la gente de Israel seguía ofreciéndole sacrificios".* (2 Reyes 18:3-4) Después volvió a instituir el festival de la Pascua del Señor. Fue un gran evento, y cuando las personas se fueron, *"fueron a todas las ciudades de Judá, Benjamín, Efraín y Manasés, destrozaron todas las columnas sagradas, derribaron los postes dedicados a la diosa Asera y quitaron los altares y los santuarios paganos".* (2 Crónicas 31:1)

Está escrito de Ezequías: *"Permaneció fiel al Señor en todo y obedeció cuidadosamente todos los mandatos que el Señor le había dado a Moisés. Por eso el Señor estaba con él, y Ezequías tuvo éxito en todo lo que hizo".* (2 Reyes 18:6-7) Los asirios vinieron contra él, pero al final el ángel del Señor fue al campamento asirio y mató a 185.000 soldados. Como Ezequías trató el pecado habitual conocido del pueblo bajo su liderazgo, le fue muy bien tanto a él como a la nación.

16. Manasés. No hizo lo recto ante los ojos del Señor.

17. Amón. No hizo lo recto ante los ojos del Señor.

18. Josías. Fue un rey radicalmente obediente tanto en su vida personal como en su liderazgo. Está escrito de él: *"Allí el rey les leyó [a todos los habitantes de Jerusalén y Judá] todo el libro del pacto,*

que se había encontrado en el templo del Señor". (2 Reyes 23:2) Después renovó el pacto, y mandó a los sacerdotes eliminar todos los objetos del templo del Señor que se habían usado para adorar a Baal, Asera y todos los poderes de los cielos. Los quemó y puso las cenizas sobre las tumbas de las personas que habían sido idólatras.

Hay mucho que decir acerca de lo que hizo este líder para deshacerse de la desobediencia habitual conocida. Yo subrayé en mi Biblia cada vez que dice que Josías "quitó, quemó, eliminó, llevó fuera, molió, derribó, profanó, destruyó, destrozó, ordenó sacar" y cualquier otra palabra usada para confrontar el pecado conocido en Judá. Estas palabras aparecen veinticinco veces solo en el capítulo 23 de 2 Reyes. Está escrito de este rey: *"Nunca antes hubo un rey como Josías, que se volviera al Señor con todo su corazón, con toda su alma y con todas sus fuerzas, obedeciendo todas las leyes de Moisés. Desde entonces nunca más hubo un rey como él".* (2 Reyes 23:25) Le fue bien tanto a él como al pueblo que dirigió durante su vida.

19. Joacaz. No hizo lo recto ante los ojos del Señor.

20. Joacim. No hizo lo recto ante los ojos del Señor.

21. Joaquín. No hizo lo recto ante los ojos del Señor.

22. Sedequías. No hizo lo recto ante los ojos del Señor.

Resumamos la historia de estos reyes: a la larga, les fue bien a los líderes que vivieron vidas piadosas y confrontaron el pecado habitual (idolatría) en aquellos a los que dirigían. Este escenario agradable no fue cierto para la nación cuando el líder llevó una vida piadosa, pero no confrontó el pecado habitual del pueblo.

Deberíamos aprender de esto en la iglesia actual. Vamos rumbo a la dificultad cuando tan solo les damos a quienes buscan de dios una invitación a hacer una oración de pecador desprovista de un llamado al verdadero arrepentimiento. ¿Qué ocurrirá si nuestros "nuevos convertidos" no tienen planes de apartarse de sus pecados? Estamos invitando a los idólatras a nuestra comunidad.

Nosotros los líderes podemos vivir piadosamente en nuestra vida privada, pero si no confrontamos los lugares altos de pecado entre el pueblo, habrá consecuencias, y el resultado será similar a los reyes enumerados arriba. Quizá tengamos éxito a corto plazo, pero no terminará bien. Les fue bien al principio a varios de los reyes que no confrontaron la desobediencia de su pueblo, pero su falta de liderazgo finalmente acabó con ellos.

Si escogemos esta forma no polémica de compartir el evangelio, terminaremos con idólatras que creen que están bien delante de Dios. Básicamente, estamos exponiendo a nuestra comunidad a la kriptonita espiritual.

PONTE EN ACCIÓN

Es tan común perder de vista el panorama general al mirar todos los detalles, que incluso tenemos un dicho para ello: perdemos de vista el bosque por mirar a los árboles. Podemos hacer lo mismo al estudiar la Palabra de Dios, especialmente cuando observamos largos periodos de la historia. Sin embargo, trazar los temas a través de una línea de tiempo como hace este capítulo revela patrones que de lo contrario no veríamos. Nos muestra el panorama completo.

El panorama completo de la historia de Israel y Judá es que Dios prosperó a los líderes cuando ellos fueron más allá de poner en orden solamente sus vidas, al asumir la responsabilidad de todo aquello sobre lo que Dios les había dado autoridad.

Quizá tú no eres un rey o una reina. Quizá no seas jefe ni supervisor en tu trabajo, pero tienes un reino sobre el que Dios te ha dado autoridad. Tu manera de tomar responsabilidad sobre esa área, y no solo sobre tu vida personal, tendrá una influencia importante sobre cómo Dios actúa por ti. Pídele a Dios que te revele tu esfera de autoridad y te dé sabiduría para cómo tomar la responsabilidad de ser recto en esa área. Escribe lo que Él te diga, y después haz planes para llevarlo a cabo.

ELIMINAR LA KRIPTONITA

22

EL ENFRENTAMIENTO

Comencemos el viaje para eliminar la kriptonita, tanto individualmente como colectivamente, "enfrentándonos" primero a las consecuencias de ser negligentes en erradicar esta sustancia letal.

En la escuela intermedia se nos exigía tomar un curso obligatorio de dos días sobre concienciación sobre las drogas ilegales, el cual revelaba las horribles consecuencias del consumo de drogas. En todos mis años locos de fiestas antes de conocer a Cristo, nunca tomé ninguna droga ilegal, ya que el temor a las consecuencias me protegió de ello.

Ciertamente hay un temor no saludable, y Jesús nos ha librado de él. Sin embargo, hay un temor piadoso, similar al que yo experimenté en la intermedia con las drogas, que nos mantiene alejados de lo que se llevaría nuestras vidas. La Escritura dice: "Temamos, pues, no sea que permaneciendo aún la promesa de entrar en su reposo, alguno de vosotros parezca no haberlo alcanzado". (Hebreos 4:1 RVR 60) Y *"con el temor de Jehová los hombres se apartan del mal"* (Proverbios 16:6 RVR 60).

De nuevo, me dirigiré a los líderes cristianos en este capítulo. Sin embargo, este mensaje debería alertarnos a todos, porque un creyente está *"a la cabeza y no en la cola"*. (Deuteronomio 28:13) Todos somos llamados a ser embajadores de su reino, una posición importante de liderazgo.

A la luz de las Escrituras, ¿hemos pensado en nuestra actual estrategia ministerial? ¿Por qué dudamos en confrontar los lugares altos de pecado? Las personas con un deseo de conocer a Dios esperan que nosotros les digamos la verdad; sin embargo, nosotros omitimos hablar de lo que les impide tener una relación genuina. ¿Los estamos protegiendo? ¿Hemos considerado que en verdad a la larga estamos haciendo daño a quienes buscan cuando evitamos la verdad? ¿Por qué engañar a quienes llegan para oír acerca de la vida eterna?

No se diferencia en nada de Angela, quien porque nadie se lo dijo claro desde el principio, se vio en una posición precaria en su matrimonio. ¿Por qué querríamos que alguien pensara que puede llevar la práctica de algún pecado a su relación con Jesús? Es imposible. Así que, ¿ofrecemos una relación que realmente no existe? ¿Es una salvación falsa?

Examinemos esto desde todos los ángulos. Consideraremos el resultado de quienes buscan, de los líderes que no hablan de la kriptonita, y finalmente el resultado para la iglesia. Las consecuencias a largo plazo son devastadoras para las tres partes.

Buscadores

Debemos recordar que no pocos, no algunos, sino *muchos* acudirán a Jesús el día del juicio y creerán totalmente que les dejarán entrar en el reino de Dios, pero oirán las palabras: *"Nunca os conocí; apartaos de mí, hacedores de maldad"*. (Mateo 7:23 RVR 60)

¿Quiénes son estas personas? ¿Son espiritistas? ¿Son personas de otras religiones? ¿Son personas que están atrapadas en alguna secta? Si examinamos las palabras de Jesús, descubriremos que están justo en medio nuestro; vienen a nuestras iglesias y profesan ser cristianos. Él comienza diciendo: *"No todo el que me dice: Señor, Señor, entrará en el reino de los cielos, sino el que hace la voluntad de mi Padre que está en los cielos"*. (Mateo 7:21 RVR 60) Jesús identifica a personas que lo declaran como su Señor. No está hablando de Joseph Smith, Mahoma, Buda, Hare Krishna, Confucio, Ra, Sikh o ningún otro falso profeta o dios. No, estas personas (a quienes se niega la entrada) llaman a Jesucristo su "Señor" y lo dicen con pasión.

¿Por qué se repite la palabra "Señor" en este versículo? De nuevo, como dije antes, si una palabra o frase se repite dos veces en las Escrituras, no es un accidente. El escritor está comunicando énfasis. No obstante, en casos como este no es solo énfasis, sino también intensidad de emoción.

Por ejemplo, cuando el rey David se enteró de la ejecución de su hijo a manos del ejército de Joab, su respuesta cargada de emoción fue: *"Mas el rey, cubierto el rostro, clamaba en alta voz: ¡Hijo mío Absalón, Absalón, hijo mío, hijo mío!"*. (2 Samuel 19:4 RVR 60) Es muy probable que David no pronunciara exactamente las palabras "hijo mío" dos veces; más bien, su llanto de dolor era tan agónico que el escritor repitió las palabras para que el lector captara el énfasis de sus emociones.

Del mismo modo, el Maestro está comunicando los fuertes sentimientos de estas personas por Él. No solo están de acuerdo con la enseñanza de que Jesucristo es el Hijo de Dios, sino que están inmersos emocionalmente y son fervientes en sus creencias. Estamos hablando de personas que están emocionadas de ser cristianas, probablemente aquellos que están entusiasmados cuando hablan de su fe.

No solo sienten profundamente la causa de Cristo, sino que también están involucrados en su servicio a Él:

> *Ahora lo veo, miles de personas acercándose a mí en el juicio final y diciendo: 'Señor, predicamos el mensaje, echamos fuera demonios, nuestros proyectos respaldados por Dios hicieron hablar a todos'.* (Mateo 7:22, traducción libre de The Message)

La paráfrasis *The Message* expresa mejor que estas personas no eran simpatizantes. Estaban directamente involucradas o apoyando la obra de sus iglesias. También hablan abiertamente de su creencia en el evangelio: *"predicamos el mensaje"*. Básicamente, eran una parte activa para cambiar la vida de las personas.

Esta paráfrasis usa la palabra "miles". Sin embargo, la mayoría de las traducciones usan la palabra "muchos". La palabra en griego es *polus*, definida como "gran número, cantidad", y a menudo la palabra se usa en el sentido de "en su mayoría". En cualquier caso, Jesús no se está refiriendo a un pequeño grupo de personas, sino a un grupo grande; de hecho, es muy posible que se trate de una mayoría del número global actual.

Así que resumamos: Jesús está hablando de personas que creen en las enseñanzas del evangelio: le llaman Señor, ponen mucha emoción en ello, dan voz al mensaje y están activos en el servicio cristiano. Fácilmente les identificaríamos como verdaderos cristianos. Entonces, ¿cuál es el factor decisivo? ¿Cómo los distinguimos de los auténticos creyentes? Jesús nos dice: *"Pero yo les responderé: "Nunca los conocí. Aléjense de mí, ustedes, que violan las leyes de Dios".* (Mateo 7:23)

La frase clave obvia es "violan las leyes de Dios". Primero, ¿qué es violar las leyes? Es la palabra griega *anomia*. El diccionario griego *Thayer's Greek Dictionary* lo define como "la condición de [ser/estar] sin ley, debido a la ignorancia de ella o simplemente por violarla". En palabras sencillas, alguien que viola la ley no se adhiere a la autoridad de la Palabra de Dios. Él o ella peca de forma regular sin un arrepentimiento genuino. Esta persona es el idólatra moderno.

Por lo tanto, violar las leyes es una forma de *kriptonita*.

Estos hombres y mujeres no tropiezan *periódicamente*. Más bien, evitan habitualmente, ignoran, menosprecian o desobedecen la Palabra de Dios. Practican vivir de forma pecaminosa, algunos por creer que partes de las Escrituras no significan lo que dicen, otros por pensar que ciertos versículos no son relevantes para hoy, y la mayoría por creer que están cubiertos por una gracia que no es bíblica.

Tristemente, creo que una de las razones por las que continúan pecando es porque el liderazgo nunca les ha confrontado llamándolos a un arrepentimiento genuino. No se les dijo que era imposible llevar a sus amantes idólatras a su relación de pacto con Jesucristo. Si verdaderamente hubieran sido salvos por gracia, no solo habrían menospreciado el pensamiento, sino que también habrían decidido alejarse del pecado repetitivo reconocido. Habrían crucificado su carne con sus pasiones y deseos, y perseguido el carácter piadoso y el fruto. Esta es la marca de un verdadero creyente.

Es interesante notar que Jesús declaró: *"Nunca los conocí"*. La palabra *"conocí"* es la palabra griega *ginosko*, que significa "conocer íntimamente". Ellos nunca han tenido una verdadera relación con Él. Aunque le llamaban "Señor" y "Amo", es solo un título, porque no le obedecían. La evidencia de que alguien verdaderamente tiene una relación con Dios es que guarda su Palabra:

> *Y en esto sabemos que nosotros le conocemos, si guardamos sus mandamientos. El que dice: Yo le conozco, y no guarda sus mandamientos, el tal es mentiroso, y la verdad no está en él.*

Esta declaración encaja perfectamente en la forma en que Jesús comienza todo este discurso: *"puedes identificar a la gente por sus acciones"* (Mateo 7:20). Las acciones de las que Jesús habla no son el servicio cristiano, comunicar el mensaje o asistir a la iglesia, porque aquellos que son rechazados en el cielo tienen estas cualidades. En la actualidad, la mayoría consideraría que una persona que llama a Jesús "Señor", cree en sus enseñanzas, se involucra emocionalmente y participa activamente en el servicio cristiano es un hijo de Dios. Sin embargo, hemos visto claramente por las palabras de Jesús que estos no son los factores decisivos para identificar a un verdadero creyente.

Permíteme decirlo de este modo: seguro que encontrarás estas cualidades en un verdadero creyente. De hecho, una persona no puede ser un verdadero creyente sin ellas. No obstante, poseer estas cualidades no significa que alguien sea un hijo de Dios genuino. La pregunta decisiva es: ¿se han arrepentido del pecado habitual conocido y están buscando apasionadamente obedecerlo a Él? Una prueba de fuego clave es esta: *¿Tratan las palabras de Jesús "vete y no peques más" como opcionales u obligatorias?* (ver Juan 5:14).

Los comunicadores

Ahora pensemos en las consecuencias a largo plazo para los líderes o comunicadores del evangelio. El juicio pronunciado en las Escrituras de alguien a quien se le confía la Palabra de Dios y no comunica los aspectos polémicos de la verdad es serio. Leamos cuidadosamente este aviso que Dios pronuncia para sus mensajeros:

> Si les **aviso** a los perversos: "Ustedes están bajo pena de muerte", pero tú no les das la **advertencia,** ellos morirán en sus pecados; y yo **te haré responsable** de su muerte. Si tú les **adviertes,** pero ellos se niegan a arrepentirse y siguen pecando, morirán en sus pecados; pero tú **te habrás salvado** porque me obedeciste. »Si los justos se desvían de su conducta recta y no hacen caso a los obstáculos que pongo en su camino, morirán; y si tú no les **adviertes,** ellos morirán en sus pecados. No se recordará ninguno de sus actos de justicia y **te haré responsable** de la muerte de esas personas; pero si les **adviertes** a los justos que no pequen y te hacen caso y no pecan, entonces vivirán, y tú también **te habrás salvado.** (Ezequiel 3:18-21)

Por favor, observa la frecuencia de la palabra "*advertir*" en los versículos de arriba. Permíteme hacer una pregunta sincera a pastores, líderes y todos los creyentes, porque todos tenemos la comisión de alcanzar a los perdidos y de confrontar amorosamente a los que están en pecado. ¿Quieres ser responsable de los que has conducido a creer que están bien con Dios, pero no lo están, porque rehusaste *advertirles* para que abandonaran su pecado habitual? Ellos viven bajo la falsa idea de ser salvos, pero sin embargo debido a una falta de advertencia, continúan en su pecado y oirán el día del juicio: "*Aléjense de mí*".

¿Podría ser esto por lo que la predicación del evangelio es "*amonestando a todo hombre, y enseñando a todo hombre en toda sabiduría, a fin de presentar perfecto en Cristo Jesús a todo hombre*"?. (Colosenses 1:28 RVR 60)? No solo debemos enseñar, sino también *amonestar*.

Piensa en lo que Dios dejó claro en los versículos de arriba: "*Te haré responsable de su muerte*". ¿Has pensado en el hecho de que seremos conscientes de nuestra negligencia de la eternidad? Isaías nos dice que en el nuevo cielo y tierra,

> *Toda la humanidad vendrá a adorarme semana tras semana y mes tras mes. Y cuando salgan, verán los cadáveres de los que se han rebelado contra mí. Los gusanos que los devoran nunca morirán, y el fuego que los quema nunca se apagará. Todos los que pasen por allí se llenarán de horror absoluto.* (Isaías 66:23-24)

¿Crees que los que "son hechos responsables" simplemente olvidarán que quienes arden en el lago de fuego están ahí porque no les advirtieron?

Si nuestra filosofía es solo aceptar a las personas tal y como son, ofrecerles la salvación haciendo la "oración del pecador" carente de arrepentimiento, dando así una falsa esperanza de ir al cielo, ¿cuál creemos que será el resultado? Les hemos dado a nuestros oyentes una falsa seguridad y hemos eliminado su motivación para arrepentirse de verdad. No hace falta decir que observaremos a quienes hemos dirigido mal con "*horror absoluto*".

Recuerda las cautivadoras palabras de Pablo: "*Si alguien sufre la muerte eterna, **no será** mi culpa, porque no me eché para atrás a la hora de declarar todo lo que Dios quiere que ustedes sepan*". (Hechos 20:26-27) Pablo era muy consciente de lo que Dios había dicho a través de Ezequiel a cualquier comunicador de su Palabra. Si no declaramos sus caminos, seremos responsables, será culpa nuestra. Puede que por eso el apóstol Santiago nos escribe:

> *Amados hermanos, no muchos deberían llegar a ser maestros en la iglesia, porque los que enseñamos seremos juzgados de una manera más estricta.* (Santiago 3:1)

Estas palabras no están en las Escrituras para que las ignoremos o las tomemos a la ligera. Dios nos está rogando que no simplifiquemos sus palabras, que no tomemos a la ligera su llamado al arrepentimiento de los pecados habituales. Está diciendo esto por causa del líder, así como por el que busca. Él nos ama, pero es un Dios santo y no puede tener la naturaleza de pecado en su presencia. Ha provisto una salida; ha pagado un alto precio tanto por nuestra liberación, como para empoderarnos para caminar libres de pecado. ¿Cómo escaparemos del juicio si descuidamos enseñar o recibir una salvación tan grande?

¿Realmente merece la pena dejar fuera un ruego evangelístico al que realmente nos llama el Nuevo Testamento? Las palabras finales del último libro del Nuevo Testamento dicen: "*Y si alguien **quita cualquiera de las palabras de este libro** de profecía, Dios le quitará su parte del árbol de la vida y de la ciudad santa que se describen en este libro*". (Apocalipsis 22:19) ¿Cómo podemos ignorar esta advertencia? ¿Cómo podemos dejar de compartir el primer paso para la verdadera salvación, el arrepentimiento de pecado, con los que buscan la verdad de nosotros?

¿Creemos que sabemos más que Dios? ¿Creemos que es más importante hacer que un buscador regrese a la iglesia y posiblemente en el futuro se convenza de que debe apartarse del pecado? Sin embargo, la realidad es que si a estas personas ya se les ha dicho que son salvos por haber hecho la oración del pecador y han sido bienvenidos a "la familia", ¿cómo sentirán la urgencia de arrepentirse después? Ya están "dentro" y "cubiertos por la gracia".

Charles G. Finney fue un gran evangelista. Su ministerio fue tan poderoso que en más de una ocasión ciudades enteras, o en un caso, la ciudad de Rochester (Nueva York) dejaron la actividad diaria debido al poderoso efecto de sus reuniones. Había veces en que él predicaba el arrepentimiento del pecado y urgía a su audiencia a la salvación noche tras noche hasta que los buscadores estaban sentados en el borde de su asiento. Aún no había hecho la oración con ellos para ser salvos. Finalmente, tras unas cuantas reuniones, decía algo parecido a esto: "Si está considerando usted hacerse cristiano, tendremos un 'rincón de preguntas' después de la reunión de esta noche".

Varios miles eran salvos en sus reuniones, y la historia demuestra que más del noventa por ciento de sus convertidos se mantenían fieles a la fe. Hoy, las estadísticas similares son mucho más bajas. Su éxito fue grande porque se mantuvo fiel a lo que enseña el Nuevo Testamento: ¡él sabía que su método es el mejor!

La comunidad

Ahora sale a la luz la importancia de lo que se cubrió al comienzo de este libro. Si ofrecemos salvación a los que continúan practicando el pecado, abrimos nuestras comunidades a la levadura del pecado. El pecado a conciencia se extiende rápidamente y afecta tanto a individuos como a comunidades, como la kriptonita lo hacía con Superman.

Al no querer confrontar el pecado, estamos debilitando nuestras iglesias y comunidades y, por consiguiente, nuestras ciudades y naciones no están viendo la gloria de Dios. La iglesia primitiva cambió ciudades enteras, incluso regiones, por su fortaleza en la gloria de Dios. ¿Por qué no estamos cambiando nuestras comunidades en el siglo XXI? Nuestra tecnología para alcanzar con eficacia a las personas está muy avanzada en comparación con la iglesia primitiva.

¿Por qué han prosperado aborto, adulterio, inmoralidad sexual, homosexualidad y la confusión de género en América y el resto del mundo occidental? No es porque nuestras sociedades sean más progresistas. Esta misma tendencia de una mayor violación de las leyes se vio cuando la iglesia se enfrió en los siglos IV y V. Cuando el cristianismo se hizo más popular en la sociedad romana, la iglesia comenzó a mezclarse y su efectividad disminuyó hasta que se convirtió en lo que ahora se conoce como el Oscurantismo.

Al menos yo no estoy dispuesto a volver a ver que eso suceda, y sé que hay multitudes de líderes más que están de acuerdo conmigo. No dejaremos de declarar toda la verdad en amor y compasión.

Por favor, únete y decide defender la verdad, al margen de que sea o no popular, bienvenida o rechazada. Declara la Palabra de Dios que traerá cambios a las vidas, comunidades, ciudades y naciones. Hacer cualquier otra cosa es rehusar amar a nuestro prójimo.

No hay un papel en el cuerpo de Cristo en el que puedas esconder los efectos del pecado. No solo lastima a los que están en liderazgo, sino que también puede extenderse incluso desde una sola persona que le dé la bienvenida en su vida. Nuestro silencio cuando se trata del pecado puede enviar a las personas a la destrucción, lo cual nos hace ser responsables de su muerte.

Vuelve a leer esta última frase, pero personalizándola: mi silencio cuando se trata del pecado puede enviar a las personas a la destrucción, lo cual me hace ser responsable de su muerte. Di esto en voz alta varias veces, y deja que se asimile bien. Permite que el peso de esta verdad repose en tu corazón y en tu mente.

Dios te hará responsable de este asunto. No podemos tratar por encima el pecado. ¿Qué crees que puede ser esto en tu vida? ¿Cómo cambia esto tu matrimonio o paternidad/maternidad? ¿Cómo cambiará tu forma de hablar a las personas en tu iglesia local? Pídele a Dios respuestas para estas preguntas hasta que tengas un entendimiento claro de cómo vivir con esta verdad. Después encuentra un amigo en el que confíes, y habla con él sobre tu plan para poner en práctica este principio.

23

TOLERANCIA

Veamos ahora palabras dichas directamente por nuestro Rey resucitado.

En el último libro de la Biblia, Jesús da siete mensajes a siete iglesias en Asia. Si sus palabras fueran solo para estas iglesias históricas, no estarían en las Escrituras. El hecho de que están incluidas significa que tienen aplicación profética. En otras palabras, se aplican a nosotros hoy, así como lo hicieron cuando se dijeron por primera vez.

La Palabra de Dios es viva; por lo tanto, veremos las frases de Jesús como dirigiéndose a todos nosotros en el tiempo presente. Así que si te queda bien el zapato, póntelo, ya sea fortalecido por su alabanza o reprendido por su amorosa corrección.

¿Quién es Jezabel?

La histórica iglesia en la que nos centraremos es Tiatira. Jesús comienza haciendo referencia a sí mismo como el *"Hijo de Dios, el que tiene los ojos como llamas de fuego y los pies como bronce pulido"* (Apocalipsis 2:18). Podríamos interpretar estas afirmaciones como que sus ojos son como rayos láser que penetran y ven hasta el fondo de los asuntos, y sus pies son como bronce pulido, lo cual describe su fuerza todopoderosa.

Agradablemente, Él comienza alabándonos: *"Yo sé todo lo que haces; he visto tu amor, tu fe, tu servicio y tu paciencia con perseverancia. Y veo tu constante mejoría en todas estas cosas"* (Apocalipsis 2:19). Es rotundamente claro: no se está dirigiendo a una iglesia muerta, sino más bien a una que está viva y creciendo.

Comienza reconociendo y elogiando nuestro amor. Cuando una iglesia o ministerio se muere, por lo general es el amor el que se desvanece y enfría primero, tanto por Dios como por las personas. Debido a este trágico estado, otros frutos de justicia finalmente también mueren.

No es sorprendente que este sea el enfoque de la corrección del Señor a la primera iglesia en Éfeso: habían dejado su primer amor. Pero no Tiatira. Jesús alaba el amor de esta iglesia. Identifica a una comunidad de creyentes que se preocupan unos por otros, y esto es muy importante ante los ojos de Dios. Yo creo personalmente que por eso Jesús nos elogia por nuestro amor antes de hablar de ninguna otra cosa, incluso nuestra fe, servicio o paciencia.

La otra realidad sorprendente es que esta iglesia está *creciendo* en amor, fe, servicio y paciencia. ¡Impresionante! "Mantenimiento" no es la palabra que describe a este grupo de creyentes; están regularmente avanzando en las áreas importantes. La paráfrasis *The Message* lo expresa de forma muy bonita, diciendo:" Veo todo lo que estás haciendo por mí. ¡Impresionante! El amor y la fe, el servicio y persistencia. Sí, ¡muy impresionante! Estás mejorando en ello cada día". Cualquier líder o miembro de una iglesia estaría contento de oír estas palabras de la boca del Señor mismo.

Pero de repente su alabanza se convierte en corrección:

> *Pero tengo una queja en tu contra. Permites que esa mujer —esa Jezabel que se llama a sí misma profetisa— lleve a mis siervos por mal camino. Ella les enseña a cometer pecado sexual y a comer alimentos ofrecidos a ídolos.* (Apocalipsis 2:20)

Hay mucho que aprender en estas palabras. En primer lugar, veamos el nombre de *Jezabel.* ¿Es este el verdadero nombre de una mujer de la historia? La mayoría de los comentaristas creen que no lo es. *The New American Commentary: Revelation* dice:" No hay instancia alguna del nombre

Jezabel en la literatura greco-romana de la época... que cualquier judío llamara a su hija Jezabel es igual de improbable que algún cristiano pusiera a su hijo Judas o que los judíos llamaran a un niño Jesús en eras posteriores al primer siglo". Los traductores de la NTV obviamente están de acuerdo con esta línea de pensamiento porque las palabras de Jesús se traducen como "esa Jezabel".

Decir el nombre de esta manera es similar a cuando hacemos referencia a alguien que siempre está haciendo bromas llamándole "ese cómico". Ese no es su nombre, sino más bien una descripción de su patrón general de conducta.

Es seguro decir que estamos hablando de una mujer influyente e histórica a quien se conocía como "Jezabel", pero que no era su verdadero nombre. Tenía una fuerte influencia y finalmente un grupo de líderes perpetuó su mensaje. En la sociedad actual podría ser un hombre, una mujer, o más probablemente un grupo de líderes que estuvieran propagando la misma rama de enseñanza. De cualquier forma, lo importante es que esta filosofía del ministerio está afectando a toda la iglesia.

¿Por qué le puso el Señor esa etiqueta? El fruto de ello es muy probable que se pareciera al fruto de Jezabel, la esposa del rey Acab de la antigua Israel, como vemos en los libros de Reyes. Se podría decir mucho sobre esta histórica reina, pero veamos su impacto global sobre Israel. Ella fue una perpetuadora de la idolatría que dio como resultado que la Palabra del Señor fuera acallada en la comunidad, la nación de Israel. Los líderes fueron callados y el resto de la nación se hizo perezosa hasta el punto de caer en el estupor. Solo un hombre, Elías, tuvo el valor de hablar en contra de aquello.

La influencia de Jezabel es evidente cuando Elías confronta a la nación, y le pide que escoja entre la obediencia a Dios o el pecado habitual. Esto lo hace delante de los "ministros" que están en la nómina de ella: los profetas de Baal y Asera. Estos tipos eran las redes sociales, grupos de interés especial, legisladores, abogados, etc., de los tiempos de Elías. La nación se había reunido, y delante de esta "élite", Elías desafió al pueblo:

¿Cuánto tiempo permanecerán sentados en la valla? Si Dios es el
Dios verdadero, síganlo; si es Baal [el pecado habitual], síganlo. ¡To-
men una decisión!". (1 Reyes 18:21 MSG, traducción libre)

Para seguir a Dios se puede hacer algo más que tener una fe silencio-
sa. Debemos proclamar su Palabra; somos llamados a ser embajadores.
¿Cómo se hace esto? Pablo lo deja claro:

Predica la palabra de Dios. Mantente preparado, sea o no el tiempo
oportuno. Corrige, reprende y anima a tu gente con paciencia y bue-
na enseñanza. (2 Timoteo 4:2)

Elías fue el único hombre en Israel que amó a los demás lo suficiente para
mostrar al pueblo que estaban equivocados.

La influencia de Jezabel puso temor en los líderes y en la comunidad.
Ahora estaban callados, aletargados, intimidados, y ya no hablaban en
defensa de *Yahvé*. El pecado habitual les había tomado la delantera, y la
Palabra de Dios era ignorada. En el Nuevo Testamento había un efecto
similar que estaba comenzando a asentarse en la iglesia. Jesús no lo iba a
permitir, así que encuentra a un siervo, al apóstol Juan, que al igual que
Elías, levantará su voz.

El verdadero asunto

Ahora debemos preguntar: en la iglesia de Tiatira, ¿se está refiriendo
Jesús a miembros que están participando físicamente de la inmoralidad
sexual y de comer alimentos ofrecidos a los ídolos? Es posible, pero yo no
apostaría mucho por esa interpretación, porque comer alimentos ofrecidos a los ídolos no es algo que Pablo condena cuando escribe a dos
iglesias (ver Romanos 14 y 1 Corintios 10). ¿Por qué iba Jesús a identificar algo como malo que Pablo bajo la inspiración del Espíritu Santo
aprueba? Un respetado comentarista dice: "Respecto a la seducción del
pueblo a la inmoralidad sexual, no pocos intérpretes han sugerido que la
promiscuidad sexual es improbable aquí, ya que seguramente la iglesia
no lo hubiera tolerado. Más bien, la referencia es a la infidelidad espiritual y/o doctrinal". (*The New American Commentary: Revelation*)

Al margen de cuál sea el caso, ninguno de estos hechos son el foco de la corrección de Jesús. La acción, o más bien la inacción que trata Jesús es el asunto al que debemos prestar atención, y eso es la *tolerancia*. Él dice: "*Permites*". La palabra griega es *eao*. *A Handbook on the Revelation to John* define meticulosamente esta palabra: "El significado se puede expresar de forma positiva: 'dejas', 'permites', o negativa: 'no prohíbes', 'no pones fin', 'no impides'".

Cuando pensamos bien en esto, es asombroso. Jesús ya no se dirige al ofensor, o en nuestro caso actual, los ofensores que están perpetuando una enseñanza que seduce a su pueblo a la idolatría (pecado habitual). Él dice claramente: *"Le di tiempo para que se arrepintiera, pero ella no quiere abandonar su inmoralidad"*. (Apocalipsis 2:21) Obviamente, se produjeron avisos previos, pero tristemente no fueron escuchados.

En lugar de eso, corrige a todo aquel que permita que eso continúe; en otras palabras, no estamos confrontando este asunto. En cambio, seguimos enseñando solo las partes bonitas y alentadoras del Nuevo Testamento. En esencia estamos callados, igual que el pueblo de Israel en el tiempo de Jezabel. Se podría comparar a esta situación: todos estamos atrapados en un edificio en llamas, pero ninguno hace nada para escapar ni ayudar a otro a escapar. Simplemente seguimos animándonos unos a otros con cuán bendecidos estamos, y seguimos expresando nuestro amor los unos por los otros mientras el tejado y las paredes se están derrumbando.

Dilemas similares

El apóstol Judas se vio ante un dilema similar. Quería escribir a los cristianos para animarlos por lo maravilloso de nuestra salvación, pero no pudo. La casa estaba en llamas. Tuvo que confrontar la kriptonita que se estaba colando en las iglesias. Mira sus palabras:

> *Queridos amigos, con gran anhelo tenía pensado escribirles acerca de la salvación que compartimos. Sin embargo, ahora me doy cuenta de que debo escribirles sobre otro tema para rogarles que defiendan la fe*

*que Dios ha confiado una vez y para siempre a su pueblo santo. Les
digo esto, porque algunas personas que no tienen a Dios se han infil-
trado en sus iglesias diciendo que la maravillosa gracia de Dios nos
permite llevar una vida inmoral.* (Judas 3-4)

Este hombre de Dios desea apasionadamente escribir a quienes ama
sobre los beneficios, bendiciones y promesas de nuestra vida en Cristo.
Él quiere quedarse en el ámbito de edificar y alentar, como haríamos la
mayoría.

Yo me identifico con su dilema. Una de las grandes batallas emocionales
que enfrento a menudo cuando escribo o enseño es el deseo de quedar-
me solo en la parte de "animar". Me gustar animar, ¿a quién no? Sin embargo, hay una convicción del Espíritu que nos empuja a hablar de lo que
está intentando destruir a los preciosos hijos de Dios.

Por lo tanto, el genuino amor de Judas le fuerza a escribir sus protectoras
palabras de advertencia. ¿Qué está ocurriendo? Es un poco distinto a la
situación de Tiatira. Esos infractores impíos, que están disfrazados de
pastores, líderes o creyentes, enseñan o, más probablemente, modelan
con su estilo de vida lo que él identifica como una "gracia permisiva", en
vez de la auténtica "gracia capacitadora". En otras palabras, la gracia permisiva que se enseñaba no nos guarda o nos capacita para alejarnos de la
kriptonita, sino que nos permite vivir con pocos o ningún límite piadoso.
Esto allana el camino para que la sociedad dicte nuestro estilo de vida
debido a que la gracia se reduce a meramente tapar en lugar de ser una
fuerza capacitadora. Así, en esencia, los vulnerables creyentes son libres
para perseguir los deseos de su naturaleza caída, como modela la cultura
de la sociedad, haciéndoles así quedar susceptibles a la kriptonita. Este
no es el propósito de la gracia de Dios.

Judas no se conforma con *tolerar* la levadura que está creciendo en las
iglesias. Él es un verdadero padre y está protegiendo a sus hijos de un estilo de vida torcido que los aleja de la vida de Dios. Jesús no le corregiría,
como hace a los líderes de Tiatira, sino que más bien le elogiaría.

Pablo, otro buen padre, no se quedaba callado cuando había divisiones, riñas, inmoralidad, demandas, codicia y otras malas actividades entre los que estaban en las iglesias. Él les amaba demasiado como para evitar tomar cartas en el asunto para impedir que la levadura siguiera extendiéndose por todo el cuerpo. Santiago y Pedro hicieron lo mismo.

Si lees los mensajes de los padres de la iglesia primitiva, ellos lo imitaron usando un arma, la Palabra de Dios escrita y proclamada, para confrontar el pecado habitual entre el pueblo de Dios. Ellos hablaron y derribaron ideas y justificaciones formadas por la cultura que eran contrarias a la sana enseñanza. ¡Los sicarios de Jezabel no intimidaron a estos líderes mientras derribaban los ídolos culturales!

El que calla otorga

Cuando se trata del liderazgo, el silencio es una comunicación no verbal. Comunica acuerdo y concede permiso diciendo: "Lo que estás haciendo está bien". Hay un antiguo proverbio latino que dice: "El que calla otorga; debió haber hablado cuando podía". Ningunos de los padres de la iglesia primitiva o líderes permanecieron callados cuando la kriptonita empezó a abrirse paso en las vidas de quienes ellos amaban y de los que se sentían responsables. Hablaron porque vieron que era destructiva, venenosa y letal, capaz de extenderse como la levadura.

El apóstol Juan dice: *"Sabemos que somos de Dios, y el mundo entero está bajo el maligno"* (1 Juan 5:19 RVR 60). Hay un fluir continuo de maldad en la sociedad, donde el ser más destructivo es *la maldad encubierta*. Sí, está camuflada de *bien*. Esta corriente engañosa se identifica como *"corriente de este mundo"* (Efesios 2:2 RVR 60).

Míralo así: en un río tienes que remar contra la corriente para ir hacia arriba. Vivimos en un mundo que tiene corriente, y estas corrientes son directamente opuestas al reino de Dios, pero lo más peligroso es que son astutas, disfrazadas de *bien*. Si no hablamos, se podría comparar a levantar nuestros remos y dejarnos llevar por la corriente. Puede que sigamos apuntando corriente arriba, que aún tengamos la apariencia y el lenguaje del cristianismo, pero avanzaremos por la ética social de nuestro día y perderemos nuestra eficacia.

Al levantar nuestros remos evitamos la temida confrontación, pero lo que no confrontamos no cambiará. Edmund Burke escribió: "Lo único que se necesita para que triunfe el mal es que los hombres buenos no hagan nada". Los ídolos culturales en el corazón y la mente de los creyentes desarrollan un agarre fuerte cuando los líderes permanecen callados.

A medida que aumenta el engaño, lo que toleramos finalmente nos seda. Ahora enfatizamos e incluso nos alineamos con aquello que extrae nuestra fuerza sobrenatural. Ya no somos una contracultura, sino una subcultura. Tenemos la etiqueta de "cristianismo", pero no somos *embajadores de pode,r* sino más bien *agentes de confusión*. El mundo a nuestro alrededor pregunta: "Vemos sus iglesias, oímos su música y la enseñanza de amor y gracia, pero ¿dónde está la evidencia de su Dios Todopoderoso?".

Pablo declara valientemente que los que profesan el cristianismo, pero se alinean con la corriente del mundo realmente son enemigos de la cruz. Sí, ¡enemigos!

> *Pues ya les dije varias veces y ahora se los repito de nuevo con lágrimas en los ojos: hay muchos cuya conducta demuestra que son verdaderos enemigos de la cruz de Cristo. Van camino a la destrucción. Su dios es su propio apetito, se jactan de cosas vergonzosas y solo piensan en esta vida terrenal. En cambio, nosotros somos ciudadanos del cielo, donde vive el Señor Jesucristo!* (Filipenses 3:18-20)

Lee despacio el primer versículo; primero hay "*muchos*". Segundo, no son sus palabras lo que demuestra que son enemigos, porque verbalmente reconocen a Jesús. "*Tales personas afirman que conocen a Dios, pero lo niegan con su manera de vivir*". (Tito 1:16). Están camuflados con apariencia de piedad, pero demuestran que son enemigos con su conducta; llevados por los apetitos de la carne: lujuria, placer, estatus, popularidad, vicios sexuales, chismes y más.

Pablo habla, confronta y no tolera. Lee sus cartas y verás cuántas veces nos advierte y corrige de la conducta pecaminosa y mundana. Pero recuerda que es la Palabra de Dios que llega a nosotros a través de la pluma de Pablo.

La confrontación directa mediante la proclamación de lo que dice la Palabra de Dios es la única forma de derribar estas fortalezas. Si no les hacemos frente directamente con la Escritura, estamos permitiendo que estas fortalezas filosóficas continúen aumentando su fuerza en el corazón y la mente de los creyentes, así como de los que están perdidos. Nuestra negativa a hablar abre la puerta a la influencia de la kriptonita.

Resultados contrarios

¿Cuál es la conclusión de Jesús para nuestra iglesia? No es para los débiles de corazón. Dice claramente que los que aceptan la falsa enseñanza *"sufrirán terriblemente"* a menos que se arrepientan. Esta será una señal, y todas las iglesias sabrán que Él escudriña nuestros pensamientos e intenciones, y nos dará a cada uno lo que merezcamos (ver Apocalipsis 2:22-23).

Pero esta es la buena noticia: Él dice a los que no acepten la kriptonita, a los que se aferran a su Espíritu y su Palabra: recibirán autoridad sobre las naciones… la misma autoridad que nuestro Padre le dio a Jesús.

Los resultados son bastante contrarios: uno es augurar consecuencias y el otro es recompensas impensables. ¿Nos podemos permitir el lujo de no prestar mucha atención a estas instrucciones, especialmente ya que proceden de la boca de nuestro Rey resucitado?

PONTE EN ACCIÓN

Jezabel presionó a los profetas de Dios para que guardasen silencio, e incluso mató a muchos de ellos. Solo uno estuvo dispuesto a hablar de parte de Dios, y mira lo que Dios estuvo dispuesto a hacer por ese uno.

Le protegió, proveyó para él y le apoyó con señales sobrenaturales y maravillas que aún nos hacen maravillarnos hoy,

Dios sigue buscando a aquellos que se levantarán y declararán la verdad. Esto no significa intentar ser crítico. No somos cazadores de pecados, pero al mismo tiempo no podemos permitirnos dejarnos intimidar para guardar silencio, por temor a que las personas nos vean como retrógrados, intolerantes, o nos pongan cualquier otra etiqueta.

El primer paso es prestar atención a esta advertencia en tu propia vida. Haz lo que sea necesario para librarte de los pecados a los que te has entregado en el pasado. Cuando seas libre, ponte a trabajar para liberar a otros, advirtiéndoles diligentemente de los peligros del pecado; Pablo escribe "y estando prontos para castigar toda desobediencia, cuando vuestra obediencia sea perfecta" (2 Corintios 10:6 RVR 60).

Si no te gusta la confrontación, pídele a Dios que te dé un amor por los demás que te impulse a confrontarlos. Haz de esto tu próximo objetivo a lograr. Después, por la gracia de Dios, podrás ayudar a otros también a vencerlo.

24

AMOR Y VERDAD

Ahora llegamos al aspecto más crucial para eliminar la kriptonita: la motivación para matarla. La falta o ausencia de esta fuerza poderosa para destruir la kriptonita probablemente sea la motivación que está detrás del cambio de dirección del péndulo en nuestra forma de presentar el evangelio y en la filosofía del ministerio. La fuerza de la que estoy hablando no es otra que *el amor de Dios*. Pablo hace una poderosa declaración:

> *No nos dejaremos llevar por personas que intenten engañarnos con mentiras tan hábiles que parezcan la verdad. En cambio, **hablaremos la verdad con amor** y así creceremos en todo sentido hasta parecernos más y más a Cristo.* (Efesios 4:14-15)

Las falsas enseñanzas, similares a las que Jesús trata en Tiatira, así como las que están descritas en las cartas de Judas, Pedro, Juan y Pablo son tan hábiles que pueden confundirse fácilmente por verdades. El enemigo es mucho más inteligente de lo que pensamos. Si pudo engañar a Eva en un entorno perfecto, repleto de la presencia de Dios, ¿cuánto más fácil le resulta engañar en nuestro entorno corrupto? ¿Y qué podría protegernos del engaño de las falsas enseñanzas?

La respuesta es la verdad, pero no solo la verdad, sino la verdad *dicha con amor*. La verdad sin el amor nos lleva por el camino de la "letra de la ley" que mata: *el legalismo*. Esto al final impulsa y apoya el engaño y es la causa de la evitación o incluso la eliminación de las advertencias bíblicas, que son tan cruciales para la salud de la iglesia.

Nos golpea el legalismo porque es desagradable, cruel y odioso. Para contrarrestar su brutalidad, enfatizamos el amor. Pero el amor dicho sin la verdad no es amor en absoluto. Es engañoso. Es una forma de bondad, compasión, ternura y paciencia, todo lo cual tiene apariencia de ser un amor piadoso. Pero si estas virtudes están fuera de la verdad, inevitablemente también terminaremos en el camino del engaño.

Seamos francos; no queremos hablar ciertas verdades bíblicas porque nos parece que están fuera del amor que tanto deseamos. Las verdades que evitamos llaman a las personas a no quedarse como están, sino a hacer cambios en su estilo de vida. Consideramos el llamar a los hombres y las mujeres al arrepentimiento como una falta de compasión, ternura, bondad y amor. Sin embargo, piensa en lo siguiente: veo a un ciego que va directamente hacia un precipicio que le producirá una muerte segura. Podría dejar que se produjera el desastre porque mi intervención se podría considerar algo negativo o intolerante con respecto a la dirección que el hombre ha escogido. Si no consigo detenerlo y que corrija su rumbo, morirá. Si le animo positivamente haciendo comentarios edificantes, pero no le hago que cambie de rumbo, entonces conseguiré que sus últimos pasos sean más agradables para él, pero aún así terminará en el fondo del precipicio, muerto. ¿Es algo de esto amor verdadero?

En nuestra sociedad, y entre muchos en la iglesia, tal amor genuino se percibe como intolerante y odioso. Esta fortaleza ha emergido en muchos creyentes como resultado de ver la vida mediante la perspectiva de setenta u ochenta años en vez de verla con los lentes de la eternidad. Piensa en este ejemplo: si mi perspectiva de la felicidad es de un día de duración, puedo asistir a una boda que tiene una mesa llena de postres y comer de todos ellos. Tendré un día feliz y encantador. Sin embargo, si tengo una perspectiva de la felicidad de seis meses, trataré la mesa de otra forma. Comeré solo un postre, o probablemente ninguno. Simplemente no quiero un dolor de estómago al día siguiente, los cinco kilos adicionales que tendrá mi cuerpo en los próximos días por haber comido todos esos postres, y el efecto a largo plazo de una reducción de la salud.

Tenemos que ver la vida en un contexto eterno para comprender el verdadero amor. El amor desde la perspectiva de solo la vida en la tierra acepta a las personas como son, y se abstiene de llamarles a un cambio de estilo de vida. Solo queremos que disfruten los pasos que les quedan antes de caer en el pozo eterno. El verdadero amor desde una perspectiva eterna dice: "Me preocupo lo suficiente para hacerte sentir incómodo por unos momentos a fin de salvarte de una eternidad de tormento, agonía y sufrimiento indescriptibles".

Hay un infierno que es real. No es una metáfora o figura retórica, o un lugar temporal de castigo, sino que los que terminan allí *"serán atormentados día y noche por los siglos de los siglos"* (Apocalipsis 20:10 RVR 60). ¿Podemos ignorar las palabras de Jesús: *"E irán éstos al castigo eterno"* (Mateo 25:46 RVR 60), o las palabras de Pablo: *"los cuales sufrirán pena de eterna perdición, excluidos de la presencia del Señor"*?. (2 Tesalonicenses 1:9 RVR 60)

Eterno significa *para siempre*, no hay otra interpretación. El tormento, dolor y castigo son indescriptibles y nunca terminan, pero lo que hace que esto sea especialmente horrible es estar separado por completo de la presencia del Señor. Esta separación, no obstante, no es solo en la siguiente vida, sino también en esta vida. Hablaré sobre este aspecto en breve.

Dios no creó el infierno para ls personas, sino para *"el diablo y sus ángeles"* (Mateo 25:41 RVR 60). Satanás ha engañado a la humanidad, y por lo tanto nos ha capturado como prisioneros de su propio destino. Jesús fue movido por el amor y vino para librarnos de aquello a lo que nos habíamos condenado. Si Él hizo un rescate tan magnífico, ¿cómo podemos tomarnos a la ligera su camino para escapar de un destino tan horrible?

Regresemos a la ilustración de la recepción de nuestra boda. Mi decisión de comerme solo un postre o no comer ninguno puede traerme persecución. Quizá otros digan: "Venga, John, estos postres son buenos, están muy ricos, te harán sentirte feliz, disfrutemos de la vida".

No, esas afirmaciones están muy lejos de la realidad y me desviarán. No es "disfrutemos la vida" sino "disfrutemos el día". Esta es la realidad: yo disfrutaré la vida mucho más teniendo una perspectiva de largo alcance. Lo mismo es cierto con respecto al reino de Dios.

¿Por qué crees que el apóstol Pablo soportó ser apedreado, flagelado cinco veces con treinta y nueve latigazos, golpeado tres veces con varas, sufrió días y noches de adversidad agónica y muchas otras dificultades? ¿Crees que lo hizo para hacerse famoso, para ser un conferencista popular, para atraer multitudes, para ser un escritor muy reconocido? No, el amor de Dios le forzaba, el amor le dirigía. Él vio con la perspectiva eterna y amó sin temor. No se conformó con la popularidad por encima de la verdad, porque amaba a las personas a las que fue enviado para ayudarles a acudir a Cristo.

¿Qué es el verdadero amor?

"*Dios es amor*". (1 Juan 4:8) Él no solo *tiene* amor, sino que *es* la esencia del amor. Así pues, ¿cómo definimos este amor?

Recientemente estaba en oración y el Señor habló a mi corazón: "Hijo, mi pueblo se está enfocando en la periferia de lo que es el amor, en vez de ir a su definición central".

Después me llegó el pensamiento: *el amor es paciente, el amor es benigno, el amor no es jactancioso, el amor no hace nada indebido, el amor no busca lo suyo*, además de las muchas otras descripciones del amor que se encuentran en 1 Corintios y en toda la Biblia. Después, el Espíritu Santo me mostró: si estuviéramos enseñando a un niño a distinguir entre un hombre y una mujer, ¿cómo lo haríamos? Si solo enseñásemos: "Una mujer tiene dos piernas, dos ojos, una nariz, una boca, dos brazos, dos manos y dos pies", ¿sería esa una descripción certera?

Sin embargo, con una descripción tan general, el niño podría mirar a un hombre y decir: "Eso es una mujer". Eso podría ocurrir porque no le dimos la descripción precisa que distingue a un hombre de una mujer. No se le dijo: "Esto es lo que distingue a un hombre de una mujer…".

Hay un "amor" que el mundo disfruta: también es paciente, benigno, no es jactancioso, y tiene otras muchas similitudes con el amor de Dios. Sin embargo, la definición que finalmente distingue el amor de Dios del amor del mundo se encuentra en estas palabras: *"Pues este es el amor a Dios, que guardemos sus mandamientos"*. (1 Juan 5:3 RVR 60)

Por si de casualidad no hubiéramos visto esta definición vital en su primera carta, Juan, conocido como el apóstol del amor, lo vuelve a dar en su segunda carta:

"Y este es el amor, que andemos según sus mandamientos". (2 Juan 1:6 RVR 60)

Esto es distinto al "el amor es" del apóstol Pablo que se encuentra en 1 Corintios. Juan no da los aspectos descriptivos del amor, sino que ofrece la definición central: lo que distingue el amor de Dios de todas las demás formas. El amor es guardar los mandamientos de Jesús. El Señor deja claro esto en la última cena:

Los que aceptan mis mandamientos y los obedecen son los que me aman. (Juan 14:21)

Así que si soy benigno, paciente, bondadoso, no soy celoso, no busco lo mío, no me enorgullezco y no me irrito, pero estoy engañando regularmente a mi esposa o defraudando en mis impuestos, no estoy caminando en el amor de Dios.

Si soy benigno, paciente, bondadoso, no soy celoso, no busco lo mío, no me enorgullezco y no me irrito, pero apruebo y tolero la inmoralidad sexual, como la homosexualidad, que ahora cada vez lo aprueban y fomentan más incluso los gobiernos en muchas naciones, entonces no estoy caminando en el amor de Dios.

De hecho, estoy siendo engañado y estoy en un lugar más peligroso que el hombre que busca lo suyo, es celoso, se enorgullece y se irrita, porque probablemente él sabe que está lejos de Dios. Yo, en error, puede que piense que estoy bien con Dios, porque alguien hizo conmigo la "oración del pecador", pero nunca me arrepentí de mi pecado habitual. En pocas palabras, no estoy prestando atención a los mandatos de Jesús.

En este momento, permíteme introducir este punto tan importante: no guardo los mandamientos de Dios para ser salvo. Más bien, camino en ellos porque soy salvo y su amor habita en mí. Ser obediente es la evidencia de que verdaderamente he rendido mi corazón y mi vida a Él.

De nuevo, la verdad es que cualquier forma de amor que contradiga directamente la Palabra de Dios y sus caminos no es el amor que dura para siempre. Es temporal. Hará que las personas se sientan bien, incluso sacrificial, y dará inclusión y aceptación, pero no será eterno. No conduce a la vida eterna. Un día se caerá por el precipicio al hoyo eterno del lago de fuego.

¿Por qué, entonces, este amor, que parece tan correcto, es temporal? Adán y Eva pensaron que el fruto del árbol del conocimiento del bien y del mal era bueno y que les haría sabios.

> *Y vio la mujer que el árbol era* **bueno…** *y árbol codiciable para alcanzar la* **sabiduría.** (Génesis 3:6 RVR 60)

Los primeros pensamientos de Eva es muy probable que fueran similares a lo siguiente: *¿Por qué nos diría un Dios amoroso que no comamos de algo que es "bueno" para nosotros? Esto no tiene ningún sentido lógico.* Decidió aceptar lo "bueno" y la "sabiduría" que está fuera del consejo de Dios. Queremos saber el "porqué", pero seamos claros: hay algunas cosas que Dios quiere que obedezcamos aunque no entendamos el porqué de ellas. ¿Podemos creer que Él nos ama cuando nos dice que nos alejemos de algo que parece bueno para nosotros? ¿Podemos confiar en su carácter? ¿O nos convertimos en jueces que le dicen lo que es bueno para nosotros, al igual que hizo la pareja en el jardín del Edén?

Hay muchos ejemplos que se podrían dar de los misterios de Dios o del porqué de ciertos mandatos, pero déjame darte solo uno. Después de casi cuarenta años, no he conocido a una sola persona que pueda explicarme el porqué de cuando Dios le dice a un profeta: *"No comas ni bebas nada mientras estés allí y no regreses a Judá por el mismo camino."* (1 Reyes 13:9) El profeta no obedeció este mandamiento *aparentemente sin sentido*, pero al final perdió su vida debido a la desobediencia.

Para ser franco, el verdadero amor a veces puede parecer contrario a lo que nos parece que es el amor. ¿Por qué diría Pablo a la iglesia en Corinto: *"Con gusto me desgastaré por ustedes y también gastaré todo lo que tengo, aunque parece que cuanto más los amo, menos me aman ustedes a mí"*? (2 Corintios 12:15) ¡No tiene mucho sentido que esta comunidad de creyentes viera a Pablo como alguien falto de amor! Creo que la respuesta obvia es que le veían como un líder dogmático, legalista, alguien que quería mantenerlos atados a reglas, por así decirlo. Quizá la opinión que tenían de él pasó al nivel de verlo como un intolerante, pero esa no es la verdad en absoluto. Él los amaba con *amor eterno*, y no con la versión de amor que tiene el mundo. Él les confrontó con la verdad, les advirtió y les llamó al arrepentimiento, lo cual quizá no les pareció amoroso a sus oyentes. Pero sus palabras estaban saturadas del verdadero amor de Dios.

Decir la verdad en amor

Una vez dicho esto, vayamos ahora a discutir la importancia del verdadero amor.

Repasemos las descripciones del amor:

> El amor es paciente.
> El amor es bondadoso.
> El amor no es celoso.
> El amor no es fanfarrón.
> El amor no es orgulloso.
> El amor no es ofensivo.

El amor no exige que las cosas se hagan a su manera.

El amor no se irrita.

El amor no lleva un registro de las ofensas recibidas.

El amor no se alegra de la injusticia.

El amor nunca se da por vencido.

Esto es amor, que guardemos sus mandamientos.

Si decimos la verdad y no somos buenos, ni pacientes, sino celosos, fanfarrones, orgullosos, ofensivos, exigimos lo nuestro, nos irritamos, llevamos un registro de las ofensas que nos han hecho, no perdonamos, nos gozamos en la injusticia y nos damos por vencidos con las personas, no estamos guardando sus mandamientos. Así pues, podemos predicar arrepentimiento, fe en Jesucristo y todo lo que se encuentra en las Escrituras, pero no estamos operando en un verdadero amor. Hemos entrado en la esfera del legalismo y heriremos a las personas, en vez de acercarles a Dios.

Un día, un joven se acercó a mí y me dijo: "Yo tengo un llamado al ministerio en el que usted opera. ¡Mi llamado es corregir al cuerpo de Cristo!".

Supe en mi corazón que su motivación no era correcta cuando me dijo eso. El Espíritu Santo me dio estas palabras para él: "¿Quieres saber cómo operar en un verdadero ministerio profético?".

Su rostro se iluminó y dijo al instante: "Sí, me encantaría saberlo".

"Siempre que estés llevando cualquier forma de corrección o advertencia, tu corazón arde de amor por las personas a las que estás hablando", le dije.

Se quedó mudo por unos momentos. "Caramba, Dios tiene tarea que hacer conmigo".

Le dije: "Estoy muy orgulloso de ti. Se necesita un corazón humilde para decir eso. Estás más cerca de estar en ese lugar de lo que piensas. Tu corazón es tierno".

El amor se preocupa más por la otra persona que por uno mismo. Se preocupa lo suficiente como para no permitir que alguien se caiga por un precipicio. Rebosará todas las tiernas características descritas en 1 Corintios 13, pero al hacerlo nunca se desviará de los mandamientos de nuestro Salvador y Dios.

El amor es tan vital, tan importante, es la esencia de la vida. Ora para que Dios llene tu corazón con su amor, con Él mismo, para que verdaderamente te preocupes más de otros que de tu propia vida. Se nos dice que el Espíritu Santo derrama este amor en nuestros corazones. Podemos pedirlo: la profundidad, longitud y altura de su amor que da vida.

Así que pide, y vuelve a pedir, después sigue pidiéndole que llene tu corazón con ese amor eterno y divino.

PONTE EN ACCIÓN

Debemos hablar contra el pecado que intenta invadir la iglesia, pero debemos hacerlo en amor, o nuestras advertencias no tendrán el resultado deseado. Dios nos advierte continuamente a lo largo de toda la Biblia; sin embargo, su ferviente amor lo llevó a hacer incluso más: enviar a su Hijo a pagar el precio de todos los pecados que Él nos advirtió que no hiciéramos.

Este es el amor que debemos tener al advertir a las personas contra el pecado. Y hay solo una fuerte de amor: Dios. Dios es amor. Si queremos crecer en amor, debemos crecer en nuestra comunión con Dios.

Es vital más allá de las palabras pasar tiempo regularmente con Dios, pidiéndole y buscando que nos llene más de su amor. Cuando estemos llenos de su amor, este echará fuera nuestros temores a la confrontación. Nos empujará a pasar a la acción por aquellos que nos rodean, no solo mediante las causas humanitarias, sino para advertir cuando sea necesario. El amor de Dios nos liberará y nos capacitará para llevar esa libertad a otros. Aparta tiempo hoy para orar fervientemente, no te rindas rápidamente, pidiéndole a Dios que te llene con su amor.

25

MATAR LA KRIPTONITA

Hay tres escenarios que plagan a los creyentes cuando se trata del pecado.

Primero, están los que deciden pasar por alto el pecado debido a sus corazones endurecidos. Son inmunes a la realidad de romper el corazón de Dios. El Señor se lamenta de ellos: *"¿Se avergüenzan de estos actos repugnantes? De ninguna manera, ¡ni siquiera saben lo que es sonrojarse!".* (Jeremías 8:12) Su conciencia está comprometida, a veces incluso hasta el punto de estar cauterizada.

Segundo, e igual de peligroso, son los que aceptan la mentira de que todos somos pecadores por naturaleza y la sangre de Jesús es poderosa para librarnos del castigo, pero no de la esclavitud del pecado. Estos se aferran fuertemente a la verdad de que en Cristo hemos sido hechos santos, pero creen la mentira de que no es necesario vivir una vida santificada. Este era el tipo de enseñanza que se propagó en la iglesia de Tiatira. Pablo trata específicamente esta mentalidad cuando escribe:

> *Ahora bien, ¿deberíamos seguir pecando para que Dios nos muestre más y más su gracia maravillosa? ¡Por supuesto que no! Nosotros hemos muerto al pecado, entonces, ¿cómo es posible que sigamos viviendo en pecado?* (Romanos 6:1-2)

Estos dos primeros casos están claramente identificados como kriptonita, que es el pecado habitual que se practica y que debilita al creyente, así como a cualquier comunidad de creyentes. Los que encajan en estas dos categorías están *entregados al pecado*. Son los que oirán a Jesús decir: "*Apartaos de mí*" el día del juicio (ver Mateo 7:20-23).

Tercero son los que están luchando por ser libres del pecado. Quieren salir, pero el pecado les tiene asidos fuertemente. No han descubierto aún por la Palabra de Dios cómo ejercitar su libertad por fe. Cuando pecan, su corazón se rompe porque aman a Dios. Se arrepienten de verdad, pero con el tiempo vuelven a caer en el pecado. Tristemente, una de las cosas que les mantiene atados es la culpa y la condenación de aquello a lo que están atados. La culpa de su pecado les aplasta.

Si estás en este tercer grupo, por favor, escúchame. Jesús nos dice: "*Si un creyente peca, repréndelo; luego, si hay arrepentimiento, perdónalo. Aun si la persona te agravia siete veces al día y cada vez regresa y te pide perdón, debes perdonarla*". (Lucas 17:3-4) La razón por la que nuestro Maestro nos dice que perdonemos al que peca, pero que se arrepiente genuinamente múltiples veces al día, es porque tenemos que perdonar como nos perdona nuestro Padre celestial (ver Efesios 4:32). Por favor, has de saber que si has pecado varias veces, pero cada vez te acercas a Dios genuinamente, con un corazón roto en verdadero arrepentimiento, estás perdonado y la sangre de Jesús te limpia como si nunca hubieras pecado. No te castigues a ti mismo, ya que esto elimina la grandeza de la sangre de Jesús y pone de nuevo la justicia en tus propias obras. Nunca puedes ser salvo o perdonado haciendo esto. El perdón es el maravilloso regalo de Dios.

Es este tercer escenario el que me gustaría tratar en este capítulo. Quiero compartir mi historia de cómo la Palabra de Dios me hizo libre.

No podía ser libre

Cuando tenía doce años, algunos amigos me introdujeron a las revistas pornográficas. Las compartíamos entre todos, y no hace falta que diga que no tardé mucho en hacerme adicto.

Comenzó con una pornografía menos explícita, pero rápidamente pasó al contenido más duro. Esto me llevó a tener fantasías sexuales incontrolables en mi mente. Me sentaba en las clases de la escuela secundaria, miraba a las chicas y las imaginaba teniendo encuentros sexuales con ellas. Estaba consumido por la lujuria sexual.

A los diecinueve años le entregué mi vida a Jesucristo en una reunión en la casa de mi fraternidad. Muchos pecados al instante perdieron su poder sobre mi vida: borracheras, malas palabras, conductas impropias con las chicas, groserías, y muchas otras malas conductas parecieron desvanecerse. Sin embargo, la pornografía y la lujuria no perdieron su poder. Seguía atado y no era capaz de dejarlo. Cada vez que sucumbía a este pecado, rápidamente me arrepentía y le pedía a Dios sinceramente que me perdonara.

Antes de ser salvo, no lo pensaba dos veces a la hora de tener lujuria sexual, sino que tan solo me entregaba cada vez que surgía el deseo. Después de ser salvo, entré en una batalla violenta. No quería mirar pornografía porque sabía que era contraria a la conducta recta, pero parecía ser más poderosa que mi fuerza para resistir.

En 1982, a los veintitrés años, me casé con Lisa. Pensaba que la lujuria desaparecería porque ahora estaba casado con la chica de mis sueños, pero no sucedió así, y de hecho empeoró. Si había pornografía en algún lugar cerca de mí parece que me sentía atraído a ella, casi como los pequeños restos de metal son atraídos a un imán. Afectaba mi relación con Lisa, tanto en la cama como en otras áreas de la intimidad.

En 1983 entré en el ministerio y seguí luchando con el porno. Mi convicción de que era algo muy fuerte cada vez aumentaba más. Mi posición de servir en la iglesia era la de cuidar de nuestro pastor, su familia, y cualquiera de nuestros ministros invitados. Nuestra iglesia era una de las iglesias más reconocidas en América, y recibíamos a muchos pastores y oradores destacados que nos visitaban. Uno de ellos era muy reconocido por su ministerio de liberación. Había estado en Asia durante varios años, y las historias documentadas de cómo las personas eran liberadas de vicios o demonios eran fenomenales, a veces incluso asombrosas. Dios lo usó de una forma tremenda. Su nombre era Lester Sumrall.

En el otoño de 1984 vino a nuestra iglesia para hacer un seminario de cuatro días, y yo fui de nuevo su anfitrión. Había llegado a conocerlo bastante bien por sus visitas anteriores. Esta vez, cuando le estaba llevando en el vehículo y estábamos a solas, me pareció que era el momento oportuno para abrirme con él y hablarle de mis luchas con la lujuria sexual. Me humillé y fui totalmente sincero, ¡porque quería salir! Lester me habló firmemente como un verdadero padre en la fe lo haría. Escuché con atención cada palabra, y después le pedí desesperadamente: "Por favor, ore por mi libertad".

Él hizo una oración muy fuerte, pero para mi decepción, en las semanas y meses siguientes no experimenté cambio alguno. Seguí luchando con la lujuria después de aquella oración.

Aproximadamente nueve meses después, me ofrecieron usar un apartamento para poder retirarme allí para ayunar y orar. El cuarto día de ayuno, nunca olvidaré la fecha, era el 6 de mayo de 1985, fui completamente liberado de ese espíritu de lujuria mientras estaba en profunda oración. El Espíritu Santo me guió a ordenar fervientemente a la lujuria que se fuera de mi vida. Lo hice, y la autoridad que vino sobre mí fue algo muy distinto a lo que había experimentado nunca. Hasta la fecha sigo libre, ¡gracias a Dios!

¿Por qué después?

Después de caminar en libertad durante un par de años, surgió una pregunta un tanto molesta, la cual llevé al Señor en oración. "Padre", le pregunté, "no lo entiendo. Me humillé delante de Lester, este gran hombre de Dios. Ya que muchos han sido liberado mediante su ministerio, ¿por qué no fui liberado yo el día en que él oró por mí? ¿Por qué pasaron nueve meses hasta que pude ser libre?".

El Señor comenzó a mostrarme mi vida en ese periodo de tiempo. Durante el otoño de 1984, cuando Lester vino a hablar, yo oraba cada mañana durante al menos noventa minutos. Había estado haciendo eso durante un par de años. Me levantaba a las 5:00 de la mañana y estaba fuera a solas a las 5:30 y oraba hasta las 7:00 de la mañana. Mis oraciones más apasionadas en ese entonces eran: "Dios, úsame para llevar a muchos a Jesús, úsame para sanar enfermos, úsame para liberar a las personas. Padre, ¡úsame para impactar las naciones para Jesús!". Oraba esto una y otra vez, día tras día, pidiéndole a Dios que me lanzara en el ministerio y abriera puertas que nadie pudiera cerrar. ¡Oraba con gran pasión!

Un día ese mismo otoño, estaba en mi rutina normal de oración matutina y clamando como lo había hecho durante muchos meses, incluso años. De repente, en un momento de petición apasionado, el Espíritu Santo me habló y me dijo: "Hijo, puedes ganar multitudes para Jesús, hacer que muchos sean libres, sanar a los enfermos, y terminar en el infierno para siempre".

Me quedé perplejo. *¿Cómo era posible? ¿Realmente lo que estaba escuchando era la voz del Espíritu Santo?* Estaba un poco receloso de lo que acababa de oír, hasta que Él rompió nuevamente el silencio diciendo: "Hijo, Judas dejó su trabajo para seguirme, Judas predicó el evangelio, sanó a los enfermos en mi nombre, liberó a muchos en mi nombre, y Judas está en el infierno".

Yo me había criado siendo católico y solo tenía cinco años de creyente nacido de nuevo, así que lo que estoy a punto de describir era algo totalmente extraño para mí. Temblé, más bien me estremecí por dentro cuando escuché sus palabras. Estaba temblando y no me atrevía a hablar. A la vez, estaba completamente perplejo, pero sabía que Dios estaba hablando. Me quedé maravillado de su presencia.

Finalmente acumulé la fuerza necesaria y reverentemente pregunté: "Entonces ¿qué es lo que más debería buscar? ¿Qué es lo más importante?".

Escuché la respuesta de forma muy clara: "Conocerme íntimamente".

Tras este encuentro, me di cuenta en mi estudio personal de la Biblia de que ese fue el mayor deseo de David, Moisés, Pablo, y todos los que habían terminado bien en la vida. Pablo dice:

> *Y ciertamente, aun estimo todas las cosas como pérdida por la excelencia del conocimiento de Cristo Jesús, mi Señor, por amor del cual lo he perdido todo, y lo tengo por basura, para ganar a Cristo.* (Filipenses 3:8 RVR 60)

Su búsqueda era conocer a Jesús íntimamente, y de ese conocimiento rebosaba el ministerio poderoso. Yo había estado persiguiendo el ministerio, en vez de conocer a Jesús íntimamente. Ese día todo cambió.

Entonces, mis principales oraciones cada mañana pasaron a ser algo parecido a esto: "Señor, quiero conocerte lo mejor que un hombre pueda conocerte. Quiero agradarte lo mejor que un hombre pueda agradarte. Muéstrame tu corazón, revélame qué es importante para ti, y muéstrame qué no es importante para ti. Enséñame tus caminos y que mi vida te dé gozo…".

Seguía saliendo temprano cada mañana, pero mi ruego apasionado ahora iba en esa línea. No me daba cuenta de lo que estaba ocurriendo, pero Dios me lo mostró más adelante.

Así que la respuesta a mi pregunta: "¿Por qué no fui libre cuando Lester Sumrall oró por mí?" estaba empezando a aclararse. Dios entonces me habló y dijo: "Cuando te abriste al evangelista, tenías miedo de que el pecado de lujuria te impidiera desarrollar el ministerio al que sabías que yo te había llamado. Tenías temor de que te descalificara. El enfoque de tu pesar eras tú; era un pesar mundano".

Él continuó: "Nueve meses después, como habías estado clamando y pidiendo conocerme íntimamente, tu corazón se estaba quebrantando porque estabas lastimando mi corazón mediante tu pecado. Sabías que yo había muerto para liberarte de ese pecado, y aborrecías participar en algo que estaba alineado con lo que me había enviado a la cruz. El enfoque de tu tristeza estaba en mí; era una tristeza piadosa".

Pablo dice esto a la iglesia de los corintios:

> *Ahora me gozo, no porque hayáis sido contristados, sino porque fuisteis contristados para arrepentimiento; porque habéis sido contristados según Dios, para que ninguna pérdida padecieseis por nuestra parte. Porque la tristeza que es según Dios produce arrepentimiento para salvación, de que no hay que arrepentirse; pero la tristeza del mundo produce muerte.* (2 Corintios 7:9-10 RVR 60)

La palabra griega para "salvación" en este versículo no necesariamente significa nacer de nuevo. Es la palabra, *soteria*, que se define como, "seguridad, liberación, preservación del peligro o la destrucción" (WSNTD-ICT). Aislemos la palabra "liberación" en esta definición e insertémosla en el versículo de arriba: "Porque la tristeza que es según Dios produce arrepentimiento para *liberación*". Yo fui liberado, y fue la tristeza que es según Dios, lo que abrió la puerta para asegurarlo.

Dos tristezas

Dos tipos de tristeza: una es según Dios, y la otra es mundana. ¿En qué se distinguen? Las experiencias del rey Saúl y del rey David ilustran la diferencia. Como discutimos en un capítulo anterior, Saúl desobedece a Dios en el incidente de los amalecitas. Cuando el profeta Samuel le llama, él lo niega, pero Samuel no cede. Entonces Saúl echa la culpa al pueblo; solo por la persistencia del profeta, finalmente Saúl dice: *"He pecado"*. Una vez que lo ha confesado, le dice rápidamente a Samuel: *"Yo he pecado; pero te ruego que me honres delante de los ancianos de mi pueblo y delante de Israel"* (1 Samuel 15:30 RVR 60). El enfoque de la tristeza de Saúl está en sí mismo. Samuel le había avergonzado al confrontarlo delante de su equipo de liderazgo y del pueblo. Él quiere que su honor sea restaurado.

El rey David, por el contrario, peca gravemente. Comete adulterio con la esposa de otro hombre, y manipula el asesinato de su esposo para encubrir su pecado. El profeta Natán le confronta delante de su equipo de liderazgo y del pueblo. En el momento en que es expuesto el pecado de

David, este cae al suelo y dice: *"Pequé contra Jehová"*. (2 Samuel 12:13 RVR 60)

Saúl dijo: *"He pecado"*. David dijo: *"He pecado contra Jehová"*. Ahí está la diferencia. David está dolido porque ha herido el corazón de Aquel a quien ama. Su dolor no está centrado en sí mismo, como lo estaba el de Saúl. Esto se confirma cuando David se postra delante del Señor toda la noche y ayuna siete días. Está profundamente dolido por lo que ha hecho contra Dios. Él deja esto totalmente claro cuando clama:

> *Contra ti, contra ti solo he pecado, y he hecho lo malo delante de tus ojos; para que seas reconocido justo en tu palabra, y tenido por puro en tu juicio.* (Salmos 51:4 RVR 60)

La tristeza del mundo se enfoca en nosotros: ¿Cuáles son las consecuencias? ¿Seré juzgado? ¿Seré descalificado? ¿Sufriré por mi pecado? ¿Qué pensará la gente de mí?, y cosas parecidas. La tristeza que es según Dios se enfoca en Jesús; he herido el corazón de Aquel a quien amo, y no importa cuál sea su decisión: *su justicia es justa y verdadera, y caigo delante de su misericordia.*

Llevarlo a la práctica

Ahora era libre, pero aún necesitaba que mi mente fuera renovada. Esto me tomó unos dos o tres años. Antes de mayo de 1985, si había pornografía en algún lugar cercano a mí, no podía resistir su atracción. Ahora era capaz de resistirla y tenía la capacidad de alejarme. Pero si una mujer bonita pasaba por mi lado con ropa ajustada, tenía que dirigir mi mirada a otro sitio para no dar oportunidad a mis pensamientos de desviarse. Esta no es la libertad plena que Jesús provee para nosotros. La liberación aún no estaba completa.

Hay una diferencia entre *ser liberado* y *ser libre*. Yo fui liberado el 6 de mayo, pero Jesús dice: *"y conoceréis la verdad, y la verdad **os hará** libres"* (Juan 8:32 RVR 60). La meta es *ser hecho libre*, y es necesario que la verdad penetre en nuestro ser para que haga eso.

Con el paso del tiempo, permanecí en su Palabra y en oración, y mi mente comenzó a ver cosas como Él las ve con respecto a las mujeres. El primer cambio de paradigma ocurrió cuando darme cuenta de que todas las mujeres son *hijas* inundó mi corazón. Sé que no parece un pensamiento muy profundo, pero verdaderamente lo fue para mí. El Espíritu Santo me mostró que cada mujer es la niña pequeña de alguna mamá y papá. No son un trozo de carne, como yo las había visto antes de mi liberación.

Un poco después, vino a mi corazón una revelación aún mayor. Me quedó claro que todas las mujeres son creadas a imagen de Dios, y Él las ha coronado de gloria y honor (ver Génesis 1:26-27 y Salmos 8:5). De nuevo, quizá esto no parezca muy profundo, pero fue una revelación transformadora en lo más hondo de mi ser.

Ahora, si la pornografía aparece delante de mí, ¡es algo ofensivo! Sí, ahora prácticamente me repugna lo que antes me enamoraba. Ahora, si una mujer atractiva camina por mi lado, no tengo que ladear la cabeza como hice durante unos años después de ser libre. Ahora puedo mirarla a los ojos y decir agradablemente: "Hola", sin ningún deseo impropio hacia ella.

Descubrí el poder de la gracia de Jesucristo. Me doy cuenta de que la mayoría de los cristianos ven la gracia como salvación, perdón de pecados y un regalo inmerecido, pero es ahí donde termina para la mayoría. Yo llegué a entender que la gracia de Dios es todos esos maravillosos atributos, pero también nos empodera para cambiar, para hacer lo que la verdad nos llama a hacer.

¿De verdad somos capaces de creer que el regalo gratuito de Jesús nos libra del *castigo eterno del pecado*, pero no es suficientemente poderoso para librarnos de la *esclavitud al pecado*? Nunca podrás convencerme de lo contrario.

¡Es algo que yo sé! He experimentado su gracia transformadora y ahora soy libre. Estoy muy agradecido de que Él hiciera eso por mí, ¡y estoy agradecido porque Él hará lo mismo contigo! Fue una batalla, no un paseo por el parque; fue necesaria la persistencia y ferviente oración. Es muy probable que sea igual en tu caso. La buena noticia es que no puedes fallar porque la gracia de Dios y su amor no pueden fallar. Así que permanece a su lado y experimenta la libertad.

PONTE EN ACCIÓN

Dios es tu Salvador, y no hay otro. Ningún programa de cinco pasos, ningún esfuerzo humano, y ninguna lista de reglas puede liberarte de la esclavitud al pecado. Pero eso no significa que Dios nos libera de nuestro pecado sin que tengamos que hacer nada. Dios te librará, pero seguirlo a Él exige acción por tu parte. Seguir a nuestro Padre celestial con la motivación correcta, para conocerlo y no para obtener algo de Él, es lo que te llevará a tu liberación.

La pregunta es: ¿qué importancia tiene para ti ser libre? ¿Sacarás tiempo para buscar a Dios? ¿Harás algún tipo de retiro si es necesario? ¿Clamarás y no te detendrás hasta haber hallado su presencia y haberte aferrado a sus promesas? ¿Te acercarás a Él, permitiéndole que establezca la agenda para tu relación? ¿Perseguirás la libertad del pecado por causa de tu relación y no solo porque no te deja alcanzar la vida que quieres? ¿Te humillarás para dejar que líderes establecidos y piadosos oren por ti y hablen a tu vida?

Calcula el costo de tu esclavitud, pero también calcula el costo de tu libertad. Después, persigue a Dios con todo tu corazón. ¡Él está impaciente por conocerte íntimamente!

26

EL PECADO QUE NO ES PECADO

¿Levantaste una ceja al leer el título de este capítulo?

Hay otro aspecto de la idolatría que aún no hemos cubierto, y se puede identificar como el *pecado que no es pecado*. Para terminar el proceso de eliminar la kriptonita no podemos ignorar este, porque puede que sea el más difícil de identificar. Comencemos con una parábola.

Un día, alguien que pasaba por allí le comentó a Jesús lo maravilloso que sería asistir a un banquete en el reino de Dios. Jesús se aprovecha de este comentario para ilustrar una profunda verdad. Dice: *"Un hombre preparó una gran fiesta y envió muchas invitaciones. Cuando el banquete estuvo listo, envió a su sirviente a decirles a los invitados: 'Vengan, el banquete está preparado'; pero todos comenzaron a poner excusas".* (Lucas 14:16-18) La palabra clave en esta parábola es "excusas".

¿Alguna vez has experimentado esto? Le pides algo a alguien, ya sea ayuda, una invitación a una fiesta o cena, hacer una tarea que se necesita o hacer un recado, o cualquier otra petición, y la respuesta es una pobre excusa. ¿Qué comunican las excusas? Sencillamente que lo que ellos quieren hacer es más importante que tu petición. En esencia, están diciendo: "Mis prioridades están antes en mi lista que las tuyas".

Según Jesús, este hombre no estaba organizando una barbacoa, sirviendo hamburguesas y perritos calientes con unas patatas. Esta era una gran fiesta, un evento importante. Lo hizo para bendecir a los que iba a invitar. Las invitaciones se habían impreso, sellado y enviado a todos los que él deseaba que asistieran, pero todos respondieron con excusas: *Uno dijo: 'Acabo de comprar un campo y debo ir a inspeccionarlo. Por favor, discúlpame'*. (Lucas 14:18)

Esta es la pregunta importante: ¿Es un pecado comprar un campo? Por supuesto que no. Si lo es, yo estoy en problemas porque en el transcurso de mi vida alguna vez he comprado algún terreno. Sin embargo, cuando comprar el campo es más importante que la Palabra del Señor, es pecado, "pecado que no es pecado". Más concretamente, es idolatría o kriptonita.

Veamos al siguiente hombre: *"Otro dijo: 'Acabo de comprar cinco yuntas de bueyes y quiero ir a probarlas. Por favor, discúlpame'"*. (Lucas 14:19)

De nuevo, ¿es comprar un buey, o para ser más relevante, es comprar equipo para tu empresa un pecado? Claro que no lo es, yo he comprado equipo de oficina en mi vida; sin embargo, cuando comprar algo es más importante que la Palabra del Señor, es pecado. Así que de nuevo, es pecado que no es pecado, o más concretamente, es idolatría o kriptonita.

Revisemos el último receptor de la invitación:

"Otro dijo: 'Acabo de casarme, así que no puedo ir'". (Lucas 14:20)

Una última vez, permíteme preguntar: ¿casarte con tu esposa es pecado? Si lo es, muchos hombres, yo incluido, estamos en problemas. Por supuesto que no lo es. Sin embargo, cuando la esposa se convierte en algo más importante que la Palabra del Señor, es pecado. De nuevo, es un pecado que no es pecado, o más concretamente, es idolatría o kriptonita.

Creo que el punto está claro: *cuando ponemos a alguien, algo o cualquier actividad por delante de la Palabra del Señor, lo que no es pecado se convierte en pecado.*

Mi kriptonita revelada

Como he mencionado antes, me enamoré de Jesucristo cuando estaba en el segundo año en Purdue University. Lo recibí como Señor en mi fraternidad en 1981. ¡Estaba encendido para Él!

Varios meses después, era la temporada de fútbol americano en Purdue. Ahora estaba en mi tercer año, y como estudiante, tenía entradas para la temporada para todos nuestros partidos en casa. Durante los dos años anteriores no me perdí ni un solo partido. Pero ahora, estaba tan emocionado con Jesús, que usaba el tiempo de los partidos de fútbol para estudiar mi Biblia. La fraternidad estaba tranquila porque todos los chicos estaban en el partido, y era una oportunidad para tener buenos tiempos de oración. Estaba disfrutando del tiempo con Dios más que de los partidos de fútbol.

Nadie tuvo que decirme: "No deberías ir a los partidos de fútbol". Nunca pensé que ir a un partido de fútbol estuviera mal. De hecho, fui a muchos de ellos en mi último año.

Justo después de graduarme de Purdue, me mudé a Dallas (Texas), y varios meses después acepté el puesto en mi iglesia. Debido al tamaño e influencia del ministerio, teníamos más de cuatrocientos empleados.

En ese tiempo, los Dallas Cowboys eran uno de los mejores equipos de la liga nacional de fútbol americano. Yo no era muy seguidor de los Cowboys, ya que me había criado en Michigan, pero con frecuencia oía a los chicos de la plantilla de personal hablar del equipo cada lunes. Discutían apasionadamente en detalle del partido del día anterior: estadísticas, jugadas destacadas y, por supuesto la posibilidad de llegar a la final.

Por curiosidad, comencé a ver a los Cowboys. Comencé viendo un cuarto o dos. Me gustaba verlos porque eran emocionantes. Había otro beneficio; me daba la oportunidad de discutir inteligentemente los partidos con los chicos de la oficina.

Pero con el paso del tiempo, mi interés por los Cowboys fue creciendo, y comencé a ver los partidos enteros. Me vi hablándole a la televisión con gran pasión, animando y a veces gritando a los jugadores. Finalmente llegó al punto en el que no me perdía ningún partido o parte de alguno. Incluso fuera de la temporada, mis compañeros de trabajo y yo continuábamos conversando sobre los fichajes y lo apasionante que sería la siguiente temporada. ¡Ya era un auténtico seguidor!

Cuando comenzó la siguiente temporada, estaba lleno de emoción. Cada domingo después de la reunión me iba corriendo a casa, encendía el televisor y ni siquiera me quitaba la ropa de la iglesia, y en esos tiempos llevábamos traje. A veces me sentaba allí pegado al televisor, aunque mi ropa no fuera cómoda y tuviera que ir al baño. No quería perderme ninguna jugada.

En el descanso, me cambiaba de ropa. Si Lisa necesitaba ayuda con algo, olvídalo. "Cariño, están jugando los Cowboys", decía yo. Comíamos en el descanso, o mejor aún, después del partido, pero nunca durante el partido.

En ese momento, me conocía todas las estadísticas del equipo. Las había examinado cuidadosamente y pensaba constantemente en cómo podían mejorar los Cowboys. Yo era el que dirigía las conversaciones en el trabajo. Había algunas personas en mi iglesia que tenían entradas para la temporada, y yo aceptaba cada invitación que me hacían para ir al estadio para un partido. Nunca tenía una *débil excusa* para no ir.

Vamos a avanzar a la siguiente temporada. Un poco antes, había orado algo que pensaba que era muy sencillo y aparentemente insignificante. Sin embargo, no me di cuenta de que cambiaría mi vida. Mi oración fue: "Señor, te pido que purifiques mi corazón; quiero ser santo, apartado para ti, así que si hay algo en mi vida que no te agrada o es una prioridad mayor que tú, revélalo y ayúdame a eliminarla".

La temporada de fútbol se acercaba a su fin y los ascensos estaban próximos. Era el día de un partido clave. Los Cowboys jugaban contra los Philadelphia Eagles, y el ganador del partido pasaría a las finales y el perdedor se quedaría fuera. Yo estaba pegado al televisor, no sentado en un sofá, sino de pie delante de la pantalla. El partido estaba en el último cuarto y solo quedaban ocho minutos en el reloj. Los Cowboys perdían por cuatro puntos, pero su mariscal de campo estrella tenía al equipo avanzando por el campo. En ese momento yo estaba pateando el suelo de un lado para otro muy nervioso, gritando de frustración cuando perdían un pase o reaccionando con exuberante alegría cuando hacían una buena jugada. El suspense era emocionante.

De repente, sin notificación previa, el Espíritu de Dios me incitó a orar. Una urgencia repentina me sobrecogió: *¡ora, ora, ora!* Era una carga, un sentimiento fuerte y pesado en lo profundo de mi corazón. Había llegado a reconocer ese impulso cuando el Espíritu de Dios desea que te apartes y ores.

Dije en voz alta: "Señor, solo quedan ocho minutos de partido. Oraré cuando se acabe".

La urgencia continuaba, no se iba.

Pasaron unos minutos. Aún buscando alivio, exclamé: "Señor, oraré cinco horas cuando termine el partido. ¡Solo quedan seis minutos para el final!".

Los Cowboys iban avanzando con el balón. Sabía que atacarían y ganarían este partido tan importante. Sin embargo, la urgencia de orar aún no se había apartado de mí. De hecho, era más fuerte. Yo estaba frustrado. No quería dejar de ver el partido.

Entonces dije en voz alta: "Señor, oraré durante el resto del día, ¡incluso toda la noche si eso es lo que deseas!".

Vi el resto del partido. Los Cowboys ganaron, y como le había hecho una promesa a Dios, inmediatamente apagué el televisor, subí las escaleras hasta mi oficina, cerré la puerta, y me arrodillé en el piso para orar. Pero la urgencia de orar ya no estaba presente. Ya no había ninguna carga de ningún tipo, ni siquiera un ligero sentimiento. No había nada.

Intenté crearlo. Intenté orar, y mis palabras eran rancias y sosas. No tardé mucho en darme cuenta de lo que había ocurrido. Escogí el partido en vez de la petición de Dios. Encontré una *débil excusa* que tomó preferencia ante su petición.

Me postré con mi rostro en la alfombra y gemí: "Dios, si alguien me preguntara: '¿Quién es más importante para mí, Dios o los Dallas Cowboys?' sin duda respondería: 'Dios, por supuesto'. Pero acabo de demostrar quién es más importante. Me necesitabas, pero escogí el partido de fútbol antes que a ti. ¡Por favor, perdóname!".

Oí de inmediato en mi corazón: "Hijo, no quiero tu sacrificio de cinco horas de oración; deseo obediencia".

Cualquier área de la vida

Este tipo de idolatría puede suceder en cualquier área de la vida. Recuerdo, en ese mismo periodo de tiempo, una mañana cuando me estaba preparando para echarme el cereal en un bol. ¡Me encanta el cereal por la mañana! Pero esa mañana, oí a Dios susurrar: "Quiero que ayunes en el desayuno".

Me acuerdo de mirar el cereal y quererlo con muchas ganas. Dije: "Señor, haré un ayuno de tres días la semana que viene", otra *pobre excusa* para no obedecer lo que Él me había pedido. Él me mostró con eso que la comida era un ídolo en mi vida. Me había perdido oportunidades preciosas con Él porque mi deseo de comer pesaba más que mi deseo de experimentar su presencia y su Palabra.

De forma parecida, cuando más adelante mi amor por el golf se desequilibró, el Espíritu Santo me incitó un día a regalar todo mi conjunto de palos de golf a otro pastor (no estaba desequilibrado en su vida).

Tras un año y medio sin jugar, el Señor puso en el corazón de un golfista profesional regalarme su equipo de golf que costaba miles de dólares. Me quedé perplejo. Unos meses después, un pastor me dijo que Dios había puesto en su corazón regalarme su conjunto de palos de golf. ¡Ahora sí que estaba confundido!

Después, cuando estaba a solas, le pregunté al Señor: "¿Qué hago con todo este material de golf?".

"Ve y juega al golf", oí en mi corazón.

"Pero me dijiste que me alejara de este deporte y que entregara mis palos hace un año y medio".

"El golf ya no está fuera de control en ti", oí a Dios decir. "Ahora es un recreo y disfrute para ti".

He jugado al golf desde entonces, y Dios lo ha usado de una forma maravillosa para traer descanso y refrigerio. Se ha convertido también en una vía para salvar a otros que estaban perdidos, y para que pueda conectar con mis hijos, líderes de la iglesia y colaboradores en el ministerio. De hecho, han sido donados a Messenger International más de cinco millones de dólares para viajes misioneros jugando al golf con amigos y colaboradores de nuestros torneos Messenger Cup. Si hubiera cortado totalmente el golf para el resto de mi vida, esto no habría sucedido. El golf ya no era kriptonita.

Estas eran áreas de pecado que no eran pecado. Podemos hacer eso con el negocio, el ministerio, el deporte, las relaciones, cosas agradables, e incluso cosas esenciales en la vida. La lista es tan interminable como todas las cosas, actividades, relaciones y posiciones que existen.

Dios desea que disfrutemos de esta vida. De hecho, me resulta asombroso un comentario del apóstol Pablo:

> *Deberían depositar su confianza en Dios, quien nos da en abundancia todo lo que necesitamos para que lo disfrutemos.*
> (1 Timoteo 6:17)

Él quiere que experimentemos todas las bendiciones maravillosas que nos ha dado. Quiere que disfrutemos de la vida. Solo nos pide ser el primero en nuestra lista de prioridades, lo cual significa que Él y sus deseos tienen preferencia en cualquier momento, lugar y durante cualquier actividad.

¡Sin excusas, ni buenas ni malas!

¡No faltes al banquete!

Volvamos a la conclusión de la parábola de Jesús. Hemos leído acerca de los tres que fueron invitados a la fiesta, pero pusieron excusas. Ahora leemos:

> *El sirviente regresó y le informó a su amo lo que le habían dicho. Su amo se puso furioso y le dijo: 'Ve rápido a las calles y callejones de la ciudad e invita a los pobres, a los lisiados, a los ciegos y a los cojos'. Después de hacerlo, el sirviente informó: 'Todavía queda lugar para más personas'. Entonces su amo dijo: 'Ve por los senderos y detrás de los arbustos y a cualquiera que veas, insístele que venga para que la casa esté llena. Pues ninguno de mis primeros invitados probará ni una migaja de mi banquete'. (Lucas 14:21-24)*

Esto ciertamente hace referencia a las bodas del Cordero, la fiesta que Dios Padre organizará para su Hijo al final. Todos estamos invitados. Sin embargo, hay un principio aquí que se aplica al aquí y ahora. Cuando Dios nos invita a algo que interrumpe nuestra rutina diaria o las cosas que nos gustan tanto, significa que hay algo mucho mayor que Él tiene preparado para nosotros. Se llama un encuentro divino que terminará siendo un banquete, una fiesta de su Palabra, sabiduría, presencia, provisión, consejo, poder o cualquier otra de las muchas bendiciones maravillosas que solamente Él puede dar.

Él tenía algo preparado para mí durante ese partido de los Dallas Cowboys. Un día descubriré lo que era. Estoy seguro de que Él encontró a alguien en "un sendero o detrás de un arbusto" que recibió esa bendición en particular, que era originalmente para mí. Yo me la perdí.

No me siento condenado por ello, porque le he pedido perdón y su misericordia es muy grande, pero sí que aprendí de ello y de otros errores que he cometido. Nunca quiero perderme ninguna sorpresa que Él tenga para mí por aferrarme a la kriptonita.

Cuando llegan estas invitaciones inesperadas a recibir su Palabra o su sabiduría, y dejamos todas las excusas para retirarnos, somos fortalecidos. Recuerda: la kriptonita solo nos debilita.

Tristemente, algunos continuarán poniendo excusas, una y otra vez. Nunca harán de Él una prioridad y quizá se pierdan el gran banquete. Yo espero que no, ya que hay espacio en su casa, y todos estamos invitados.

Por favor, haz esta sencilla petición que yo hice hace muchos años: *"Padre, te pido en el nombre de Jesucristo mi Señor, que purifiques mi corazón. Quiero ser santo, apartado para ti, así que si hay algo en mi vida que no te agrada o que es una prioridad mayor que tú, revélalo y ayúdame a eliminarlo. ¡No quiero perderme ninguno de tus banquetes".*

PONTE EN ACCIÓN

Espero que hayas hecho la oración al final de este capítulo. Si lo hiciste, Dios comenzará a obrar en tu vida durante los próximos días, semanas y meses para acercarte más a Él y, en el proceso, revelar esas cosas que te mantienen distante de Él. Participa en ello de forma proactiva ahora mismo, pidiéndole a Dios que te hable sobre cualquier cosa en tu vida que se haya convertido en una excusa para que no respondas a sus palabras. Escribe lo que Él te revele y dedica unos minutos a orar por ello. Pídele a Dios que te muestre su perspectiva sobre esas cosas, y escribe lo que Él te diga.

Si no hiciste la oración al final del capítulo, aparta un tiempo ahora para hacer una oración distinta. Pídele a Dios que te dé un corazón dispuesto y valiente para que puedas hacer esa oración. Escribe cualquier cosa que Dios ponga en tu corazón mientras oras.

27

LA PUERTA DEL BANQUETE

Jesús hace el comentario más destacado a otra iglesia en el libro de Apocalipsis. Sus palabras se parecen mucho a las que acabamos de discutir en el capítulo anterior:

> *"¡Mira! Yo estoy a la puerta y llamo. Si oyes mi voz y abres la puerta, yo entraré y cenaremos juntos como amigos".* (Apocalipsis 3:20)

¡Un banquete con Jesús! Es una fiesta de convivencia, compañerismo con el Maestro. Ahí recibiremos de su Palabra, sabiduría, consejo, poder o cualquier otra bendición maravillosa de su presencia. Seguro que una comida así crea hambre, anticipación y emoción de recibir de Él. Esto es lo que nos fortalecerá: una comida provista por Jesús es la misma antítesis de la kriptonita. Se puede comparar a Superman recibiendo una fuerza renovada del sol. Jesús es la Palabra viva, el Pan verdadero del cielo, y su presencia nos da la fuerza para resistir cualquier forma de kriptonita.

La pregunta es: "¿A qué puerta está Él llamando?". Muchos ministros han usado este versículo para llamar a las personas a la salvación, y está bien. Pero debemos recordar que se está dirigiendo a la iglesia, a sus seguidores, no a los que nunca le han conocido. Sin embargo, el aspecto crucial de la afirmación de Jesús no se centra en la puerta. Más bien, son sus palabras: *"Si oyes".*

Si estoy en mi casa con la música a todo volumen y una visita importante llama a la puerta y me llama, no lo oiré. Mi visitante finalmente se irá.

Así que las preguntas más importantes son: "¿Qué nos está impidiendo oír?". Si no oímos, nos perderemos el banquete, así que veamos y respondamos a esta pregunta vital.

Santidad

Si mencionas la palabra "santidad" en la iglesia moderna, las personas a menudo retroceden y rápidamente cambian de tema. No es un término apreciado para los "progresistas", y supuestamente pone una sordina en la vida. Con demasiada frecuencia, la santidad se ve como sinónimo de ganarse la salvación mediante obras o se percibe como legalismo.

Sin embargo, es la única descripción de la iglesia a la que Jesús viene a buscar que se encuentra en el Nuevo Testamento. No se nos dice que Él viene a buscar una iglesia "dirigida por un liderazgo", una iglesia "relevante", una iglesia "conectada", o una con una fuerte "comunidad". Todos estos rasgos son muy importantes para el crecimiento y el éxito de una iglesia, pero ninguno de ellos es la característica que define a la novia de Cristo.

Por desgracia, debido a la predicación legalista del pasado, muchos dejan de hablar de la santidad. Para conseguir una iglesia grande, parece que este tema se debe evitar por completo. Al mismo tiempo, los líderes que prestan atención saben que esa santidad se trata a lo largo de todo el Nuevo Testamento, así que el tema se debe tratar. Por lo tanto, estos comunicadores han hecho que la santidad sea más apetitosa con una doctrina que va más o menos así: "Cuando se trata de la santidad, no tenemos que preocuparnos por la responsabilidad personal, porque Jesús es nuestra santidad, está asegurada en Cristo". Esta doctrina es correcta, pero no del todo, porque el Nuevo Testamento habla de dos aspectos distintos de la santidad. Gran parte de la enseñanza y predicación contemporáneas meten a ambas en un mismo cubo.

Respecto al primer aspecto de la santidad se nos dice:

*Dios nos amó y nos eligió en Cristo para que **seamos santos e inta-chables** a sus ojos.* (Efesios 1:4)

Antes de que pudiéramos hacer nada digno de valor eterno, Dios tomó una decisión. Nos escogió, y al hacerlo, Él nos declaró santos. Somos intachables a sus ojos. Esta es una "santidad posicional". El día que recibimos a Jesús, somos santos a ojos de Dios, y nunca seremos más santos. Dentro de veintidós millones de años, serás tan santo como el día que recibiste a Jesús.

Para ilustrarlo, conocí a Lisa Toscano en junio de 1981. Me enamoré de ella poco después y decidí casarme con ella. El 2 de octubre de 1982 ella se convirtió en mi esposa. Ella no es más mi esposa hoy, treinta y cinco años después, que el día que me casé con ella. Ni será más mi esposa en nuestro septuagésimo aniversario. Ella tiene esa *posición* de ser la esposa de John Bevere. No tuvo que ganársela, trabajar para conseguirla ni comprarla. Ella es mi esposa porque yo la escogí.

Esta es la santidad que algunos líderes enseñan y es cierto, pero hay más. Permíteme usar de nuevo mi ejemplo del matrimonio para ilustrar el otro aspecto de la santidad.

Antes de que Lisa me conociera, ella coqueteaba, daba su número de teléfono y salía con chicos que le parecían interesantes. Después de casarnos, ella dejó de coquetear e interesarse por otros hombres. Ella ahora rebosa una *conducta* que se corresponde con la *posición* que tiene al ser mi esposa.

Veamos las palabras del apóstol Pedro:

> *Por lo tanto, **vivan** como hijos obedientes de Dios. No vuelvan atrás, a su vieja manera de vivir, con el fin de satisfacer sus propios deseos. Antes lo hacían por ignorancia, pero ahora **sean** santos en todo lo que **hagan**, tal como Dios, quien los eligió, es santo.* (1 Pedro 1:14-15)

He enfatizado algunas palabras. Primero, observa la palabra *vivan*. Lo que Pedro está estipulando sobre la conducta no es opcional. Segundo, Pedro no está hablando de nuestra *posición* en Cristo, sino más bien de lo que *hacemos*. La versión *Amplified* lo expresa de esta manera: *"Ustedes sean santos en toda su **conducta y su manera de vivir**"*. Esta es la santidad *conductual*, no *posicional*. Es similar al cambio de conducta de Lisa después de casarnos. Nuestra conducta debe reflejar nuestra posición.

Aquí es donde comienza el conflicto. Al principio de mi vida cristiana, repetidamente intentaba vivir en santidad y repetidamente fallaba. Me frustraba, por decirlo suavemente. Después descubrí la gracia de Dios. Encontré que la gracia es el poder inmerecido de Dios que nos da la capacidad de hacer lo que no podíamos hacer en nuestra propia fuerza. Yo no podía ser libre de la pornografía y otros hábitos de pecado, pero cuando descubrí la gracia, pude caminar en libertad al creer y cooperar con ella.

Este es un hecho triste. Nuestro ministerio hizo una encuesta hace unos años. Fuimos a varias iglesias representativas de un abanico de corrientes doctrinales y denominaciones. Encuestamos a más de cinco mil cristianos nacidos de nuevo en toda nuestra nación. Pedimos a los participantes que dieran tres o más definiciones de la gracia de Dios. Los resultados de la encuesta demostraron que casi todos asociaban la gracia de Dios con la salvación, el perdón de pecados, un regalo inmerecido de Dios y el amor de Dios. Esta era la buena noticia. El resultado trágico fue que menos de un dos por cientos de los creyentes sabían que la gracia es el *empoderamiento* de Dios. Sin embargo Dios mismo dice: *"Bástate mi **gracia**; porque mi **poder** se perfecciona en la debilidad"*. (2 Corintios 12:9 RVR60). Él se refiere a su gracia como su empoderamiento.

Pedro escribe: *"Que Dios les dé cada vez más gracia (…) Mediante su divino poder, Dios nos ha dado todo lo que necesitamos para llevar una vida de rectitud"*. (2 Pedro 1:2-3) Pedro se refiere a la gracia de Dios como su divino poder que nos da la capacidad de vivir rectamente: santos.

La realidad es que no podemos recibir nada de Dios a menos que creamos. Y no podemos creer lo que no sabemos. Si aproximadamente un dos por ciento de los cristianos estadounidenses saben que la gracia nos empodera, entonces prácticamente el noventa y ocho por ciento de los cristianos estadounidenses están intentando vivir la santidad en sus propias fuerzas, lo cual es imposible. Frustración, derrota, depresión, condenación y culpa es seguramente lo que vendrá después de su esfuerzo.

Por lo tanto, se aclara la razón por la que los comunicadores cristianos meten todos los aspectos de la santidad en la categoría de la santidad *posicional*. Demasiados cristianos han sufrido desánimo por la falta de capacidad para vivir rectamente en sus fuerzas, sin ayuda. La gracia no es solo la respuesta de Dios para la salvación y el perdón, ¡sino también su provisión poderosa para vivir una vida de santidad! El escritor de Hebreos dice:

> *Seguid (…) la santidad, sin la cual nadie verá al Señor. Mirad bien, no sea que alguno deje de alcanzar la gracia de Dios.* (Hebreos 12:14-15 RVR 60)

Hay mucho en estos dos versículos. Primero, la palabra "*seguid*" es la palabra griega *dioko*. Se define como "seguir o ir en pos tenazmente, perseguir con firmeza y diligencia para obtener" (WSNTDIC). Otro diccionario dice: "Hacer algo con un esfuerzo intenso y con un propósito o meta definidos" (LOUW-NIDA).

Tras leer estas dos definiciones deberíamos preguntar primero: ¿es esta santidad *posicional* o santidad *conductual*? La respuesta es sencilla: tiene que ser *conductual*. Míralo de este modo: ¿Te imaginas decirle a mi esposa: "Lisa Bevere, tienes que poner un esfuerzo intenso para obtener la posición de ser la esposa de Lisa Bevere".

Se reiría y diría: "Yo ya soy su esposa".

Con respecto a la *posición*, ya somos santos, no tenemos que aplicar un esfuerzo intenso para obtenerla. Así que el escritor de Hebreos tiene que estar hablando de la *conducta*.

Debemos perseguir con diligencia la santidad *conductual*. Si no lo hacemos "dejaremos de alcanzar la gracia de Dios". ¿Cómo podemos dejar de alcanzar la gracia que cubre y que se ha predicado en nuestro tiempo? Sería imposible. Sin embargo, cuando entendemos que la gracia es el empoderamiento divino de Dios para seguir la santidad conductual, podemos entender cómo podemos dejar de alcanzarla.

El escritor de Hebreos termina este capítulo con: *"retengamos la gracia y, mediante ella sirvamos a Dios agradándole con temor y reverencia"*. (Hebreos 12:28 RVR 2015) La gracia nos empodera para servir a Dios de una forma aceptable y vivir una vida santa.

Ahora viene la parte importante. Leemos: "Seguid (…) la santidad, sin la cual nadie *verá al Señor*". (Hebreos 12:14 RVR 60) ¿De qué está hablando el escritor? ¿Acaso no van a ver todos a Jesús? Se nos dice claramente: *"He aquí que viene con las nubes, y todo ojo le verá, y los que le traspasaron"*. (Apocalipsis 1:7, RVR 60) Entonces ¿cómo puede decir este versículo que *"sin santidad no veremos al Señor"*? ¿Qué significa esto?

Ver a Jesús

Permíteme ilustrar lo que significa *"ver al Señor"*, como se promete en la persecución de la santidad. En mis cincuenta y ocho años de ser ciudadano estadounidense, ha habido doce presidentes de los Estados Unidos. He estado bajo la jurisdicción y el liderazgo de todos ellos, y sus decisiones han afectado mi vida. A menudo me refiero a cada uno de ellos como "nuestro presidente". Sin embargo, nunca he *visto* a ninguno de ellos personalmente. Hay otros ciudadanos estadounidenses que *ven* al presidente diariamente, ya que son amigos o trabajan con él. Esas personas privilegiadas lo *ven* regularmente y están frecuentemente en su *presencia*.

Siguiendo esta idea, he conocido muchos datos durante los años sobre nuestros presidentes: lo que defienden, las decisiones que toman, su historia personal, y otra información que se le da a conocer al público. Pero lo que no he podido experimentar ha sido una interacción personal con estos líderes. Por lo tanto, no estoy familiarizado con las áreas íntimas de su vida, las cosas que no se dan a conocer al público en general. Y ciertamente nunca he estado ni siquiera cerca de tener el placer de ser amigo personal de ninguno de ellos.

De forma similar, hay cristianos que están bajo la jurisdicción de Jesús. Debido a que Él es su líder, sus decisiones afectan a sus vidas y lo llaman "Señor", pero no le ven y no están en su presencia. Quizá cuestiones esto, pero permíteme dejar que Jesús establezca esta verdad:

> *Los que aceptan mis mandamientos y los obedecen son los que me aman. Y, porque me aman a mí, mi Padre los amará a ellos. Y yo los amaré y me daré a conocer a cada uno de ellos.* (Juan 14:21)

Mira sus palabras: *"y me daré a conocer".* Guardar y obedecer los *mandamientos* de Jesús es perseguir la santidad conductual. Los que hacen esto *ven al Señor;* Él se revela a ellos. Les permite el acceso a su *presencia* manifiesta. La relación transciende de meramente estar bajo su reinado al nivel de tener amistad con nuestro Rey. Él dice de nuevo:

> *Ustedes son mis amigos* **si** *hacen lo que yo les mando.* (Juan 15:14)

Por favor, observa la palabra *"si"* en esta frase. Cantamos canciones, escribimos libros y enseñamos mensajes sobre Jesús como nuestro amigo. Pero la palabra *"si"* significa que su amistad es *condicional.* La amistad con Jesús está basada en nuestra santidad genuina, y los que hacen de ello una prioridad pasan de ser *siervos* a ser *amigos.* Jesús dice a los hombres que permanecieron leales a Él: *"Ya no os llamaré siervos".* (Juan 15:15 RVR 60). El hecho de que Él diga "ya no" significa que antes eran considerados siervos, no amigos.

De hecho, ser siervo de Dios no es una mala posición, y ciertamente es mucho mejor que no tener ninguna relación con Él. Sin embargo, un siervo no sabe el "porqué" que hay detrás del "qué", pero el amigo a menudo lo sabe.

Quizá repliques: "Pero todos somos hijos e hijas de Dios". Sí, pero debemos recordar la verdad que comparte Pablo de que *"entre tanto que el heredero es niño, en nada difiere del* **esclavo***"* (Gálatas 4:1 RVR60). La palabra griega para "esclavo" es la misma palabra que Jesús usa para la palabra "siervo" en el versículo de arriba. Mientras el hijo o la hija es niño, él o ella normalmente está ajeno a los porqués, solo conoce el *qué* de lo que Dios está haciendo.

Es una experiencia maravillosa tanto para el padre como para el hijo cuando este hijo o hija se gradúa para convertirse en un amigo. Lo mismo ocurre para la familia de Dios. Se produce un cambio en la dinámica de la relación, cuando nuestro Padre nos cuenta más secretos. Pero hay un cambio para nosotros también. Ahora vivimos más apasionadamente para no decepcionarle, algo más allá de no solo desobedecerle. Aún seguimos, y siempre seguiremos, intentando obedecerle, pero ya no es la fuerza motriz de nuestro corazón. Ahora es no decepcionarle.

La puerta

La santidad, por lo tanto, no es un fin en sí mismo, como lo dibujan los legalistas. Es la entrada a la verdadera intimidad con Jesús. Ahora descubrimos la importancia de la "puerta" a la que se refiere Jesús: es el corazón de un creyente. Nuestra negligencia en perseguir la santidad elimina nuestra capacidad para oír y responder. Por consiguiente, perdemos el privilegio festejar con Él. Se podría comparar a una casa tan ruidosa que no podemos oír cuando alguien importante está llamando a la puerta principal. Tras repetidas llamadas en la puerta e incluso llamarnos por nuestro nombre, el invitado que tanto deseábamos finalmente se va.

Al evitar la enseñanza sobre la santidad, lo que hemos hecho ha sido bloquear el camino que lleva a la intimidad con nuestro Rey, que es lo que cada verdadero creyente más desea, ¡más que cualquier otra cosa! Nuestra estrategia de enseñar una gracia *de cubierta* que omite lo que tiene la *gracia que empodera*, básicamente ha cerrado la puerta y ha echado la cerradura de seguridad. Hemos malvendido la gracia, porque hace ambas funciones: *cubrir* y también *empoderar*. Sin embargo, el aspecto del empoderamiento es vital para posicionarnos a fin de disfrutar comunión con el Maestro.

Lisa y yo tenemos un certificado de matrimonio del estado de Indiana, así que estamos legítimamente casados. Imagina este supuesto: pongo mi certificado de matrimonio delante de la cara de Lisa y declaro: "Oye, cariño, estamos casados, estamos atados legalmente el uno al otro, pero estoy teniendo aventuras amorosas con otras mujeres". Técnicamente estaría casado con Lisa, pero seguro que ella dejaría de compartir sus deseos más íntimos y secretos conmigo. De hecho, la intimidad cesaría. Ya no seríamos amigos, porque habría perdido ese privilegio. ¿Es eso una gran vida juntos? ¿Es eso para lo que nos casamos? Si yo insisto en vivir así, finalmente perderé mi matrimonio para siempre.

¿Hemos fomentado una conducta similar en lo que hemos enseñando en la iglesia? ¿Estamos sosteniendo en alto unos cuantos versículos que, si se aíslan de otras secciones del Nuevo Testamento, parecen indicar que todo está bien sin importar cómo nos comportemos? ¿Podemos ahora meternos en la cama con el mundo mientras seguimos declarándole a Jesús: "Hemos *hecho la oración del pecador*, somos *salvos por gracia, y te pertenecemos*"? ¿De verdad es posible que pensemos que Él nos dejará entrar en las partes más íntimas de su corazón?

La motivación que yo tengo para no cometer adulterio contra Lisa es que no quiero perder lo maravilloso de esos tiempos especiales e íntimos cuando ponemos nuestras cabezas en la almohada mirándonos el uno al otro, y ella me susurra algo que nunca le ha dicho a nadie. No quiero perder el placer de esas interacciones con esta gran mujer que es mi esposa.

No es distinto con Jesús. La razón por la que no cometo adulterio contra Él es que no quiero perder nuestra cercanía y tirar por tierra nuestra amistad. No hay nada mayor, ni estatus, ni riquezas, ni placer, ni actividad, ni popularidad, ni posición, ni pecado, no hay nada mejor que la intimidad con Jesús.

No me imagino la vida sin su promesa: "*te daré a conocer secretos sorprendentes que no conoces* (Jeremías 33:3). O la asombrosa realidad de que Él "*revela lo profundo y lo escondido*" (Daniel 2:22 RVR 60). O no me imagino viviendo sin la oferta de Jesús de "*ya no os hablaré por alegorías, sino que claramente os anunciaré acerca del Padre*" (Juan 16:25 RVR 60).

Y, por supuesto, la promesa de su Espíritu de mostrarnos las cosas que vendrán (ver Juan 16:13).

Santidad no es algo negativo; por el contrario, es una de las verdades más positivas del Nuevo Testamento. Cuando realmente entendemos su potencial, ¡lo gritamos desde los tejados!

PONTE EN ACCIÓN

La santidad no es una palabra mala; es una contraseña. Es la forma que te permite abrir la puerta de tu corazón a la voz de Dios. Sin santidad, no escucharás cuando Él te hable. Esta santidad no es solo algo que Dios te da debido al sacrificio de Jesús, sino algo que tú debes, *debes*, practicar en pensamiento, palabra y acción.

Pero no es algo con lo que Dios te deja luchando solo. ¡Por eso Dios nos da la gracia! Su gracia hace mucho más que solo salvarnos, aunque solo eso es asombroso. La gracia de Dios nos capacita para vivir vidas santas desde nuestro interior, ¡plenamente agradables a Dios!

Busca a Dios ahora mismo. No esperes más, sino toma este momento para clamar a Dios pidiendo su gracia. Nombra el área de tu vida en la que más necesites su gracia y ora para que Dios te llene de gracia para vencer todo lo que te impida oír su voz.

28

LEVÁNTATE

¿Por qué las películas de superhéroes son las más populares de todos los tiempos? Piénsalo: estas producciones de Hollywood atraen más asistentes al cine que las películas de guerra, del Oeste, de espionaje, e incluso que las historias de amor. Y no es algo solo de chicos, porque constantemente me encuentro con mujeres que profesan su encanto por estos éxitos de taquilla. ¿A qué se debe esto? Sabemos que fuimos creados para más, y nuestros superhéroes modelan nuestros anhelos internos no expresados.

Piensa en Superman. Cuando aparece lo imposible, cuando surgen adversidades abrumadoras y todo parece irremediable, inmediatamente Clark Kent desaparece del *Daily Planet*, entra en una cabina de teléfono y momentos después, se apresura al rescate. Nos encanta sentir la emocionante sensación de verlo vencer a enemigos que parecían imparables. Nos ponemos eufóricos cuando se detiene la injusticia, las victimas son liberadas y la sociedad vuelve a recuperar su orden correcto.

Todo se reduce a esto: nos alegramos con que nuestros superhéroes prevalezcan sobre el mal, porque eso satisface nuestro anhelo más interno. Sabemos que desde el comienzo Dios creó a los seres humanos a imagen y semejanza de Dios, reflejando su naturaleza (ver Génesis 1:27). También se nos dice: *"El Señor es un guerrero"*. (Éxodo 15:3) ¿Has pensado mucho en esto? Es un lado de su naturaleza que raras veces se menciona.

Es casi como si no supiésemos qué hacer con esta verdad. Sin embargo, Isaías declara:

> El Señor marchará como un héroe poderoso; saldrá como guerrero lleno de furia. Lanzará su grito de batalla y aplastará a todos sus enemigos. (Isaías 42:13)

Los guerreros que combaten la injusticia son héroes. En el caso de Jesús, Él es el *verdadero* Superhéroe. Es el Conquistador y Vencedor.

Mucho antes de que Isaías escribiera estas palabras, Josué lo vio. Nuestro Rey no llevaba un cordero, sino una espada y se identificaba como *"el comandante del ejército del Señor"*. (Josué 5:14)

Mucho después de que Isaías escribiera estas palabras, el apóstol Juan también vio al Señor y lo describió de una forma incluso más asombrosa: *"Sus ojos eran como llamas de fuego"* y *"De su boca salía una espada afilada"*. (Apocalipsis 19:12-15)

¡Es un guerrero! La mayoría de nosotros sabe que un guerrero no tiene una naturaleza apacible, sumisa o melancólica. No, un guerrero en medio de la acción es enfocado, decidido y feroz.

Ahora dirijamos nuestro enfoque a nosotros. ¿Alguna vez has pensado en el hecho de que Jesús dice a las siete iglesias del libro de Apocalipsis, algo similar: *"al que venciere…"*? ¿Cómo podemos ser vencedores si no hay nada que vencer? ¿Cómo podemos ser vencedores si no hay batalla?

Hay muchos hoy que restan importancia a este llamado. Dicen que nuestra identidad en Cristo nos hace vencedores. En otras palabras, como Él es *el Vencedor*, nosotros somos automáticamente vencedores en Cristo. Eso es cierto con respecto a nuestra posición en Él, pero no es la verdad completa. ¿Por qué diría Jesús a las personas en las siete iglesias *"al que venciere"* si es automático con nuestra salvación?

Hay un Lex Luthor en el universo, y su nombre es Satanás. Él tiene un ejército de secuaces que no son estúpidos, y su objetivo número uno es detenerte, capturarte y controlarte. Para este fin, Satanás trabaja 24 horas al día, siete días por semana. Pero ha sido desarmado. ¡Su autoridad y poder sobre ti y sobre mí le han sido despojados!

De forma similar, Lex Luthor se quedó sin poder alguno sobre el hombre de acero. Sin embargo, su mente diabólica de genio descubrió y empleó la kriptonita para tomar la delantera. Le dio la capacidad de capturar y controlar a nuestro Superman. De forma similar, Satanás también usa lo que produjo su propia muerte, la kriptonita espiritual, para igualar el terreno de juego. Él la formó mientras estaba en el cielo, cuando era el querubín ungido (ver Ezequiel 28:14-16). Él sabe de primera mano cómo nos debilitará y neutralizará los poderes de nuestro reino.

Satanás (el verdadero Lex Luthor) sabe que si podemos ver la realidad de los efectos de la kriptonita espiritual, pondremos mucha tierra de por medio, así que la disfraza muy inteligentemente. ¿Alguna vez has observado lo que ocurre internamente si sucumbes a ella? Puede aportarte disfrute y placer a corto plazo, pero además de debilitarte, te deja insatisfecho. Desconectas de tu naturaleza de vencedor y te vuelves como la hierba sin la luz del sol o el agua. Te encuentras secándote internamente momento a momento.

Destellos

Querido hijo de Dios, regresa a tu verdadera identidad. Estás llamado a ser el superhéroe de la vida real de nuestra generación. Tienes dentro de ti todo lo necesario para vencer. No es ficticio. He tenido la bendición de viajar por el mundo y ver el cuerpo de Cristo en general. He visto destellos de lo que es posible tanto en iglesias como en creyentes individuales.

Podría dar muchos ejemplos, pero déjame abrirte el apetito con solo unos pocos. He estado en las naciones islámicas del mundo más pobladas y he predicado varias veces en una iglesia con más de ciento cuarenta mil miembros, donde más de la mitad eran exmusulmanes. El auditorio principal de la iglesia da cabida a treinta y cinco mil personas, y aún así necesitan tener varias reuniones los domingos. Si no hubiera estado allí y lo hubiera visto en persona, puede que no lo creyese. Esta es sin duda una iglesia efectiva bajo condiciones difíciles. Los guerreros de esta iglesia son héroes y vencedores.

El segundo hijo del pastor de la iglesia sufrió daño cerebral al nacer y los médicos dijeron que nunca caminaría ni hablaría. Los expertos comunicaron al pastor y a su esposa que su hijo sería un vegetal humano durante el resto de su vida, por muy corta que fuera.

Dios le habló al pastor y le dijo: "¿Dónde estoy yo?".

"En tu trono en el cielo", respondió el pastor.

"No, yo vivo en ti", dijo el Señor. "Por lo tanto, quiero que hables al cerebro de tu hijo y crees uno nuevo, así como una vez yo hablé y creé todo lo que ves".

Así que el pastor fue obediente, y hablaba al cerebro de su hijo cada día en el nombre de Jesús. Su hijo finalmente comenzó a hablar. Después el Señor le dijo que hiciera lo mismo con sus piernas. A los seis años, comenzó a caminar. Yo he jugado al golf con su hijo, y ahora está casado y tiene tres hijos.

Este pastor es un vencedor al que no detendrá la kriptonita.

Recientemente me invitaron a una nación para hablar a pastores y líderes de un movimiento de iglesias. Me llevaron hasta el estadio, y me quedé asombrado por la audiencia de 12.500 líderes. Estaban encendidos y su pasión era contagiosa.

Al día siguiente, comí con los líderes principales. Supe que tenían más de trescientas mil personas en su red. Les pregunté cuándo comenzó este movimiento, creyendo que probablemente me dirían que una o dos generaciones atrás, pero me dijeron que había comenzado con un hombre hacía dieciséis años.

Me quedé atónito. "¿Cómo se puede conseguir esto en una nación del primer mundo?", les pregunté.

El líder que mejor hablaba inglés dijo con reticencia: "Enseñamos a nuestro pueblo a vivir para la eternidad".

Yo estaba sin habla.

"He estado en muchas iglesias estadounidenses", continuó el líder, "y he observado que los cristianos americanos viven con una perspectiva de setenta a ochenta años. Nuestro pueblo vive con una perspectiva eterna".

Esta actitud les hace ser más conscientes de los peligros de la kriptonita espiritual.

Lisa y yo hablamos en Yerevan (Armenia) a 3.500 pastores y líderes. Muchos líderes habían acudido desde Irán. Entre las reuniones, una joven compartió con nosotros cómo la policía iraní, en su corta estancia lejos del país, había llamado a su teléfono celular para comprobar su paradero.

Yo espeté: "¿Por qué vas a regresar si tu vida corre tanto peligro?".

"¿Quién le hablará al pueblo iraní de Jesús si no regreso?", respondió rápidamente. Sentí que me quería meter en un hoyo. Obviamente, ella está muy lejos de la kriptonita.

Hace años, una iglesia tuvo reuniones diarias durante dos meses, y todas las noches cuatro mil personas asistían a esos servicios. Miles de personas fueron salvas, sanadas genuinamente y liberadas. Una noche, Jesús apareció. Muchos le vieron y lloraron. Fue solo un momento, pero cuando desapareció dejó evidencia de su presencia. Hubo una huella de su rostro en la pared del auditorio de dos metros y medio de largo por dos de ancho. La imagen se parecía al Sudario de Turín. Estuvo en la pared durante los siguientes dieciocho meses, y gradualmente fue desapareciendo hasta que se fue del todo.

Otra noche, una ambulancia llegó hasta una de las puertas laterales de la iglesia. Los paramédicos entonces llevaron a un hombre en camilla hasta el auditorio. Le quedaban menos de veinticuatro horas de vida. El poder de Dios era tan fuerte, que el hombre terminó quedando completamente sano y después salió esa noche empujando su camilla.

He visto todo esto de primera mano, porque no solo estaba en cada una de esas reuniones, sino que también era el ayudante ejecutivo del pastor de esa iglesia.

He visto incendios descontrolados detenerse milagrosamente que se dirigían directamente hacia una oficina de un ministerio. He visto tormentas calmarse o desviarse, y milagros que no es posible explicar. He visto a personas sordas oír, a ciegos ver y a inválidos andar. Tengo un amigo que ha resucitado a muchos de la muerte en México y Centroamérica. He estado donde la presencia de Dios se ha manifestado de forma tan fuerte, que más de ocho mil personas en el auditorio no podían estar de pie mientras se producían milagros, y vidas eran cambiadas para siempre.

Aunque personalmente no lo he visto, conozco un par de historias reales en las que tribus o comunidades enteras han sido salvadas y la cultura ha cambiado completamente. Estos eventos son extremadamente raros en los tiempos modernos, pero creo que nos dirigimos rápidamente hacia un tiempo en el que empezarán a ser algo común, parecido a lo que ocurrió en la iglesia primitiva, pero en una magnitud aún mayor.

Estar con Jesús

Todas estas personas y sus experiencias comparten algo que tenía la iglesia primitiva. Se menciona y ejemplifica en los Evangelios y en el libro de Hechos, y todos podemos tenerlo. Se resume en tres palabras: *autoridad, poder y denuedo.*

Vemos a Jesús cambiando ciudades y pueblos con cambios radicales de atmósfera que eran provocados por su mera presencia. Un ejemplo es cuando entró en una sinagoga y en cuestión de minutos *"la gente quedó asombrada de su enseñanza, porque lo hacía con verdadera autoridad, algo completamente diferente de lo que hacían los maestros de la ley religiosa".* (Marcos 1:22)

Después, sin ninguna incitación: *"De pronto, un hombre en la sinagoga, que estaba poseído por un espíritu maligno, comenzó a gritar: ¿Por qué te entrometes con nosotros, Jesús de Nazaret? ¿Has venido a destruirnos?".*

(versículos 23-24).Pero Jesús ordenó: "*¡Cállate! ¡Sal de este hombre!*". El espíritu maligno gritó, arrojó al hombre al suelo con convulsiones, y se fue. Un asombro auténtico atrapó a la audiencia; todos estaban asombrados de su autoridad, poder y denuedo. El impacto fue tan grande, que al día siguiente toda la ciudad estaba buscando a Jesús (ver versículos 21-38). Como sabes, se podrían dar un ejemplo tras otro de la misma magnitud por los Evangelios.

El hecho impactante está al final del tiempo de Jesús en la tierra, donde Él dice: "*Como el Padre me envió a mí, así yo los envío a ustedes*". (Juan 20:21) Si eso no es suficientemente impactante, dice claramente: "*Les digo la verdad, todo el que crea en mí hará las mismas obras que yo he hecho y aún mayores*". (Juan 14:12) Las mismas obras, ¡e incluso mayores! ¿Es eso posible? Si Él lo dijo, ¡por supuesto que sí! La iglesia primitiva experimentó una buena medida de esta realidad. Caminaban con tal autoridad, poder y denuedo, que ciudades y pueblos enteros acudieron a Jesús en unos días. Lo mismo es cierto para las experiencias actuales que he visto o he escuchado.

Con respecto a la iglesia primitiva, si consideramos solo Jerusalén, nadie en la ciudad quedó sin afectar. En cuestión de días, ocurrieron una de estas tres cosas: los ciudadanos se quedaban perplejos por los poderosos eventos, se enojaban porque se proclamaba a Jesús, o entraban en el reino. La iglesia creció exponencialmente, operó en gran poder y experimentó varios milagros destacados. En otro incidente, un cojo de nacimiento, al cual llevaban a la reunión diariamente, fue sanado. Al instante comenzó a saltar y a gritar, y una buena parte de la ciudad se reunió, ¡y estaban maravillados!

Las autoridades arrestaron a Pedro y Juan en un intento de impedir que este movimiento siguiera tomando fuerza. Los llevaron ante los miembros del concilio, el cual concluyó:

> *Entonces viendo el **denuedo** de Pedro y de Juan, y sabiendo que eran hombres sin letras y del vulgo, se maravillaban; y les reconocían que **habían estado con Jesús.** (Hechos 4:13 RVR 60)*

El *denuedo* es lo que captó la atención del consejo. Hubiera sido mucho más fácil para Pedro y Juan acobardarse y lanzar una maniobra política para mantener la paz delante de los hombres más influyentes de la ciudad. Podían haber evitado la confrontación, sin embargo, se mantuvieron fieles ante un gran peligro.

¡Qué denuedo y qué fuerza! ¿De dónde venían? Se encuentra en las palabras: *"habían estado con Jesús"*. Estos hombres habían caminado y aún caminaban en la presencia del Maestro. Hicieron las mismas obras que Él había hecho, lo cual resultó en ciudades cambiadas. Eran hombres de santidad. La iglesia primitiva se mantuvo alejada de la kriptonita y escogió estar cerca del Hijo, sacando su fuerza de Él. Por lo tanto, caminaron en gran denuedo, autoridad y poder.

Por desgracia, la historia también muestra que la iglesia en Corinto no impactó su ciudad, como los discípulos hicieron en Jerusalén y después en las ciudades de Samaria, Jope, Lida, Sarón, Antioquía y en todos los lugares de las regiones de Judea y Asia. La iglesia corintia era la antítesis. Ellos eran débiles, y les faltaba la fuerza para impactar su ciudad. El hecho asombroso es que la iglesia corintia creía y operaba en los dones del Espíritu Santo. Aunque se producía una pequeña medida de lo milagroso entre aquellos creyentes, les faltaba lo que era necesario para impactar su ciudad.

¿Qué queremos para nuestra generación? ¿Es posible volver a ver ciudades impactadas y cambiadas? Me invitan a hablar en muchas ciudades y a celebrar la gran asistencia en muchas iglesias, pero a la vez me duelo por la mayoría, a veces millones de otras personas que no están siendo influenciadas por el reino. ¿Por qué no estamos afectando pueblos, ciudades y regiones? ¿Podría ser que la kriptonita nos ha tomado la delantera?

Dios ha revelado nuestro destino mediante la vida de un juez del Antiguo Testamento. Su nombre es Sansón. Él coqueteó con la desobediencia hasta que se convirtió en un patrón en su vida. Finalmente, Sansón pagó el doloroso precio cuando la kriptonita le robó su fuerza. Ya no pudo operar con poderes sobrenaturales como lo había hecho. Sin embargo, tras mucho sufrimiento, se arrepintió y recuperó su fuerza. Al final, hizo una hazaña mayor que durante todos los años anteriores a la pérdida de su fuerza.

El profeta Daniel presagia una generación que no retrocederá ante la adversidad en los últimos días. Él profetiza:

> Sin embargo, el pueblo que conoce a su Dios se mantendrá fuerte y lo resistirá. (Daniel 11:32)

La clave de la fuerza y el poder de este ejército es que *"conoce a su Dios"* íntimamente. La clave para esta cercanía es la búsqueda de la genuina santidad.

Palabras finales

Así que ahí está. Dios te ha llamado a ser un héroe, un campeón, alguien que gana en la vida y marca la diferencia en tu mundo de influencia. Sé fuerte, sé valiente, acércate al Rey, porque Él te desea. Él anhela estar cerca de ti y capacitarte. Él está de tu lado. Cree en ti, y más importante aún, te ama con amor eterno.

Tú eres uno de los verdaderos superhéroes de esta tierra. Mayor es nuestro Campeón que está dentro de ti que el Lex Luthor de este mundo. Saca tu fuerza de Él y cambia muchas vidas. Tu impacto no se conocerá del todo hasta que no estés delante del trono del Rey. Te alegrarás mucho, tanto ahora como en el día en que no sucumbiste a la kriptonita.

Así que mata la kriptonita, destrúyela, aniquílala, y no le des cabida en tu vida, ni siquiera la más mínimo. Fuiste creado para una gran gloria y fuerza. Poderoso, tienes un destino, y este mundo necesita que lo cumplas.

PONTE EN ACCIÓN

Dios es un guerrero, y nosotros fuimos creados para ser como Él. Esta es la razón por la que las películas de superhéroes apelan tanto a algo que hay en nuestro interior. Sabemos de forma innata ¡que nacimos para la grandeza!

Para esto te creó Dios, y vemos testimonios en toda la historia de personas que realizaron hechos maravillosos para Dios cuando no dejaron lugar alguno para la kriptonita del pecado conocido en sus vidas. Ciudades han sido transformadas en cuestión de días por el poder de Dios y el denuedo de su pueblo. Dios te está llamado a dar un paso adelante y ser parte de volver a hacerlo.

Pregúntale a Dios qué batalla te está llamando a luchar. ¿Qué ciudad, región, territorio o nación te está llamando a alcanzar? Escribe lo que le oigas decirte y ora para que Dios derrame su gracia sobre ti para lograr su propósito allí. Después fija tus ojos en la recompensa eterna, la promesa de todo lo que obtendrás mediante tu servicio fiel y vencedor en esta vida, y continúa. ¡Dios te ha llamado a ser un héroe!

PREGUNTAS DE DISCUSIÓN

Si estás leyendo este libro como parte del estudio o curso *Matar la Krip-tonita* (¡lo cual es una gran idea), te recomiendo que veas la lección de video de cada semana y que realices las preguntas de discusión correspondientes como grupo. Las lecciones en video irán en paralelo, y ampliarán los temas principales de este libro, así que es ideal que todos los participantes vean las lecciones y lean el libro.

¡Disfruta!

Lección 1: Nuestro Potencial

Temas destacados de los capítulos 1-3

1. No te sentirás motivado a entrar en ningún potencial del que no seas consciente. ¿Cómo has visto que este principio es cierto en tu propia vida? ¿Qué nuevos productos, tecnologías o creencias has aceptado después de conocer lo que podían hacer por ti? ¿De qué forma es eso similar a lo que has aprendido en esta lección?

2. Nuestro potencial en Dios incluye posibilidades casi inimaginables. ¿Cómo te inspiró esta lección para explorar el potencial de tu identidad en Cristo? ¿Cuáles son algunas áreas en las que has estado pensando de forma muy pequeña o limitada?

3. ¿Por qué crees que nuestro potencial en Cristo no se enseña comúnmente en las iglesias actualmente? ¿Cómo crees que la iglesia cambiaría si se enseñara a los creyentes que todo esto es

posible? Al meditar en estas posibilidades, ¿cómo están comenzando a cambiarte?

4. Cuando nos quedamos cortos de todo lo que podríamos ser como cristianos, eso afecta a la forma en que el mundo ve tanto el cristianismo como a Dios. ¿Cómo vería el mundo el cristianismo de otra forma si cumpliéramos nuestro potencial? ¿Cómo verían distinto a Dios si cumpliéramos nuestro potencial?

Lección 2: El Poder de Uno

Temas destacados de los capítulos 4-7

1. Pablo escribe que como los corintios no honraron el cuerpo de Cristo, muchos entre ellos estaban débiles, enfermos e incluso morían prematuramente. Esto aún es aplicable a nosotros hoy, y dice que afectó a *muchos*. ¿De qué forma es distinto a lo que te han enseñado sobre la iglesia, el cuerpo de Cristo? ¿Por qué es importante que todos los creyentes entiendan esto hoy día?

2. Muchos en el cuerpo de Cristo no llegan a alcanzar su potencial debido al pecado habitual en la iglesia, pero esta no es la única razón por la que los cristianos se enferman, mueren prematuramente o están débiles. ¿Por qué es tan importante hacer esta distinción? ¿Cuáles son algunas otras razones para las aflicciones dentro de la iglesia?

3. En Occidente tenemos mentalidades muy individualistas, y sin embargo vemos que cuando Acán pecó contra Dios, todo Israel quedó afectado porque eran un solo cuerpo. ¿Cómo afecta esta verdad a tu forma de ver tu papel dentro del cuerpo de Cristo?

4. La kriptonita espiritual se conoce como pecado. Acán sabía que estaba mal quedarse con algo del botín para él mismo, y los corintios sabían que las borracheras, la glotonería y el egoísmo que había durante la comunión también eran pecado. En ambos casos esto provocó debilidad y muerte entre los que no hicieron

nada malo. ¿Por qué crees que Dios se toma tan en serio el pecado en su cuerpo? ¿Por qué crees que Él quiere que valoremos mucho no solo al creyente individual, sino también el cuerpo como un todo?

Lección 3: Kriptonita

Temas destacados de los capítulos 8-10

1. ¿Te imaginas que se produjera una situación como la de Justin y Angela? Por supuesto que no. Pero ¿qué similitudes ves en cómo algunos cristianos tratan su relación con Dios? ¿Cómo responderías a alguien que tratase así a su cónyuge? ¿Cómo responderías a alguien que tratase así a Dios?

2. El pecado conocido es kriptonita espiritual, y la kriptonita espiritual es idolatría. ¿Qué significa que tantos asistentes a las iglesias realmente estén adorando ídolos? ¿Qué forma tiene la idolatría en una nación donde no se inclinan a estatuas e ídolos?

3. La idolatría no es algo que se enseñe comúnmente en la mayoría de las iglesias. ¿Qué fue lo que más te impactó de lo que has aprendido en esta lección sobre la idolatría? ¿Por qué crees que fue lo que más te impactó?

4. Sistemáticamente a lo largo de toda la Escritura, Dios asemeja la idolatría al adulterio. En tus propias palabras, ¿por qué crees que Dios hace eso? ¿Qué dice sobre la relación que Él nos ofrece?

5. La idolatría comienza al adorar a la creación más que a su Creador. ¿Cuál es la respuesta de Dios a esta conducta? ¿Por qué se distancia Dios de los que no lo escogen a Él? ¿Por qué crees que una afinidad con la homosexualidad es una señal que deja ver que una sociedad ha aceptado la idolatría?

6. Si queremos reconocer la idolatría, tenemos que entender la verdadera adoración. La verdadera adoración es obediencia a

los mandamientos de Dios, no cantar una canción lenta. ¿Cómo cambia este mal entendimiento de la adoración tu forma de pensar sobre la vida cristiana? ¿A quién has visto en tu vida que te ha dado el mejor ejemplo de un estilo de vida de adoración a Dios?

Lección 4: Idolatría Moderna

Temas destacados de los capítulos 11-14

1. La historia de la desobediencia de Saúl cuando se quedó con algunos de los amalecitas nos muestra la raíz de la idolatría en la iglesia. ¿Cómo se equipara la codicia de Saúl con la idolatría?

2. Samuel le dijo a Saúl que la obstinación es lo mismo que idolatría. Es cuando nos aferramos a lo que queremos en vez de a lo que Dios ha declarado que es su voluntad. Y como vemos en la vida de Saúl, esto abrió la puerta a un pecado mucho mayor en su vida. ¿Cómo es esto idolatría? ¿Por qué conduce a pecados mayores?

3. La codicia es lo que nos lleva a la idolatría, y de hecho, es idolatría en sí misma. Pero el contentamiento es lo que lleva a la piedad. Cuando miras tus propias metas, prioridades y hábitos, ¿qué dirías que es más fuerte en tu vida, la codicia o el contentamiento? ¿Cómo puedes perseguir una vida de mayor contentamiento?

4. Mientras que el contentamiento es necesario en la vida de cada cristiano, no podemos confundirlo con la complacencia. En tus propias palabras, ¿en qué se diferencian estas dos cosas? ¿Cómo sabrías si alguien está contento, pero no tiene contentamiento?

5. Otra aclaración importante a recordar es que la idolatría nunca es cuando un creyente cae en pecado, sino solo cuando se entrega al pecado. Según todo lo que has aprendido hasta ahora en estas lecciones, ¿cómo puedes saber la diferencia entre ambas cosas?

6. Si queremos entender que el pecado a propósito es kriptonita espiritual, también tenemos que entender que Dios nos ofrece una vida completamente distinta con una nueva naturaleza: su naturaleza. ¿Te has dado cuenta de que es posible no tener tendencia al pecado, sino tener tendencia a la rectitud? ¿Cómo te hace sentir saber que esta transformación es posible, y que incluso se espera que ocurra en tu vida?

Lección 5: Un Jesús Falso

Temas destacados de los capítulos 15-18

1. El propósito de Dios es salvarte para llevarte a Él. Él quiere tener una relación íntima contigo. Esto requiere que te laves de las cosas del mundo, porque Él quiere una relación auténtica contigo. ¿Qué significa esto? ¿Cómo puedes saber que has hecho esto?

2. Imagínate la decepción de Dios cuando las personas que Él anhela llevar a sí mismo rehúsa acudir a Él, incluso después de afirmar ser salvos por Él. ¿Cómo te sentirías si te casaras con alguien, pero rehusara estar en la misma habitación que tú? ¿Qué tal si incluso no quisiera ni hablar por teléfono contigo? ¿Qué tal si solo se relacionara contigo a través de otra persona? ¿Qué tipo de relación tendrías con alguien así después de todo eso?

3. Aarón se quedó en el campamento, así que podríamos decir que estaba más cómodo en el campamento con el pueblo que en la presencia de Dios en la montaña. Algunas personas son así, están más cómodas en la iglesia que en la presencia de Dios. ¿Cómo respondes cuando sientes la presencia de Dios?

4. Israel tenía un sumo sacerdote, declaró que *Yahvé* les había librado de Egipto y adoró a *Yahvé* con holocaustos y sacrificios, todo esto mientras atribuían todo eso a un becerro de oro, todo para perseguir sus propios deseos. Si Israel pudo declarar todo esto con un nombre correcto, pero a la vez tener una adoración falsa

y abominable, ¿puede la iglesia de hoy hacer lo mismo? ¿Cómo sería?

5. Israel obedeció algunos de los mandamientos de Dios, pero desatendió otros. Hay iglesias por todo el mundo que hacen lo mismo, escogiendo pasajes que les gustan y a la vez ignorando los que les retan a vivir vidas santas, totalmente consagradas a Dios. ¿Cómo podemos saber que estamos adorando a un Jesús verdadero, no a un Jesús falso?

Lección 6: El Lugar de Inicio

Temas destacados de los capítulos 19-21

¿Cómo se desarrolló un *Yahvé* falso en Israel, y cómo se desarrolla un Jesús falso en la iglesia? Ambos son el resultado del corazón endurecido por la ausencia de un verdadero arrepentimiento.

1. Esta lección trata mucho del arrepentimiento: la necesidad del mismo, su papel en el evangelio y lo que realmente significa. ¿Cómo fue todo esto similar o distinto a la forma en que pensabas sobre el arrepentimiento en el pasado? ¿Cambia esto tu forma de pensar ahora en el evangelio? Si es así, ¿cómo?

2. Cada Evangelio comienza con la historia de Juan el Bautista, quien predicó arrepentimiento de pecados. Esto significa que el evangelio de Jesús siempre comienza con arrepentimiento. ¿Cómo te sientes con esta declaración? ¿Por qué el arrepentimiento es tan importante para el evangelio?

3. No hay una fe verdadera en Jesucristo sin arrepentimiento del pecado conocido. Si nos aferramos al pecado y afirmamos a la vez ser cristianos, entonces hemos sido engañados. ¿Por qué crees que a Dios le importa tanto nuestra forma de vivir?

4. ¿Te acuerdas de la historia de Justin y Ángela, de cómo Ángela no tenía ni idea de que tenía que dejar a sus novios al casarse?

¿Cómo se supone que todas las personas que no conocen a Jesús van a saber que necesitan arrepentirse a menos que se lo digamos? ¿Qué nos podría pasar si le decimos a las personas que dejen de pecar? ¿Por qué es importante considerar el costo de compartir el evangelio completo?

5. Nos definen nuestras acciones, no nuestras intenciones. Esto muestra el poder del evangelio, que puede transformar a una persona por completo. ¿Cómo demuestra esto que el arrepentimiento es positivo y algo bueno? En tus propias palabras, explica cómo el requisito de Dios del arrepentimiento es de hecho su misericordia hacia nosotros.

Lección 7: Verdad, Tolerancia y Amor

Temas destacados de los capítulos 22-24

1. Judas quería escribir sobre la maravilla de nuestra salvación, o de cosas bonitas, pero tuvo que advertir a su audiencia sobre personas que estaban convirtiendo la gracia de Dios en una licencia para pecar. En tu propia vida, ¿te has dado el lujo de menospreciar los avisos de Dios, solo diciendo las cosas bonitas? ¿Por qué es importante para ti mantener los avisos como una parte de tu vida y tu discurso?

2. La razón por la que la iglesia se ha vuelto tolerante con el pecado es que tenemos un entendimiento erróneo de lo que es el verdadero amor. El verdadero amor requiere la verdad, y la verdad es siempre una perspectiva eterna. ¿Cómo mantener una perspectiva eterna cambia lo que es importante en tu vida?

3. El amor de Dios significa obedecer los mandamientos de Dios. Esto es lo que distingue el amor cristiano del amor del mundo. Sin los mandamientos de Dios, ¿cómo describirías cualquier diferencia entre el amor de Dios y el amor del mundo?

4. Amor sin la verdad de Dios adjunta a él no es un verdadero amor, es una falsificación. Nuestra cultura se está alejando de este amor, y por eso la iglesia siente atracción hacia un Jesús falso. ¿Cómo te sientes sobre decir la verdad en amor? ¿Por qué crees que tantas personas están incómodas con la verdad?

Lección 8: Matar la Kriptonita

Temas destacados de los capítulos 25-28

1. Algunos cristianos pasan por alto el pecado porque no son conscientes de la realidad de que su pecado hiere el corazón de Dios. Otros cristianos creen la mentira de que somos todos pecadores por naturaleza y la sangre de Jesús es poderosa para liberarnos de la atadura al pecado. Estos son los creyentes con kriptonita: el pecado habitual practicado. ¿Cómo ha influenciado tu vida cualquiera de estas creencias? ¿Cómo has visto que influencien las vidas de otras personas que profesan ser creyentes?

2. Un tercer grupo de creyentes son cristianos genuinos que pecan a conciencia, pero para ellos es una lucha constante. Quieren salir, pero aún no han descubierto por la Palabra de Dios cómo vivir libres del pecado. La vergüenza de su pecado les mantienen en su pecado. ¿Qué verdades de esta lección compartirías con un creyente en esta condición?

3. En esta lección, comparto de mi propio testimonio de cómo Dios me liberó de la lujuria y la pornografía. ¿Qué fue lo que más te inspiró de este testimonio? ¿Por qué? ¿Qué fue lo que más te retó? ¿Por qué?

4. La libertad del pecado viene de la tristeza que es según Dios, no de la tristeza del mundo. La tristeza que es de Dios reconoce el dolor que nuestro pecado le causa a Dios, pero la tristeza del mundo es solo una preocupación por cómo nuestro pecado nos afecta a nosotros y a nuestro futuro. ¿Por qué crees que Dios solo libera gracia para liberarnos con un tipo de tristeza, pero no con la otra? ¿Cómo sabrías distinguir la diferencia entre estas dos tristezas en tu propia vida?

5. Muchas historias de superhéroes cautivan nuestra imaginación porque conectan con un anhelo que hay en cada corazón humano. Los primeros creyentes eran los superhéroes de su tiempo. ¿Cómo nos podemos convertir en los súper humanos de nuestros días? ¿Cómo cambia esto la forma en que el mundo piensa de Dios?

6. Dios es un guerrero, y fuimos creados para ser como Él. Jesús llamó a las siete iglesias de Apocalipsis a vencer, lo cual significa que somos llamados a la victoria y que tenemos un enemigo que derrotar. Al meditar en este mensaje, ¿cómo ha cambiado tu forma de pensar sobre lo que Dios te llama a vencer en esta vida? ¿Cómo ha cambiado tu forma de verte a ti mismo, a otros creyentes y a la iglesia en general?

APÉNDICE

SALVACIÓN, DISPONIBLE PARA TODOS

Si declaras abiertamente que Jesús es el Señor y crees en tu corazón que Dios lo levantó de los muertos, serás salvo. Pues es por creer en tu corazón que eres declarado justo a los ojos de Dios y es por declarar abiertamente tu fe que eres salvo.
ROMANOS 10:9-10

Dios quiere que experimentes la vida en su plenitud. Él siente pasión por ti y por el plan que tiene para tu vida, pero solo hay una forma de comenzar este viaje hacia tu destino: recibiendo la salvación a través del Hijo de Dios, Jesucristo.

Mediante la muerte y resurrección de Jesús, Dios abrió un camino para que pudieras entrar en su reino como un hijo o hija amado. El sacrificio de Jesús en la cruz hizo que la vida eterna y abundante estuviera a tu disposición. La salvación es un regalo de Dios para ti; no puedes hacer nada para merecerlo o ganarlo.

Para recibir este precioso regalo, primero reconoce tu pecado de vivir independientemente de tu Creador, porque esta es la raíz de todos los demás pecados que hayas cometido. Este arrepentimiento es una parte vital para recibir la salvación. Pedro dejó esto claro el día en que cinco mil personas fueron salvas en el libro de Hechos: *"Así que, arrepentíos y convertíos, para que sean borrados vuestros pecados"* . (Hechos 3:19 RVR 60). La Escritura declara que cada uno de nosotros nace siendo esclavo del pecado. Esta esclavitud está arraigada en el pecado de Adán, que comenzó el patrón de desobediencia voluntaria. El arrepentimiento es la decisión de alejarte de la obediencia a ti mismo y a Satanás, el padre de mentiras, y volver en obediencia a tu nuevo Maestro, Jesucristo, el que dio su vida por ti.

Tienes que darle a Jesús el señorío de tu vida. Hacer a Jesús "Señor" significa que le das la propiedad sobre tu vida (espíritu, alma y cuerpo), todo lo que eres y tienes. Su autoridad sobre tu vida se convierte en absoluta. En el momento en que haces esto, Dios te libra de tu oscuridad y te transfiere a la luz y gloria de su reino. Simplemente pasas de la muerte a la vida, ¡te conviertes en su hijo!

Si quieres recibir la salvación a través de Jesucristo, haz tuya esta oración:

Padre del cielo, reconozco que soy pecador y que no llego a tu estándar de justicia. Merezco ser juzgado durante toda la eternidad por mi pecado. Gracias por no dejarme en este estado, porque creo que tú enviaste a Jesucristo, tu Hijo Unigénito, que nació de la virgen María, para morir por mí y llevar mi juicio a la cruz. Creo que resucitó al tercer día y que ahora está sentado a tu diestra como mi Señor y Salvador. Así que en este día, me arrepiento de mi independencia de ti y entrego mi vida por completo al señorío de Jesús.

Jesús, te confieso como mi Señor y Salvador. Ven a mi vida mediante tu Espíritu y cámbiame para hacerme un hijo de Dios. Renuncio a las cosas de las tinieblas a las que antes me aferraba, y a partir de este día en adelante ya no viviré para mí mismo. Por tu gracia, viviré para ti que te entregaste por mí para que viviera para siempre.

Gracias, Señor; mi vida ahora está completamente en tus manos y según tu Palabra, nunca seré avergonzado. En el nombre de Jesús, Amén.

¡Bienvenido a la familia de Dios! Te animo a compartir tus emocionantes noticias con otro creyente. También es importante que te unas a una iglesia local que crea en la Biblia, y que conectes con otros que puedan animarte en tu nueva fe. Siéntete libre para contactar nuestro ministerio (visita MessengerInternational.org) para solicitar ayuda para encontrar una iglesia en tu zona.

Te acabas de embarcar en el viaje más importante. ¡Que crezcas en revelación, gracia y amistad con Dios cada día!